ボタニカルイラストで見る
野菜の歴史百科
【栽培法から料理まで】

VEGETABLES
for the
GOURMET GARDENER

◆著者略歴
サイモン・アケロイド（Simon Akeroyd）
庭や菜園にかんする本を執筆し、「グロー・ユア・オウン（Grow Your Own）」誌にも寄稿している。著書に、『小高木・低木（Shrubs and Small Trees）』『芝と地被植物（Lawns and Ground Cover）』、『市民菜園ハンドブック（Allotment Handbook）』、共著に、『自分で果物を育てよう（Grow Your Own Fruit）』がある。イギリス、サリー州在住。

◆訳者略歴
内田智穂子（うちだ・ちほこ）
1964年、東京都生まれ。学習院女子短期大学英語専攻卒。翻訳家。訳書に、マシュー・フォーステイター、アンナ・パルマー『図説世界を変えた50の経済』（原書房）、ニック・ベギーチ『電子洗脳――あなたの脳も攻撃されている』（成甲書房）がある。

VEGETABLES FOR THE GOURMET GARDENER
by Simon Akeroyd
© 2014 Quid Publishing
Japanese translation rights arranged with Quid Publishing Ltd., London
through Tuttle-Mori Agency, Inc., Tokyo

ボタニカルイラストで見る
野菜の歴史百科
栽培法から料理まで

●

2015年9月25日 第1刷

著者………サイモン・アケロイド
訳者………内田智穂子
装幀………川島進（スタジオ・ギブ）
本文組版………株式会社ディグ

発行者………成瀬雅人
発行所………株式会社原書房
〒160-0022 東京都新宿区新宿1-25-13
電話・代表03(3354)0685
http://www.harashobo.co.jp
振替・00150-6-151594
ISBN978-4-562-05159-5

©Harashobo 2015, Printed in China

ボタニカルイラストで見る
野菜の歴史百科
【栽培法から料理まで】

VEGETABLES
for the
GOURMET GARDENER

サイモン・アケロイド　内田智穂子 訳
Simon Akeroyd　　Chihoko Uchida

原書房

目次

本書の使い方	7
はじめに	8
なぜ自分の手で野菜を育てるのか？	10
オクラ　*Abelmoschus esculentus*	12
ジャンボニンニク　*Allium ampeloprasum*	15
リーキ　*Allium porrum*	17
タマネギ　*Allium cepa*	20
葉タマネギ　*Allium cepa*	23
エシャロット　*Allium cepa* var. *aggregatum*	25
長ネギ　*Allium fistulosum*	27
堆肥作り	30
ニンニク　*Allium sativum*	32
アマランサス　*Amaranthus caudatus*	36
セロリ　*Apium graveolens* var. *dulce*	38
セロリアック　*Apium graveolens* var. *rapaceum*	41
アスパラガス　*Asparagus officinalis*	43

種まきのコツ	46
スイスチャード　*Beta vulgaris* subsp. *cicia* var. *flavescens*	48
ビーツ　*Beta vulgaris*	51
カブ　*Brassica rapa* Rapifera Group	54
ルタバガ　*Brassica napus* Napobrassica Group	57
ケール　*Brassica oleracea* Acephala Group	60
キャベツ　*Brassica oleracea* Capitata Group	63
賢い水やり	66
カリフラワー　*Brassica oleracea* Botrytis Group	68
チンゲンサイ　*Brassica rapa* Chinensis Group	72
芽キャベツ　*Brassica oleracea* Gemmifera Group	75
コールラビ　*Brassica oleracea* Gongylodes Group	78
カラブレーゼとブロッコリー　*Brassica oleracea* Italica Group	81
水菜　*Brassica rapa* var. *nipposinica*	85
カンナ　*Canna indica*	87
狭い空間の活用術	90
トウガラシとピーマン　*Capsicum annuum* Longum and Grossum Groups	93
春菊　*Chrysanthemum coronarium*	96
エンダイブ　*Cichorium endivia*	98
チコリ　*Cichorium intybus*	101
シーケール　*Crambe maritima*	105
キュウリとガーキン　*Cucumis sativus*	107

左：葉がちぢれているケール（*Brassica oleracea* Acephala Group）は中世ヨーロッパでもっとも普及していた野菜のひとつだった。その後すっかりすたれたが、第2次世界大戦中の「Dig for Victory（勝利のために耕そう）」キャンペーンを機に、ふたたび広く栽培されるようになった。

家庭菜園のいろいろ	110
カボチャ（パンプキンとウィンタースカッシュ）	
Cucurbita maxima & *C. moschata*	112
ズッキーニ、マロー、サマースカッシュ	
Cucurbita pepo	117
カルドン　*Cynara cardunculus*	121
アーティチョーク	
Cynara cardunculus Scolymus Group	123
ダリア塊根　*Dahlia*	126
ニンジン　*Daucus carota*	128
草取りと管理	132
ルッコラ　*Eruca vesicaria* subsp. *sativa*	134
フローレンスフェンネル	
Foeniculum vulgare var. *azoricum*	137
キクイモ　*Helianthus tuberosus*	140
デイリリー　*Hemerocallis*	143
ギボウシ　*Hosta*	146
サツマイモ　*Ipomoea batatas*	148
レタス　*Lactuca sativa*	151
輪作	154
アスパラガスピー　*Lotus tetragonolobus*	156
クレソン　*Nasturtium officinale*	158
パースニップ　*Pastinaca sativa*	160
ベニバナインゲン　*Phaseolus coccineus*	163
園芸用具	166
インゲンマメ　*Phaseolus vulgaris*	168
エンドウ　*Pisum sativum*	172
ラディッシュ　*Raphanus sativus*	176
大根	
Raphanus sativus var. *longipinnatus*	179
ルバーブ　*Rheum* × *hybridum*	181
シーズンの延長	184
スコルツォネラ　*Scorzonera hispanica*	186
トマト　*Solanum lycopersicum*	188
スキレット　*Sium sisarum*	192
ナス　*Solanum melongena*	194
ジャガイモ　*Solanum tuberosum*	197
ホウレンソウ　*Spinacia oleracea*	202

上：ラディッシュ（*Raphanus sativus*）はその真価を認められていないが、家庭菜園には理想的な野菜だ。生長が早く、保存も簡単なうえ、ビタミンCが豊富にふくまれている。

野菜の保存	206
チョロギ　*Stachys affinis*	208
サルシファイ　*Tragopogon porrifolius*	210
ソラマメ　*Vicia faba*	212
トウモロコシ　*Zea mays*	215
害虫と病気	218
参考文献	220
索引	221
図版出典	224

本書の使い方

野菜の名称
ページの先頭に野菜名を大きな文字でのせ、イタリック体の小さな文字でラテン語の学名（属名＋種小名）を記した。以下、太字の小見出しをもうけ、各野菜の種類、生育環境、原産地、栽培法などを掲載。

料理ノート
ナイフとフォークのマークがついている囲み記事では、試してほしいシンプルなグルメレシピをはじめ、代用できる食材やおすすめの品種など、料理にまつわる情報を紹介する。

栄養素
その野菜に特有の、健康によい栄養成分を詳説。

実用ガイド
最適な菜園作りや野菜の栽培法を簡潔に図解。

野菜のイラスト
本書の美しいイラストは、緑葉より野菜そのものを多く掲載し、花、根、種にもスポットをあてている。

特集ページ
菜園で育て、キッチンで活躍する野菜たち。特集ページでは、家庭菜園にかんする昔ながらの知恵を詳しく紹介する。

はじめに

　自分の手でおいしい野菜を育てれば、かならずや生涯夢中になれる冒険へと旅立てる。それも、自宅の裏口からほんの数メートルのところで体験できる冒険だ。野菜作りにたずさわれば、地質学、植物学、園芸術、調理にもふれ、たくさんの新しい知恵に出会える。また、気象学者さながらに天気を予測できるようになる。さらには、専門的な種子カタログの片すみでしか目にしないような古代の品種にまつわる驚くべき物語を発見するかもしれない。ほとんどの野菜には胸躍るような歴史があり、だからこそ、いまでも多くの人が自宅の庭で育て、食卓で味わっているのだ。

人類の食の歴史

　人は数千年もの昔から、食物を育てるために骨折って畑仕事をしてきた。野菜の栽培は古代文明や古代社会を築く礎(いしずえ)のひとつだった。それ以前は狩りが主流で、人はみな植物や動物を探し求めてあちこち放浪していた。やがて、作物を栽培するようになると、肥沃な土地に定住し、土を耕し、家を建て、村や町ができた。家を持ってまず変わったのが菜園作りだ。家のすぐそばにある菜園で野菜を育て、調理し、食べるようになった。

　土起こし、種まき、草取りなど、古代に生まれた技術のほとんどが、現在もそのまま受け継がれている。われわれの祖先も同じ方法で野菜を育てていたのだ。また、野菜の生長に必要な条件も変わっていない。いまも同様、水、日光、土の栄養分といった基本的な自然の要素は欠かせない。ひとつだけ変わったことといえば、自分の手で野菜を育てたいと望む人が増え、家庭菜園や市民農園の人気が急上昇している点だろう。

　野菜には、カリウム、葉酸、ビタミンをはじめ、健康によい栄養素が豊富にふくまれている。心疾患、脳卒中、肥満、2型糖尿病、癌など、さまざまな病気にかかるリスクを下げるというデータもある。本来、野菜は脂肪やカロリーが少なく、コレステロールをふくまない。つまり、健康や安心感を得るための大事な栄養をあたえてくれるのだ。野菜の種類は数多い。バランスのとれた健

左：パリの種子販売会社ヴィルモラン＆アンドレ商会の広告に用いられた、19世紀のイラストのひとつ。1891年。当時の野菜を描いたこれら一連の作品は、のちに『アルバム・ヴィルモラン（Album Vilmorin）』（『家庭菜園の野菜（Les Plantes Potageres）』）として出版された。

康的な食生活を送るために、日々味わう野菜をいくつか選択することは、そう大変ではないだろう。

グルメ園芸家になる

　経験を重ねれば、輪作や、鍬の刃で種まき用のまき溝をつける方法など、実践的な技術が身についていく。ナメクジ、カタツムリ、ニンジンハネオレバエなど、小さな害虫の駆除にも対処できるようになる。そしてまもなく、ワインの専門家が自分のブドウ園やワインセラーを扱うように、自分の庭を扱いはじめる。自分の菜園の微妙な変化に気づき、どの区画の土が肥沃なのか、日あたりはどこがいいのか、わかるようになる。また、最高の味を堪能するために小さくて若いうちに収穫するのはどの野菜なのか、上質なワインのように熟成に時間がかかるのはどの野菜なのか、区別できるようになる。やがては、芳醇な味を最大限に引き出す収穫や保存の絶妙なタイミングも判断できるようになるだろう。

　キッチンでは、本書を活用し、家庭菜園でとれた野菜でぜいたくな料理を作ってほしい。料理の腕を芸術の域にまで磨きあげ、まるで魔法使いのように、青いローストポテトや紫色のニンジン料理も作れるようになるはずだ。真冬にレタスを育てたり、苦みのない芽キャベツを摘んだりして、自分自身に感動をとどけよう。

　グルメ園芸家はつねに片方の目で天気に注意をはらっている。まゆ毛は、いわば鍬で耕した弓状の畝だ。園芸家は、どんなにきつい作業も、つねに母なる自然の手にゆ

上：1879年のイラスト。パリの種子会社ヴィルモラン＆アンドレ商会による『アルバム・ヴィルモラン』（『家庭菜園の野菜』）より。現在、本書はいくつかの図書館に数点保管されているだけだ。

だねられていることを知っている。秋と春はべたがけシートやクローシュを、夏にはじょうろや日よけネットを用意して、気候に対処する。自然環境に適応できる達人になるのだ。

　ケーキから堆肥まで、本書には完璧な作り方をのせておいた。ひとたび自宅でおいしい野菜を作りはじめたら、それは学びの旅となり、一生涯続く有益な趣味となるだろう。おまけに、この健康的な農作業と食事は、さらに実りある人生の路へと導いてくれる。機会を待つ？　いや、さっそく長靴をはいて、種をまきにいこう！

なぜ自分の手で野菜を育てるのか？

　おいしい野菜を愛する人にとって、自分の庭でとれた野菜にまさるものはない。自分の手で野菜を育てた経験がある人は、それが店で買ってくるどんなものよりもはるかにおいしいことを知っている。夏の陽射しを浴びたもぎたてのトマトにライバルなどいない。早朝、朝露が光る畑で収穫し、さっと蒸してバターを塗ったアスパラガス。いちどでもこんな朝食を味わったら、忘れられる人などいるだろうか？　グルメ園芸家だけが堪能できる至福のひとときだ。

下：ここに描かれたタマネギのように、野菜の形やサイズはさまざまだ。自分で育てれば、店では見かけない変わった味や色の野菜を使って料理することができる。

幅広い選択肢

　種を購入して育てられる野菜の種類は、店で売っている野菜の種類とは比較にならない。たとえば、店で買えるタマネギは2種類くらいだろう。かたや、種子カタログを開けば、さまざまな形、サイズ、色のタマネギが、たいてい15〜20種類はのっている。
　突然、刺激的な新しい野菜にあふれた別世界が現れる。店ではまずお目にかかれない野菜たち。これからは、青いジャガイモや紫色のニンジンにいくどとなく出会えるだろう。春の訪れとともに土から顔を出すギボウシを育てることもできる。アスパラガスピーから漂うほのかなアスパラガスの香りをかぐこともできる。グルメ料理人は、こうしためずらしい野菜を自分で育てるからこそ、ごちそうを作るために必要な食材をすべて手に入れることができるのだ。

魔法の体験──菜園から食卓へ

　生活のリズムや季節は屋外でのみ感じとれるものだ。種をまき、実を収穫しながら、自分の手で土にふれ、背中で太陽を感じると、その世界にぐっと引きこまれていく。家庭菜園で育てた風味豊かな野菜は、ミネラルや栄養分をたっぷりふくんでいる。グルメ園芸家にとって魔法の食材が実り、そこでしか作れない料理が生まれる。錬金術のように、これ

「**食材にかんしてますます考えなくなっているいま、自分で野菜を育ててみましょう。それこそが、自分自身と食べ物とのつながりを回復させる根本的な道なのです**」
　　キャロル・クライン『英国王立園芸協会 自分で野菜を育てよう（RHS Grow Your Own Veg）』（2007年）

ら特別な野菜は、いったんキッチンに届けられたら極上の逸品に変身するのだ。世界中、ほかのどんなところでも作ることができない、たったひとつの料理に。

より健やかに

環境にも関心がある園芸家にとっては、もちろん、野菜をわざわざ「菜園から食卓へ」輸送する必要などない。化学薬品や化学肥料の使用にかんしても完全にコントロールできる。また、おいしい野菜を栽培するさいの肉体労働はどんなジムのトレーニングよりも効果があり、適度な筋肉痛をもたらしてくれる。

一般的に、家庭菜園でとれた野菜は、商品として生産された野菜より栄養価が高いと考えられている。売り物の野菜は形状の均一性や長期保存を追求するため、健康面や栄養面を二の次にしているからだ。

風味豊かな伝統種を守る

もし「変化」が人生のスパイスになるとしたら、野菜作りや料理に興味がある人は、ぜひ自分でおいしい野菜を育ててほしい。野菜への愛情がなければ、特別な味も、色も、品種も、価値が失われてしまう。野菜にはそれぞれすばらしい歴史がつまっているのだ。美食家はスーパーマーケットに行っても、数種類しかない単調でありきたりの野菜にきっと満足できないだろう。

野菜畑にまつわる歴史

古くてめずらしい野菜には、独特の味、色、形、歯ごたえがある。しかし、現在では商品として出まわっていない品種も多い。こうした貴重な野菜を育てれば、その野菜自体だけでなく、背景にある物語も絶やさずに守ることができる。「伝統種」といわれる野菜があるが、フランス人は示唆に富んだ名をつけ、「les legumes oubliés（レ・レギューム・ウブリエ）」とよんでいる。「忘れられた野菜」という意味だ。

古くからある野菜のなかには壮大な物語をもつものもある。たとえば、エンドウの一種「チェロキーの涙の跡」は、ネイティブアメリカンのチェロキー族が1838年に強制移動させられたことから名づけられた。チェロキー族は新たな土地に移るさい、このマメをもちこんだといわれている。

1922年、エジプト考古学者ハワード・カーターが少年王ツタンカーメンの墓を発掘したとき、掘り出した宝のなかにエンドウの種がふくまれていた。こんにち、考古学に興味のある園芸家はこの「ツタンカーメン」(*Pisum sativum*) を栽培することができる。「ツタンカーメン」はカーターの後援者であるカーナヴォン卿の屋敷、イギリスのハイクレア城で栽培され、各地に広まった。

右：自分の庭で育てれば、一年をとおして野菜を収穫する喜びを満喫できる。

オクラ
Abelmoschus esculentus

一般名：オクラ、レディース・フィンガー、ビンディ、バミア、ガンボ

種類：一年生

生育環境：非耐寒性、温度低めで霜の降りない温室

草丈：～1.2メートル

原産地：アフリカ

歴史：オクラは古くからあるアオイ科の野菜で、緑色の種子莢が食用になる。原産地は南エチオピアと考えられており、そこから北アフリカをへて、地中海沿岸地方、バルカン諸国、インドに広まった。これら地域では「レディース・フィンガー」、「ビンディ」とよばれている。1800年代のアメリカでは、アフリカ人奴隷が安価なオクラの種を挽いてコーヒーがわりとし、1860年代の南北戦争時には南部兵士にあたえていた。現在、オクラはとりわけアフリカ料理とアジア料理に多く使われている。

栽培：オクラは種から育苗ケースで育てる。屋外なら、生垣や壁で寒さをしのげる囲み菜園に種まきする。囲み菜園がない場合は温室で栽培する。

保存：穴をあけた袋に入れて冷蔵庫で保存すれば数日もつ。

調理：オクラをそのまま使う場合は、莢をあけないよう気をつけて両端を落とす。外皮の

上：オクラは食材としてのみ育てられるわけではない。芯が黒いクリーム色の華麗な花を咲かせる。キャロライン・マリア・アップルビーによる水彩画。1832年。

栄養素

オクラは飽和脂肪やコレステロールをふくまない。また、健やかな肌、目、免疫力の維持や骨の強化に不可欠な抗酸化物質である、ビタミンA、C、Kが摂取できる。さらに、カルシウム、鉄、マンガン、マグネシウムなどの重要なミネラルもふくまれている。

畝が傷んでいたり硬かったりしたら削り、風味や見目の悪い部分もとりのぞく。ていねいに洗い、薄く切るかそのまま使用する。たたいたり、まるごと炒めたり、蒸したり、焼いたりして食べる。

この風変わりでエキゾティックな野菜は一般に温室で育てるが、夏なら屋外の囲み菜園で育てることもできる。屋外では日光を浴びてかなり背が高くなるため、ほかの作物に影を落とさないよう広い空間をとって栽培する。北アフリカ原産なので、とにかく暑い場所を好む。カリブ、インド、クレオール料理では、カレーやシチューに入れる定番の食材だ。

オクラは細長く、先端がすぼまっているため、レディース・フィンガー（淑女の指）という名で広く知られている。畝のある緑色の莢はたたくと粘り気のある液体を出す。そのため、よくスープのとろみづけに利用される。

上：オクラはアオイ科の植物で、莢が食用となるだけでなく、美しい花を咲かせる。おいしく育てるには、暖かい温室や囲み菜園が必要だ。

また、そのまま揚げたり、蒸したり、焼いたりしてつけあわせにすることも多い。味がかなり淡白なので、香りの強いスパイスやハーブで味つけするといい。

苗は地元のガーデンセンターで入手できるが、種からでも発芽する。まくまえに種をぬるま湯に浸しておくと、発芽を早めることができる。

オクラは生長に時間がかかるため、育苗ケースに種まきする。できれば年の早いうちに発芽育苗器で発芽させよう。発芽用トレイの表面に種をばらまきし、堆肥を薄くかぶせる。発芽したら苗を1株ずつ9センチポットに移す。霜が降りなくなるまで屋内に置き、その後、温室あるいは日あたりのよい囲み菜園に

左：インドのアーティスト、シバ・ダヤル・ラル（1815–84）による作品。1850年ごろ。女性たちが地元でとれたさまざまな野菜を売っている。

オクラ 13

株間75センチで植える。屋外で育てる場合は、まず冷床で数週間慣らしてから定植床に移植しよう。背が高くなるので、伸びはじめたら支柱を立てる。また、栄養をいきわたらせるため摘心をおこなうこと。

　オクラの莢は真夏になりはじめる。10センチほどになったら収穫しよう。とり遅れると、粘り気がなくなり、すじっぽくなる。

下：オクラの莢は先端がすぼまった独特な形をしているため、「レディース・フィンガー（淑女の指）」という名で知られている。莢をたたいたりきざんだりするか、そのまま料理に使う。

料理ノート
オクラライタ

ライタはスパイスをきかせたヨーグルトサラダで、歯ごたえを出すために炒めたオクラをくわえる。インド料理のサイドメニューだ。

下ごしらえ：15分
調理：10分
できあがり：2人分（サイドメニュー）

- 油　大さじ2
- オクラ（洗ってざく切りする）250グラム
- 塩　小さじ1/2
- 生の青トウガラシ（種をとってきざむ）1本
- プレーンヨーグルト（固めのもの）125グラム
- マスタードパウダー　小さじ1/2
- ブラックマスタードシード　小さじ1/2
- カレーリーフ　大さじ1

　フライパンに油大さじ1を入れ、オクラを茶色くカリカリになるまで炒める。

　オクラをキッチンペーパーにとって油をとり、冷ます。

　青トウガラシと塩を混ぜ、ペースト状になるまでつぶす。

　ヨーグルトをフォークでかき混ぜてなめらかにし、マスタードパウダーとトウガラシペーストを入れ、よく混ぜてからオクラをくわえる。

　小さなフライパンで油大さじ1を熱し、ブラックマスタードシードをパチパチ音がするまで炒める。カレーリーフをくわえ、15〜20秒ほど炒める。

　フライパンを火から下ろし、香りのついたオイルとオクラライタを和える。

ジャンボニンニク
Allium ampeloprasum

一般名：ジャンボニンニク、エレファントガーリック、ロシアガーリック、レヴァントガーリック

種類：鱗茎

生育環境：耐寒性、平均的な冬～厳しい冬

草丈：～1.2メートル

原産地：ヨーロッパ（とくに地中海沿岸地方）

歴史：中央アジア原産で、当地では数千年にわたって栽培されている。栽培化された野菜のなかではもっとも古い品種のひとつだ。考古学的文献によると、紀元前2100年にはすでに、エジプト人、ローマ人、ギリシア人が食べていた。

栽培：ジャンボニンニクは一般のニンニクより多湿な環境を好むが、日あたりと水はけのよい場所で育てる。耐寒性にすぐれているため、鱗片に分けて秋に植えれば、寒い冬が鱗茎の生長をうながしてくれる。

保存：収穫後、日光にあてて1～2週間乾燥させてから保存する。茎を5～6センチ残してカットし、霜の降りない乾燥した場所で保存すれば、数カ月もつ。手軽な保存法は、ストッキングに入れて邪魔にならない場所につるしておくこと。必要なときすぐに使える。

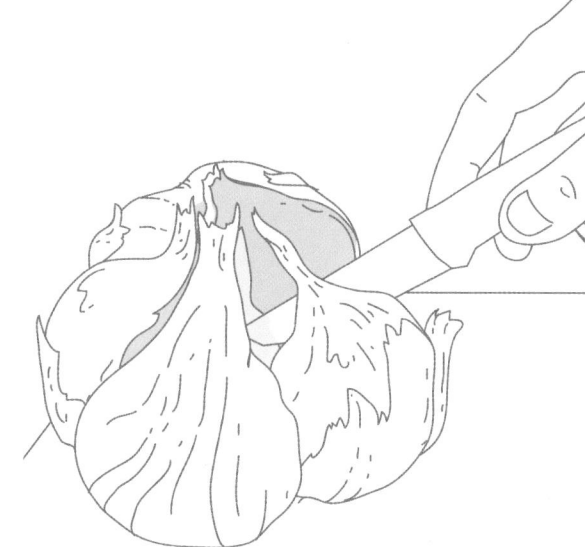

上：ジャンボニンニクの鱗茎はふつうのニンニクよりかなり大きい。鱗片に分けるのに、ナイフが必要になるだろう。

調理：まるごとでも鱗片に分けても調理できる。ジャンボニンニクは一般のニンニクより味がマイルドなので、生のままサラダに入れて食べてもいい。そのさい大事なのは、まず薄皮をむくこと。薄皮は簡単にはがれる。また、鱗片を野菜として使うこともできる。香りづけとしてくわえるだけでなく、スライスしてバターやオリーブオイルで炒めてもいい。ただし、ジャンボニンニクはほかのニンニクに比べ、かなり早く茶色くなるので注意しよう。色づくと苦くなってしまう。適度に炒めたり焼いたりすれば、まろやかな甘みが出てくる。これだけで食べても、フランスパンなどにこすりつけてもおいしい。

ニンニク料理は好きだが強烈なにおいが気になる、という人は、似ていながらマイルドなジャンボニンニクを試してみよう。

ジャンボニンニクという名前がついたのは、見てわかるとおり、かなり大きいからだ。標準的なニンニクの4〜5倍はある。しかし、そのサイズのわりに味やにおいはとてもひかえめだ。一般のニンニクよりとてもマイルドでナッツのような甘い香りがするため、ニンニクの香りをほのかにつけたいときに好まれる。鱗茎は男性のにぎりこぶしほどの大きさで、いくつかの鱗片からなっている。ときにはひとつの鱗片がふくらんで鱗茎ができる場合もある。園芸用語では「ラウンド」あるいは「ソロ」とよばれ、きざんで焼いたり、生のまま香りづけに使ったりする。「ラウンド」は翌秋にふたたび植えると、たいていはいくつかの鱗片をつける。

ほかのネギ属と同様、ジャンボニンニクも魅力的な球状の頭状花をつける。高さは1.5メートルにおよび、菜園に花壇の雰囲気をもたらしてくれる。ただし、大きな鱗茎を育てたければ、蕾が顔を出したらすぐに摘みとること。

ジャンボニンニクの栽培法は一般のニンニクとまったく同じで、鱗片の先端が土にちょうど隠れる程度に埋める。大きく生長するので広い場所に植えよう。株間20センチ、畝間30センチにする。多湿には耐えるが、水はけはよくなければならない。生長に時間がかかるため、できれば秋に植える。春を迎えてから屋外に植えることもできるが、そうすると鱗片が大きくならず「ラウンド」になりやすい。春に生長し、ふくらんできたら、水やりを欠かさないこと。夏に葉が茶色くなって枯れはじめるころ、丸々とした鱗茎を傷つけないようフォークで掘り起こして収穫する。

料理ノート
ジャンボニンニクのオーブン焼き

味がマイルドでサイズの大きなジャンボニンニクは、焼くと最高だ。硬いパンにこすりつけたガーリックトーストがおいしい。

下ごしらえ：10分
調理：30分
できあがり：2人分

- ジャンボニンニク　1個
- オリーブオイル　大さじ2〜3
- 塩、コショウ　適宜

あらかじめオーブンを200℃に温めておく。

ジャンボニンニクの頭部を切り落とし、平らに置けるよう下部を切って整える。フォークで刺して穴をあける。

薄皮をすべてむき、アルミホイルにのせる。

全体にオリーブオイルをかける。塩、コショウをふったらアルミホイルでしっかり包む。

オーブン皿にのせて30分焼く。途中、何度かオイルをかけなおす。

冷ましてから外皮をむき、鱗片をそっと押し出す。

リーキ
Allium porrum

一般名：リーキ、プアマンズアスパラガス

種類：一年生、二年生

生育環境：耐寒性、平均的な冬～厳しい冬

草丈：～40センチ

原産地：地中海沿岸地方、アジア

歴史：リーキは古代社会で普及しており、歌声が美しくなると信じられていたため、ローマ皇帝ネロのお気に入りだった。リーキはウェールズの国章のひとつとなっている。というのも、伝説によると、グウィネズ王国（現ウェールズ北西部）のカドワラドル王が、サクソン人と戦争中、敵と味方を区別するため、兵士のヘルメットにリーキをつけるよう指示していたからだ。また、ウェールズの民間伝承では、未婚女性が枕の下にリーキを入れて眠ると、将来の夫の夢を見るといわれている。

栽培：水はけがよく、適度に肥えた重たい土を好む。軽い土には有機物をたっぷり足すこと。真冬に種まきするか、春に苗を購入して植える。

保存：リーキは自然の保存庫、つまり、屋外の土中で保存するのが最適だ。土中での冬越しも可能で、春を迎えるまえに収穫する。春になると芯が硬くなり、食べられなくなる。冷蔵庫に入れれば数週間もつ。冷凍すると歯ごたえがなくなるので、冷凍した場合はスープやピューレに利用しよう。

調理：枯れた葉先を切り、茎ぎりぎりのところで根を落としたら、みずみずしい白い肌が見えるまで外皮をはがす。根のほうに向かって上から縦に皮をむき、土を落とし、流水で洗う。適宜切り分けて、ゆでたり、蒸したり、炒めたりして食べる。

左：リーキはマイルドなタマネギの香りを求めて栽培される。植えたままにしておくと、ネギ属にみられる美しい頭状花をつける。

料理にタマネギの香りをつけたいとき、タマネギやニンニクでは強すぎる場合、このマイルドなリーキが重宝する。家庭菜園での収穫が減る冬に欠かせない野菜だ。寒い冬の時期、風味豊かな食材となってくれる。栄養豊富なロースト肉のサイドメニューとして定番だが、それ以外にも、ポタージュ、スープ、シチューの重要な材料のひとつとなっている。ニンジンやジャガイモなどなじみ深い野菜と相性がよく、甘みがあり、軟らかく、それでいて、味の濃い料理にほんのりとタマネギの香りを足してくれる。その芳醇な味は、バターやクリームを使って調理したり、スパイシーなソース、スフレ、グラタンに入れたりするときわだつ。世界2大スープは、このひかえめで用途の広いリーキが土台になっている。2大スープとは、冬に体を温めてくれるスコットランドのコッカリーキ（「料理ノート」参照）と、フランスの冷製クレーム・ヴィシソワーズだ。

リーキはタマネギやニンニクの仲間だが、食用となる部分は鱗茎ではなく、葉の下の緑白色をしたみずみずしい茎だ。家庭菜園で長く軟らかな白い茎を育てるには、苗を深植えする。土が日光をさえぎるので、ブランチング（軟白栽培）により茎が白くなる。生長しはじめたら、10センチくらいの高さまで「土寄せ」をしてブランチングを続けよう。

生長期が長いため、種は、真冬、温室で、良質の堆肥を入れたトレイにばらまきする。春に気温が上がり、苗が15〜20センチに育ったら、屋外の定植床に移植する。植え穴は幅5センチ、深さ15センチとし、株間は30センチにする。

料理ノート
コッカリーキ・スープ

リーキと鶏肉を使った体温まるスコットランドのスープで、大麦でとろみをつけるのが伝統だ。たいていのスープと同様、好みに合わせて、エンドウ、インゲンマメ、ニンジンなど、いろいろな野菜をくわえよう。

下ごしらえ：10分
調理：2時間半
できあがり：8〜10人分

- 水　3リットル
- 鶏のもも（骨つき）　4本
- リーキ（薄切り）　1キロ
- プルーン　20個

鍋に水と鶏のももを入れて沸騰させる。

30分とろ火で煮こんだら、リーキ半量とプルーンを入れる。

さらに1時間半、とろ火で煮こみ、残りのリーキを入れて30分煮る。

鍋から鶏のももを取り出し、肉を骨からはがして鍋に戻す。

もういちど弱火でしっかり温めてから、器に入れる。

左：リーキを育てるさい、土寄せは重要な工程となる。

リーキの生長に合わせ、鍬か鋤の刃を使って、茎を覆うように10センチほどの土寄せをする。このブランチングによって茎が白くなる。

長く白い茎を育てるため、深植えする。

　移植するまえに、丈夫に育つよう、また、植え穴にうまくおさまるよう、はさみで根を整える。大きめの穴掘り具で穴をあけて苗を差しこみ、穴のふちまで水を入れる。あふれるまでそそぐと周囲の土の密度が高まり、硬くなってしまうので注意すること。適度に水をあたえれば、土中できめ細かく軟らかな茎が育つ。晩夏から秋冬をとおして収穫できる。

右：丈夫に育ち、植え穴にフィットするよう、植えつけるまえにはさみで根を整える。

リーキ　19

タマネギ
Allium cepa

一般名：タマネギ、オニオン、バルブオニオン、コモンオニオン

種類：鱗茎

生育環境：半耐寒性、穏やかな冬

草丈：40センチ

原産地：中東

歴史：タマネギは最古の野菜のひとつともいわれ、栽培の記録は5000年まえにさかのぼる。エジプト人はその幾重にも重なる構造に永遠の生命力があると信じ、崇めるようになった。エジプトの墓にはタマネギの絵が描かれ、ファラオ（エジプト王）を埋葬するさいにはタマネギをそえた。また、タマネギは多くの文化において、生命を維持し、のどの渇きを予防すると信じられていた。耐寒性にすぐれ、ほぼどこでも栽培が可能だったため、古代には重要な食材だとみなされていた。

栽培：タマネギは日あたりと水はけのよい土で育てる。一般に若いタマネギ、つまり苗から育てるが、種から発芽させることもできる。

保存：保存するまえに数日間、日光にあてる。ひもで結んでつなぐかストッキングに入れて、乾燥した涼しい場所につるしておくと数カ月もつ。

調理：まず上部を切りとり、それから薄皮をむくといい。縦にふたつに割って、それぞれをみじん切りにする。

涙が出るのを防ぐには、水をかけながら切るか、切るまえに冷凍庫に8〜10分入れておく。

タマネギは料理を楽しむ人にとって欠かせない食材だ。世界中であらゆるごちそうに利用されている。生でも食べられるが、一般には炒めて食べる。瓶に入れてモルトビネガーで漬ければ、何年も保存がきく。ピクルスはヘルシーな軽食として人気が高い。赤タマネギはマイルドで、生食が好まれる。茶や白のタマネギはたいてい炒めて食べる。砂糖で味つけして甘いキャラメルタマネギにしてもいい。通常、タマネギは若いタマネギである苗から育てる。土中に植えるとふくらみはじめ、数カ月後に収穫できる。種から

左：タマネギは料理界でもっとも人気の高い野菜のひとつで、用途が幅広い。栽培も非常に易しい。

上：フランスで生まれポーランドで育った画家、ジャン・ピエール・ノルブラン・ド・ラ・グルデーヌ（1745-1830）が描いた、伝統的な「タマネギのひも」を肩からかけているようす。

でも育てられるが、苗からのほうが簡単で、収穫に向けて安全なスタートがきれる。

　タマネギは日あたりと水はけのよい土を好む。鱗茎は腐りやすいので、多湿は避けること。

　タマネギの苗は、株間5〜10センチ、畝間30センチで植える。日本のタマネギや冬越しするタマネギは真夏の収穫に向けて秋に植えつけができるが、一般には春に苗を植え、真夏から秋にかけて収穫する。

　タマネギは葉が黄色くなり、折れてきたら収穫どきだ。フォークを使ってていねいに土から引き抜き、日光で数日かけて乾燥させてから屋内に保存する。

料理ノート
オニオン・バジ

　タマネギはアジア料理、とくにインド料理でよく使われる食材だ。簡単に作れるオニオン・バジはばつぐんのつけあわせで、軽食としてバジ自身を味わったり、サラダのトッピングにしたり、ピラフにそえたりする。

下ごしらえ：20分
調理：10分
できあがり：4人分

- 卵　2個
- タマネギ（スライスする）　3個
- 小麦粉　120グラム
- コリアンダー（すりつぶす）　小さじ1
- クミンシード　小さじ1
- サラダ油　大さじ3

　卵を溶き、タマネギと混ぜる。

　小麦粉、コリアンダー、クミンシードをくわえてよくかき混ぜ、バジの生地を作る。

　深めのフライパンでサラダ油を中温に熱する。

　大さじ1程度の生地を油に入れ、茶色く色づくまで30秒ほど両面を焼く。

　キッチンペーパーにとって油をきる。

　残りの生地も同様にくりかえす。

屋内での種まき

タマネギは真冬から春のなかばにかけて育苗ケースで種まきすることもできる。苗から育てるより時間がかかるが、安価で、品種の選択肢も広がる。セル型トレイに堆肥を入れ、各枠に深さ1センチで数個の種を植え、発芽したらいちばん丈夫な苗を残して引き抜く。春になったら屋外に移植する。

タマネギの栽培は比較的問題が少ないが、数種の害虫と病気に注意しよう。乾腐病にかかると、茎盤が綿状に白くなり、急速に枯死する。もしこの症状が見られたら、周囲に広がらないようすぐにその鱗茎を引き抜き、同じ土地で数年間はタマネギの仲間（ニンニク、エシャロット、葉タマネギなど）を栽培しないこと。輪作をおこなうと、乾腐病などの伝染病を予防できる。また、近くでニンジンを栽培するとタマネギバエがよってこない（131ページの囲み記事参照）。あるいは、目の細かいネットで覆ってもいい。じめじめした夏はうどん粉病にもかかりやすい。つねに気を配り、病気に侵された葉は早く摘みとって、蔓延をくいとめよう。

左：画家エルンスト・ベナリーによる多色石版刷り。『ベナリーのアルバム（Album Benary）』、1876年。伝統種をふくむ、さまざまなタマネギを紹介している。当時栽培されていた野菜28種を描いたうちの1枚。

葉タマネギ
Allium cepa

一般名：葉タマネギ、スプリングオニオン、スカリオン、サラダオニオン、グリーンオニオン

種類：一年生

生育環境：半耐寒性、穏やかな冬

草丈：25センチ

原産地：中東

歴史：英名スプリングオニオンのオニオン（onion）は、ラテン語で「大きな真珠」を意味する「unio」に由来し、中期英語で「unyon」となった。先史時代から栽培され、食されているタマネギは、紀元前3200年、古代エジプト初代王朝ですでに言及されている。葉タマネギにかんする文献も、2000年以上まえの中国にさかのぼり、とりわけ中国の伝統的な薬として広く利用されている。

栽培：ほかのネギ属と同様、日あたりと水はけのよい土を好む。春に種まきする。

保存：タマネギやエシャロットと異なり、葉タマネギは長期保存がきかないが、冷蔵庫に入れれば数週間もつ。きざめば冷凍もできる。

調理：根を切り、白い茎から2.5センチほど上で緑葉を落とす。葉タマネギはほとんどの場合生で食べる。そのまま使うこともでき

上：葉タマネギは春の野菜として人気が高く、土に植えたままにしておくと、やがて人目を引く美しい頭状花をつける。

るし、きざんでサラダに入れたり、みじん切りにして炒めものに混ぜたりする。

　葉を長く伸ばし、小さな鱗茎をつける葉タマネギは、穏やかなタマネギの風味を料理にそえてくれる。スカリオンともよばれる。長期保存がきかないため、収穫したらすぐに使う。ネギの仲間では最古の栽培野菜に属し、英名スプリングオニオンからもわかるように春から初夏にかけて収穫する。底部に小さな白い鱗茎がなり、細長い緑葉が伸びる。一般

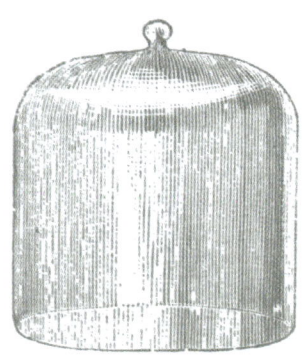

上：晩冬にクローシュをかぶせると早めに収穫できる。従来のクローシュはガラス製のドーム型だが、カットしたペットボトルでも十分代用できる。

のはおなじみの「ホワイトリスボン」で、香り豊かだが、とくにべと病などの病気にかかりやすい。種まきは春が最適で、おそらく葉タマネギのなかではもっとも甘みがあり、生長は非常に早い。もうひとつ、春まきで試してほしいのは「レーザー」という交配種だ。鱗茎を形成しないタイプで、茎が白く、味わい深い。

晩夏や初秋の種まきに適し、翌春に収穫できる品種には、べと病に耐性がある「ガーズマン」のほか、「ホワイトリスボン」の耐寒性を強化した「ウィンターホワイトバンチング」や「ウィンターオーバー」などがある。

に小さな鱗茎と葉はどちらも生のままみじん切りにして、サラダや魚料理などにそえる。マッシュポテトにくわえるとばつぐんだ。

葉タマネギは日あたりと水はけのよい土で育てる。秋、土に堆肥を混ぜておき、初春から初夏にかけて3週間ごとに種まきする。また、晩冬にまいてクローシュをかぶせ、初春に収穫することもできる。

種は浅い溝に株間15センチですじまきする。鉛筆ほどの太さの若い葉タマネギも食用になるため、間引きする必要はない。すぐ硬くなるので、長いあいだ植えたままにしておかないこと。一般に種まきから約8週間で収穫できる。乾燥しているときは水やりを忘れず、定期的に鍬で草取りをして、栄養分や日光を奪われないようにしよう。

葉タマネギの鱗茎はピクルスにすることもあるが、本来、ピクルスには少し大きめで甘みのあるカクテルオニオン（パールオニオン）が使われる。育ててほしい品種をいくつか紹介しよう。もっともよく栽培されている

料理ノート
スパイシー・チーズディップ

シンプルでスパイシーなディップソースはサツマイモと相性がいい（サツマイモの調理法は148ページ参照）。

下ごしらえ：10分
できあがり：10～15人分

- 葉タマネギ（みじん切り） 1本
- カッテージチーズ 250グラム
- トウガラシ（きざむ） ひとつまみ
- コリアンダー 小さじ1/2

すべての材料を混ぜあわせ、ディップ用の器に入れる。

エシャロット
Allium cepa var. *aggregatum*

一般名：エシャロット、カンダ、ガンダナ、ピヤザ（インド）

種類：鱗茎

生育環境：半耐寒性、穏やかな冬

草丈：40センチ

原産地：中東

歴史：エシャロットは世界中で食されており、とくにフランス料理とアジア料理で多く用いられている。その名は古代パレスティナの湾岸都市アスカロン（現アシュケロン）に由来する。

栽培：エシャロットは日あたりと水はけのよい土で育てる。通常、初春に小さな鱗茎か苗から育て、真夏から晩夏にかけて収穫する。

保存：収穫後、地下貯蔵室やガレージなど乾燥した冷暗所で保存すれば数カ月もつ。

調理：まず薄い外皮をむき、包丁で根もとを切りとる。そのままキャセロールに入れることが多い。または、根もとぎりぎりまで縦横に切れ目を入れ、くずれないよう押さえながらみじん切りにする。

　タマネギ同様、エシャロットには長い歴史がある。数百年にわたって栽培され、世界中の料理に強く芳醇な香りをそえてきた。細かくきざんでもタマネギよりは涙が出にくいが、味はタマネギより濃く甘いものもある。穏やかな香りづけとして用いられることが多い。生でサラダに入れてもいいし、そのままシチューやキャセロールにくわえてもいいし、ローストしてもおいしい。色は黄色や茶色、形はバナナ型や魚雷型などがあるが、ほとんどは丸い。ピンク色のエシャロットはもっとも風味が強く、赤いタイエシャロットはアジア料理で人気が高い。

　タマネギとの大きな違いはサイズだ。また、タマネギは土中でひとつの大きな鱗茎にふくらむが、エシャロットは小さな鱗茎に分かれた房を形成する。

右：エシャロットは苗からだと育てやすい。エシャロットはいわゆるミニタマネギだが、ひとつの鱗茎ではなく、房を形成する。芳醇な香りが人気だ。

北半球ではエシャロットをボクシングデー（クリスマスの翌日、12月26日）に植える慣習があるが、これでは早すぎる。晩冬か初春まで待ったほうがいい。タマネギ同様、エシャロットも若い苗から育てるのが最適だ。苗は株間10〜15センチ、畝間30センチにし、先端が土からちょうど顔を出すように植える。生長期は草取りをこまめにおこなうこと。湿気で苗が腐るため、かなり乾燥する時期以外、水やりはしない。夏になったらフォークでていねいに掘り起こし、日光にあてて乾燥してから保存する。

　収穫直後にエシャロットやタマネギを乾燥させるラックは簡単に作れる。木材かレンガで骨組みを作って目の粗い網を張り、地上30センチの高さに固定する。こうすれば作物の周囲に空気が循環する。入手できるなら、中古の窓ガラスや硬いプラスチック板を屋根がわりにすれば雨もしのげる。

左：エシャロットには変わった形や色がある。イラストのように、外皮が赤く、穏やかな甘い香りを放つエシャロットもある。

料理ノート
赤ワインとエシャロットのソース

　ラムやサーロインステーキと相性のよいソースだ。

下ごしらえ：5分
調理：30分
できあがり：2人分

- バター　25グラム
- エシャロット（みじん切り）　4個
- 赤ワイン　200ミリリットル
- ビーフストック　200ミリリットル

　中温に熱した大きめのフライパンでバターを溶かす。

　エシャロットを入れ、しんなりするまで2〜3分炒める。

　赤ワインをくわえ、強火にして半量になるまで数分煮つめる。

　ビーフストックをくわえる。

　さらに半量になるまで煮つめる。

栄養素

　エシャロットはタマネギよりも抗酸化物質、ミネラル、ビタミンを多くふくんでいる。ビタミンA、B、E、および、重要なミネラルである鉄、カルシウム、カリウム、リンが豊富だ。定期的に摂取していると、コレステロール値を下げ、血行をよくし、心血管系の病気にかかるリスクを下げてくれる。

長ネギ
Allium fistulosum

一般名：長ネギ、ウェルシュオニオン、ジャパニーズバンチングオニオン、サラダオニオン、ペレニアルオニオン

種類：多年生

生育環境：耐寒性、厳しい冬

草丈：50センチ

原産地：アジア、中国

歴史：長ネギの英名はウェルシュオニオン（ウェールズのタマネギ）だが、ウェールズ原産でもウェールズの料理によく使われるわけでもない。「ウェルシュ」という単語は、古期英語で「外国の」という意味の「welisc」に由来する。原産はアジアだと考えられている。

栽培：長ネギは日あたりがあまりよくなくても育てることができる。腐りやすい鱗茎をもたないため、タマネギに比べて多湿の土にも耐える。

保存：冷蔵庫で数週間もつ。みじん切りにしてビニール袋や保存容器に入れれば冷凍もできる。

調理：両端を落とし、葉タマネギ同様、みじん切りにする。

　イギリスではおそらくタマネギ類のなかでいちばん知名度の低い長ネギは、分けつする多年生植物だ。長ネギは強い耐寒性があるため、冬をとおして収穫できる。タマネギやエシャロットより香りが穏やかな代用品として、体温まるスープやシチューにくわえよう。

　長ネギはひとつの大きな鱗茎を作らず、チャイブのように土中で小さな鱗茎の塊を形成し、タマネギのような味がする茎を伸ばす。また、美しい頭状花をつけるため、菜園で栽培されるだけでなく縁どり花壇にも利用される。種類によってはリーキより大きくなるが、たいていはチャイブと同程度だ。

　長ネギはロシアで人気があり、グリーンサラダにそえる。また、中国、日本、韓国料理でもよく使われる。きざんで食べるのはおもに茎の部分だ。一般には生で食べるが、少し硬いと感じる場合は蒸したり炒めたりする。

左：長ネギはネギ属の多年生植物で、一年中収穫できる。冬に重宝する食材だ。

長ネギは常緑だが、極寒の冬にはいったん枯れて、春に新しい芽を出す。

収穫するときは、必要なら茎や葉を落とす。あるいは、まるごと引き抜き、すべて料理に使う。鱗茎の房を形成するため、全体を引き抜いても、たいていは一部が土中に残り、再生する。

春、屋内のトレイに種まきし、日あたりのよい窓台に置く。4月になったら、数日間冷床で慣らし、屋外に株間10センチで植える。

ほかの繁殖法としては分球がある。鋤を使って土中から鱗茎を掘り出し、いくつかに切り分けて、別の区画に植えもどす。先端が土表面にちょうど隠れるくらいの深さに植えよう。

植えるまえに、完熟馬糞堆肥や園芸用堆肥などの有機物を十分に混ぜておく。こうすることで土の保湿性が高まり、苗を乾燥から守ることができる。

ウォーキングオニオン

エジプシャンオニオンやツリーオニオン（*Allium cepa* Proliferum Group）としても知られるウォーキングオニオンは、耐寒性の強い多年生のネギ属だ。地上で花径の先に小さな珠芽をつける。味はタマネギよりマイルドだが、いったん植えたら毎年なるので、家庭菜園に植えておくと重宝する。ウォーキングオニオンという名がついたのは、珠芽の重さで茎が折れて土につき、そこで根を張り、この工程を何度もくりかえすからだ。まるで一歩一歩進んでいるかのように広がっていく。

料理ノート
長ネギを使った料理

長ネギはシチュー、キャセロール、魚料理などを作ったら、最後にくわえよう。火を通すと香りがそこなわれてしまう。サラダに入れてもいいし、ベイクドポテトにバターとともにそえてもおいしい。

長ネギはほのかにタマネギの香りがするため、さまざまな料理に利用される。たとえば、すこし工夫して、チャイブのかわりに使ってみよう。卵とマヨネーズと和えてバゲットにのせてみたり、ポテトサラダに入れてみたり。また、みじん切りにしてセージやタマネギと和え、サンデーローストチキンのつめものにしてもいい。オニオン・バジも、タマネギのかわりに長ネギを使えばマイルド版のできあがりだ。

右：イギリスではあまり知られていないネギ属の野菜だが、アジア料理ではよく使われる。名称は多く、ジャパニーズバンチングオニオン、ウェルシュオニオンなどがある。

長ネギ 29

堆肥作り

　堆肥場は菜園のかなめであり、菜園で作られた堆肥は、園芸家からよく「ブラックゴールド（黒い宝）」とよばれる。もっともな話だ。どんな家庭菜園であれ、ぜひ自分で堆肥を作ってみよう。

　堆肥作りは環境に優しい。家庭菜園から出たごみをリサイクルして、すべて再利用するのだ。ごみはいちど分解されると、土を肥やす物質に変わる。この堆肥を種まきや植えつけのまえに土と混ぜる。また、果樹の根覆い（マルチング）に使えば、雑草を抑え、湿気を保ってくれる。水分の蒸発率が下がるため、とくに乾燥した土ややせた土地には有効だ。堆肥は土に十分な栄養分をあたえる。さらに、有機物が虫や野生生物を引きよせるため、土の団粒化が進み、通気性もよくなる。

堆肥にくわえてはいけないもの

- 卵の殻、肉、魚。これらをくわえると害獣を引きよせ、自分の家や近所にまで悪臭がおよぶ。
- ジャガイモの塊茎（かいけい）。堆肥のなかですぐに芽を出す。もしジャガイモをくわえる場合は、ゆでてから入れる。
- 多年生の雑草。堆肥のなかで有害な根を張る。堆肥にくわえる場合は、日光で乾燥させてからにする。

完熟堆肥の作りかた

　役立つ堆肥を作りたければ、適切な作り方に従おう。おもな成分は、窒素、炭素、水、空気の4つだ。窒素と炭素の比率は、ほぼ60：40にすること。

窒素
　刈りとった芝、茎、花、細断した葉などの草類は、窒素の主原料となる。ただ、堆肥場に植物のくずを入れすぎると、においが増し、粘り気が出る。

炭素
　細かな紙片、段ボール、落ち葉、わら、剪定して細断した樹木の葉は、炭素源となる。

水
　堆肥中の炭素量が多すぎる場合は水を足そう。水を足せば窒素が増す。堆肥場は乾燥させないこと。

空気
　空気がないと堆肥は分解しない。定期的に掘り返すと、分解の進行を早めることができる。

左：秋冬に落ち葉をひろい、堆肥場にくわえるか腐葉土を作る。

堆肥の管理

- 定期的にかきまわすこと。3～4カ月ごとが望ましい。それ以上やれば、ごみが早く腐る。堆肥を掘り返して、空気をふくませ、もとに戻す。堆肥用容器がふたつ以上あると便利だ。分解の段階によって移動させることができる。
- 乾燥していたら、水をくわえると分解が早まる。
- 定期的にチェックして、急速に増える雑草類を残らずとりのぞこう。

堆肥用容器のタイプ

堆肥用容器はさまざまな種類を購入できる。ドラムタイプ（かご型）や、回転式、区分タイプなどがある。

また、堆肥用容器は、古い木片をコの字型にクギかネジでとめれば簡単に作ることができる。木枠は堆肥の通気性がよくなるよう、すきまをあけること。

容器がふたつ以上あると、分解の段階が異なる堆肥を入れられるので便利だ。ひとつにはすぐ使える堆肥、もうひとつには分解中の堆肥を入れておく。図のように3つあれば理想的だ。

リサイクル法

野菜くずをリサイクルする方法はほかにもある。ミミズ堆肥とぼかし肥だ。また、コンフリーやイラクサなど、葉が繁る植物からは天然の液体肥料が作れる。やり方は単純で、水を入れたバケツに葉を浸し、数週間かけて腐らせる。できた液体を薄めて、野菜にあたえよう。

また、秋に落ちた落葉性の葉からは腐葉土が作れる。落ち葉を集め、穴の開いた黒い袋に入れるか、菜園のすみに積んでおく。やがて腐って、もろく黒い、土の改良剤ができあがる。

下：稼働している堆肥用容器がふたつ以上あると便利だ。ひとつにはごみを足し、もうひとつはそのままにして分解を進めさせる。下図では、完熟堆肥を入れておく3つめの容器がある。

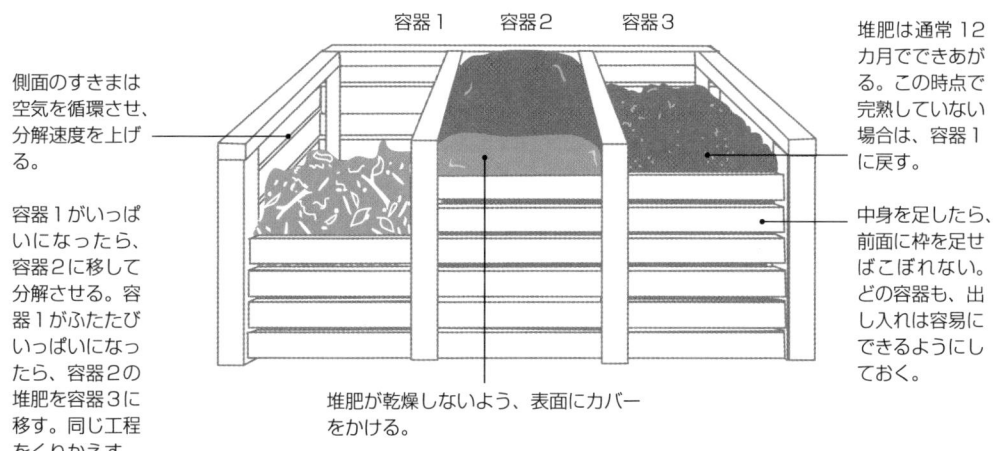

側面のすきまは空気を循環させ、分解速度を上げる。

容器1がいっぱいになったら、容器2に移して分解させる。容器1がふたたびいっぱいになったら、容器2の堆肥を容器3に移す。同じ工程をくりかえす。

堆肥が乾燥しないよう、表面にカバーをかける。

堆肥は通常12カ月でできあがる。この時点で完熟していない場合は、容器1に戻す。

中身を足したら、前面に枠を足せばこぼれない。どの容器も、出し入れは容易にできるようにしておく。

ニンニク
Allium sativum

一般名：ニンニク、ガーリック、ローカムボール

種類：鱗茎

生育環境：耐寒性、平均的な冬

草丈：～30センチ

原産地：中央アジア

歴史：「ガーリック（garlic）」という単語はアングロサクソン語の「garleac」(*gar*は芽、*leac*はリーキの意）に由来する。リーキやタマネギと似た歴史をもち、起源は7000年以上まえの中央アジアにさかのぼる。古代エジプト人はニンニクを崇め、土製の鱗茎を形作ってツタンカーメンの墓に納めた。ローマ人はニンニクが力と勇気をあたえると信じ、戦闘で有利なスタートをきれるよう兵士たちにあたえていた。

栽培：ニンニクは日あたりと水はけのよい土で育てる。耐寒性にすぐれ、冬の寒さが生長をうながすため、晩秋に鱗片を植えるのが最適だが、冬から初春まで、いつ植えてもかまわない。

保存：乾燥しているとき、数日間日光にあて、霜の降りない乾燥した場所で保存する。半年以上はもつ。

調理：鱗茎が硬くしっかりしたものを選ぶ。外皮が厚いほど鱗片の水分が多くなる。外皮をむき、鱗片に分ける。各鱗片の薄皮は、軽く押しずらすと簡単にはがれる。

　ニンニクは野菜のなかでもかなり刺激的な材料のひとつだ。たった1片で料理全体の香りづけができる。ニンニクを料理に使った人ならだれでも、肌についたにおいが何時間もとれなかった経験があるだろう。アジアと地中海沿岸地方の料理に広く使われているニンニクはネギ属の仲間で、通常8～12個の鱗片からなる。鱗茎の周囲を覆う薄い外皮はたいてい白だが、ピンクや紫をおびているものもある。どうやら吸

左および上：ニンニクは広く普及している鱗茎野菜だ。タマネギに近く、刺激的でかんばしい風味をもつ。世界中でさまざまな料理に利用されている。

栄養素

　ニンニクは健康に不可欠なカリウム、鉄、カルシウム、マグネシウム、マンガン、亜鉛、セレンが豊富だ。また、冠動脈疾患、感染症、癌を予防する効果が証明された健康促進物質もふくまれている。

上：1735年ごろの農民を描いたカラー版画、マーティン・エンゲルブレヒト。小作農の女性が、腰の周囲にピンクや白のニンニクを結びつけている。

吸血鬼はその刺激臭を好まないようだが、ニンニクは世界中でもっとも利用されている野菜のひとつであり、薄味の料理をぎゅっと引きしめてくれる。

一般にニンニクはきざむかスライスして利用するが、そのまま調理することもある。パンチの効いた香りを生かすには、生のままサラダにくわえるといい。ただし、友人、家族、同僚を困らせたくなければ、食べてから数時間はブレスミントが必要だ。よりマイルドな香りを楽しみたければ、茎（芽）をさっと炒めて食べよう。

料理ノート
ニンニクの極上ピクルス

生のままニンニクをピクルスにすると、強烈な刺激が抑えられ、穏やかな甘い風味が残る。サンドイッチ、前菜、サラダに利用すると最高だ。

下ごしらえ：5分
調理：10分
できあがり：500ミリリットル分

- ニンニク（皮をむく）　48片
- 水　170ミリリットル
- ホワイトビネガーまたはレッドビネガー　85ミリリットル
- 砂糖　56グラム
- コーシャーソルト　小さじ1と1/4
- ブラックペッパー（ホール）　小さじ1/2
- マスタードシード　小さじ1/2
- フェンネルシード　小さじ1/2
- 赤トウガラシ（きざむ）　小さじ1/2

小さめの鍋で水を沸騰させ、ニンニクを入れて3分ゆでる。

ニンニクの水気をきり、殺菌した耐熱密閉ガラス瓶に入れる。

水、ビネガー、砂糖、コーシャーソルト、ブラックペッパー、マスタードシード、フェンネルシード、赤トウガラシを鍋に入れて混ぜる。沸騰させて、砂糖とコーシャーソルトが溶けるまでかき混ぜる。

できた熱い液をガラス瓶にそそぐ。

冷めたらふたをして、8時間以上冷蔵庫でねかせる。冷蔵庫で1カ月もつ。

ニンニク

ニンニクは晩秋から真冬にかけて、できればクリスマスまえに植える。耐寒性にすぐれており、実際、鱗茎の成長をうながすには0～6℃の寒い時期が必要だ。

　ニンニクは雨よけをほどこした日あたりのよい場所の、水はけのよい土に植える。湿気の多い土では生長しづらいため、その場合は多量の砂石を混ぜる。鱗茎の薄皮をむいて鱗片に分け、株間15センチで土中に埋める。平らな底面を下にし、先端がちょうど土に隠れるように植えること。

　畝間は30センチにする。植えつけ用にはぷっくり太った鱗茎を選び、しぼんでやせた鱗茎は避けよう。植えたあと鳥がよってきたら、ネットやカバーで保護する。スーパーマーケットで購入したニンニクは、ウイルスに感染していたり、地元の気候に合っていなかったりする場合もあるので、栽培には使用しないこと。

ハードネックとソフトネック

　ニンニクは茎のタイプによって、ハードネックとソフトネックの2種類に分けられる。

ハードネック——耐寒性が非常に強く、料理に使える花径が伸びる。通常、秋に植えるが、初春に植えることもできる。一般的にソフトネックより濃厚な香りを放ち、保存期間は短く、冬のなかばまでしかもたない。
品種としては、「チェスノックワイト」、「ロートレックワイト」などがある。

ソフトネック——ソフトネックは多くの鱗片からなり、きつくしまっている。適切に保存すれば、晩冬から初春までもつ。
「アーリーワイト」、「ソレントワイト」などの種類がある。

ソフトネックの軟らかい茎は保存のため結ぶのに役立つ。

ハードネックは食用の花径が伸びる。

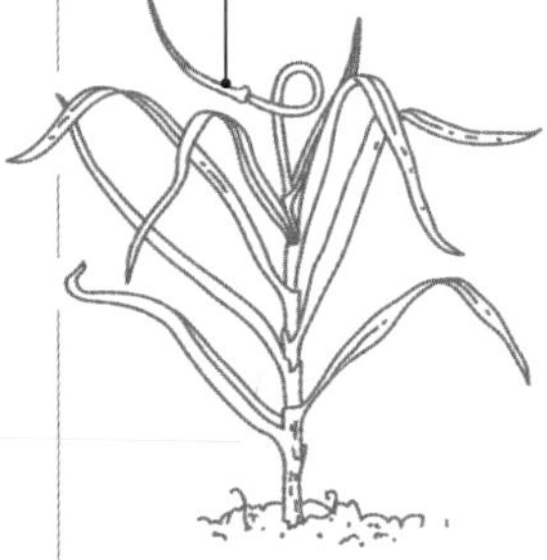

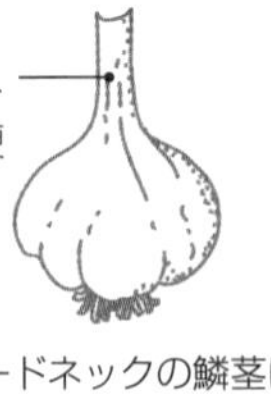

茎はソフトネックより硬い。

ハードネックの鱗茎は味が強く、調理師にはソフトネックより好まれる。

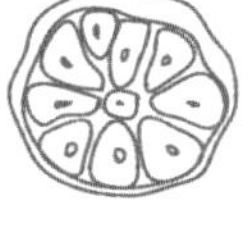

大きなハードネックの鱗片は薄皮をむきやすい。

ソフトネックは味が穏やかだ。

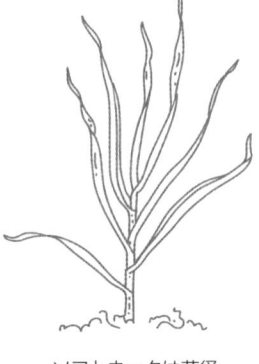

ハードネックより土中で長く保存できる。スーパーマーケットでソフトネックをよく見かけるのはこのためだ。

ソフトネックは花径が伸びない。そのため、鱗茎が早くできる。

セル型トレイでニンニクを育てる

　土が重たく湿っている場合は、晩秋にセル型トレイで育てるといい。冷床で慣らし、春を迎えたら移植する。セル型トレイに堆肥をたっぷり入れ、鱗片を各枠にひとつずつ、先端がちょうど土表面に隠れるように植える。移植するまえに冷床で慣らすが、ニンニクの生長には寒い時期が不可欠なため、通気口を作ろう。また、適度な湿気も保つこと。

　乾期だけ水やりをする。水をやりすぎると鱗茎が腐ってしまう。雑草の影響を受けやすいため、生長期には定期的に草取りをする。葉の勢いがなくなったら雑草に侵されている合図だ。鱗茎から出る花茎はすべてとりのぞく。真夏に葉が黄色くなってきたら収穫どきだ。タマネギの鱗茎と違って、ニンニクは収穫まで地面に顔を出すことなく形成される。葉が枯れるまえにフォークでていねいに掘り起こそう。さもないと、どこにあるかほとんどわからなくなってしまう。収穫したら、日光にあてて数日間乾燥させる。

　秋冬のあいだ、さまざまな方法で保存できる。ネット状の袋に入れたり、タマネギ同様、茎の部分をひもで結んでつなげたりして、乾燥した冷暗所につるしておく。シンプルかつ非常に簡単な方法もある。硬い針金を乾燥さ

上：ニンニクの「花径」はハードネック種の茎の部分で、鱗茎の生長をさまたげるため通常はとりのぞかれるが、花径も美味なので、育てて料理に使われることもある。

せたニンニクの茎もとに刺し、いくつかまとめてそのままつるしておけばいい。温度が高くなるキッチンには保存しないこと。

「ぜひ、お伝えしなければ。お姉さまのためにニンニクの畑をまるごと手に入れました。こちらにいらしたら、お姉さまの大好きなお料理をいっしょにたくさんいただけるわ」
　　　　ベアトリーチェ・デステ、姉のイザベラに宛てた手紙（1491年）

アマランサス
Amaranthus caudatus

一般名：アマランサス、ラブライズブリーディング、ペンダントアマランサス、ベルベットフラワー、フォックステイル

種類：一年生

生育環境：非耐寒性〜半耐寒性

草丈：1メートル

原産地：南アメリカ

歴史：アマランサスはヴィクトリア朝の装飾庭園で人気を博していた。属名「*Amaranthus*」は、花が長く咲くことから、ギリシア語で「不朽」を意味する「amarantos」に由来する。種小名の「*caudatus*」は「尾のついた」という意味だ。滝のように垂れる美しく長い花を見れば、その理由がわかるだろう。アステカ族にとっては、数百年にわたって重要な穀物だった。「神が授けてくれた黄金の穀物」とよんでいたほどだ。古代からあるアマランサスは世界の全大陸に広まった。トウモロコシに似た特性をもち、コムギやトウモロコシが主要作物となるまで、長いあいだ食されていた古代穀物だ。実際、アマランサスの種はまさにポップコーンのようにはじける。

栽培：屋外の温暖で日あたりのよい場所を好むが、かなりやせた土にも耐える。一年生として育て、春、屋外に種まきし、夏に葉を収穫し、晩夏に種をとり、秋、初霜が降りるころ堆肥場にくわえる。種はパン生地などに利用する。

保存：葉は日もちしないが、冷蔵庫に入れれば10日ほど新鮮さが保てる。種は紙袋に入れ、ガレージや地下貯蔵庫など乾燥した冷暗所で保存する。

調理：アマランサスの葉は冷水で洗えばそのままサラダとして食べられる。キャベツと同じように葉物野菜として使うことも可能だ。軟らかい葉や新芽をとるため、大きな葉を落とすこともあるし、2週間ほどずらして植え、軟らかな若葉を摘んで食べることもある。

左：アマランサスはヴィクトリア朝の庭園で装飾用によく利用されたが、いまでは食用としても人気がある。英名「ラブライズブリーディング」は、滝のように垂れる真っ赤な花が由来となっている。

菜園を色鮮やかに飾りたいなら、アマランサスは絶対に欠かせない。野菜畑にエキゾティックな雰囲気をあたえてくれるアマランサスは、まるで血が滴っているような花をつけるため、「ラブライズブリーディング（love-lies-bleeding、血を流す愛）」という名で知られている。魅惑的な葉と、地面まで滝のように垂れさがる色鮮やかな尾状花は、野菜畑だけでなく観賞用の庭園にもヴィジュアルの効果をそえてくれる。ときには花壇のディスプレイとして植えることもある。アマランサスには多くの種類があるが、種子カタログでもっとも見つけやすいのは「ヒモゲイトウ（*Amaranthus caudatus*）」だ。穀物のキヌアにとてもよく似ている。

ほとんどの部分が食用になるが、おもに使われるのは葉と種だ。葉は摘んで生で食べてもいいし、ホウレンソウのように調理してもいい。種は収穫したら紙袋に入れ、ほかの穀物と同様、使用するまで乾燥した冷暗所で保存する。

温暖で日あたりと水はけのよい土を好む。ほかの多くの野菜に比べてやせた土にも耐えるが、種まきや植えつけのまえに有機物を混ぜておく。春、最後の霜が予想される4～5

料理ノート
アマランサスリーフのパスタ

アマランサスの葉はヘルシーで、辛めのパスタにひと味そえてくれる。

下ごしらえ：5分
調理：15分
できあがり：4人分

- 全粒小麦パスタシェル　250グラム
- オリーブオイル　大さじ1
- アマランサスの葉（きざむ）　150グラム
- ニンニク（みじん切り）　3～4片
- 乾燥赤トウガラシ（薄片）　小さじ1/2
- パルメザンチーズ（おろす）　適宜

パスタをゆでて水気をきっておく。

大きめのフライパンにオリーブオイルを入れ、中温で熱する。アマランサスの葉、ニンニク、赤トウガラシを入れ、ニンニクが黄金色に色づくまで5分ほど炒める。パスタをくわえて混ぜる。

高さ60～90センチになったら葉を収穫する。

種は晩夏にとって乾燥させる。

葉は下から上へ順に収穫しよう。

週間まえに、育苗ケースに種まきする。晩春になったら、屋外に株間50センチで移植する。または、小さな種を屋外にまき、発芽したら株間50センチに間引きする。間引きした芽はベビーリーフとして食べよう。生長期には忘れずに水をやり、倒伏しないよう支柱を立てる。晩夏に採種する。1株から10万個の種がとれる。

セロリ
Apium graveolens var. dulce

一般名：セロリ

種類：一年生

生育環境：耐寒性、穏やかな冬～平均的な冬

草丈：45センチ

原産地：地中海沿岸地方

歴史：セロリという名はギリシア語の「celeri（セルリ）」がそのままフランス語としても使われ、そこからつけられたようだ。

セロリは地中海沿岸地方原産とされているが、異を唱えている国もある。もともとは香りのよいハーブとして医療用に用いられ、1600年代になってからフランスで食材として使われるようになった。古代ギリシア人にとっては聖なる植物だ。また、考古学者が古代エジプトの墓に描かれた複数のセロリを確認している。

栽培：セロリは湿気の多い土を好み、ある程度の日陰には耐える。春に種まきし、通常、秋に収穫する。従来、茎は甘みを出すために覆土してブランチングするが、最近では土寄せしなくても白くなる品種が入手できる。

保存：セロリは穴をあけた袋に入れて冷蔵庫で保存すれば、10日ほどもつ。熱湯で3分ゆでれば冷凍保存もできる。ただし、シャキシャキ感がなくなるため、火を通す料理に利用しよう。

調理：食べごろになったら茎を収穫する。外側は硬いため、火を通したほうがいい。内側は軟らかいので生食に向いている。葉はサラダに使える。茎の下についた土はきれいに洗い流すこと。

左：元来、セロリは苦い薬を飲みやすくするために、香りづけのハーブとして用いられていた。しかし現在は、調理人の重要な食材リストにあげられている。

セロリはこの数百年、サラダにシャキシャキ感を出すためにくわえられている。セロリはジューシーで歯ごたえのある茎が根もとから長く伸びる。茎は緑から白までさまざまで、色が薄いほど甘みがあり、苦みが少ない。味はまさに、とてもマイルドなタマネギだ。茎は歯ごたえがあり、減量中の人に好まれている。水分の多いセロリをかめば、摂取カロリーより消費カロリーのほうが多くなるからだ。セロリの味を堪能したければ、茎をきざんでそのまま食べよう。塩をふってもいい。また、斜めに切って炒めものに足したり、1センチ幅に切ってスープやシチューにくわえたりしてもいい。葉はたいてい香りづけに用いられる。

近年、セロリの栽培はむずかしいという評判が広まり、人気が落ちてきている。つねに水やりに気を配らなければならず、土掘りも骨が折れると考えられているようだ。自家製セロリは店で買うどんなセロリよりもはるかにおいしいだけに、残念でならない。しかし、入手できる品種は複数あり、茎の色も緑、赤、ピンクと幅広いので育ててみよう。

セロリは茎に日光をあてないとうまみが増す。この遮光はブランチング（軟白栽培）とよばれ、2種類の方法がある。

セロリをブランチングする従来の方法は、秋に幅45センチ、深さ30センチの溝を掘り、完熟肥料を深さ10センチになるまでくわえておく。春、育苗トレイに種まきし、加温した発芽育苗器に入れる。発芽後、数日間、冷床で慣らしたら、作っておいた溝に株間30センチで植え替える。畝間は60センチとする。生長しはじめたら、葉のすぐ下で茎をまとめて軽くしばり、茎の周囲に鍬で土寄せをする。生長期はつねに茎が埋まるよう、数週間ごとに土寄せをくりかえす。

もうひとつの方法は比較的簡単だ。土を掘り起こして溝を作る必要はなく、セロリを株間30センチで植え、段ボールか防水紙で茎を包み、茎の生長に合わせて約3週間ごとに取り換えればいい。

現在はみずから白くなるセルフブランチングの品種も入手できるが、味が落ちるという評もある。このタイプのセロリは、畝にならべず、ひとかたまりにして植えること。繁った葉が日光をさえぎるため、自然と茎がブランチングされる。

セロリは生長期をとおして十分な水やりが重要だ。定期的に草取りをして、雑草に水分を奪われないようにしよう。

セロリは秋に収穫する。料理に使うまで植えたままにしておくことができるが、寒さが厳しくなるまえに収穫すること。

右：セロリは意外と育てやすい。最近では茎を白くするためのブランチングを必要としない品種もある。

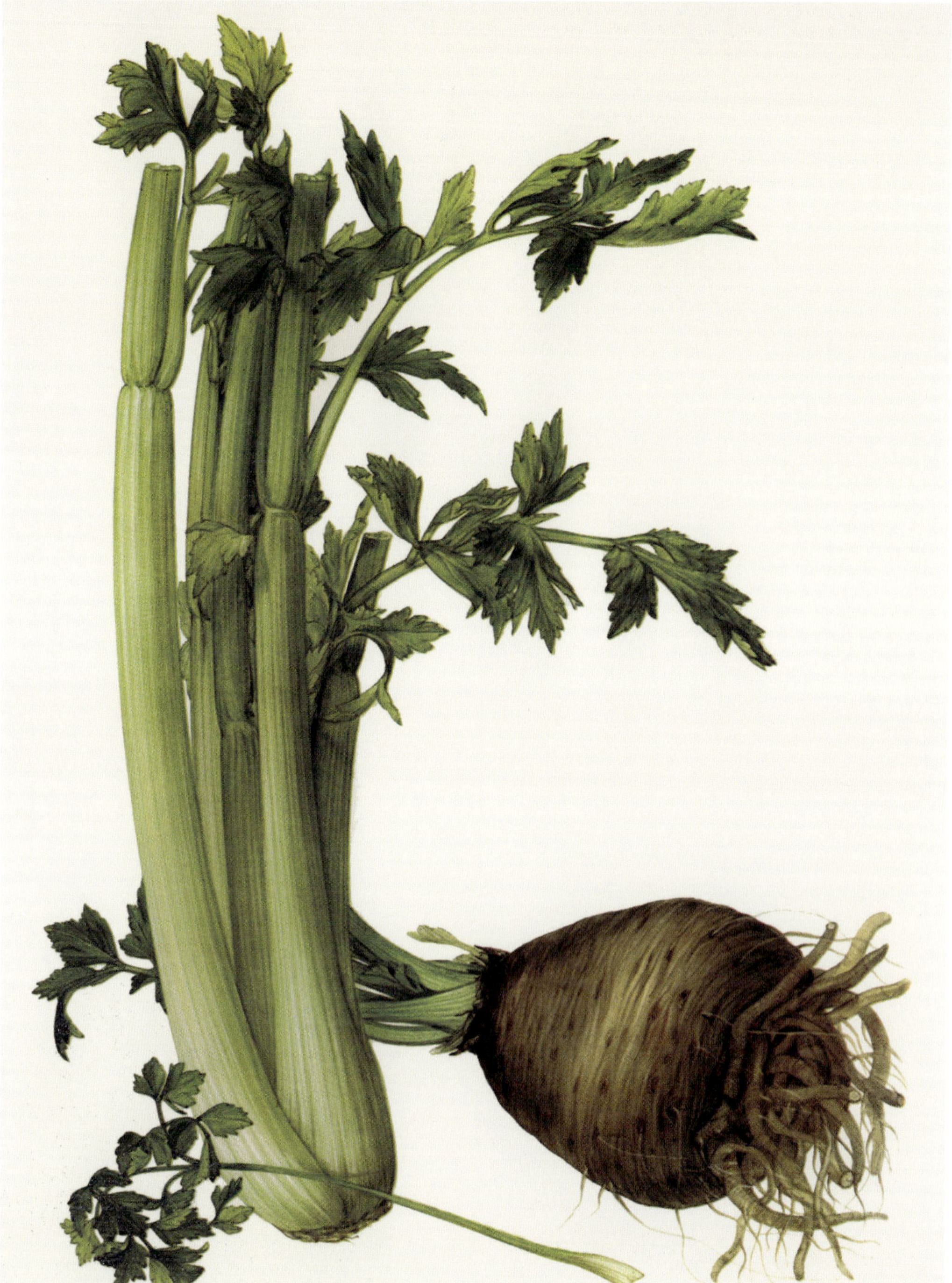

セロリアック
Apium graveolens var. *rapaceum*

一般名：セロリアック、ノブセロリ、セロリルート、チュニップルーティドセロリ

種類：一年生

生育環境：耐寒性、平均的な冬

草丈：35センチ

原産地：地中海沿岸地方

歴史：セロリアックは野生のセロリから派生した。食用になる小さな根をもち、数千年まえから食材として栽培されている。中世に地中海沿岸地方から広まり、やがて北ヨーロッパの料理に使われるようになった。

栽培：生垣や壁で寒さをしのげる日あたりのよい囲み菜園を好むが、ある程度の日陰には耐える。成熟するまで長い時間を要し、セロリ同様、生長には湿気の多い土が必要だ。

保存：セロリアックを保存する最適な方法は、使うまで植えたままにしておくこと。冷暗所で数週間もつが、いちど切ったら急激に変色するのですぐ使おう。

調理：上下を切り落とし、包丁かピーラーで硬い皮をむいてから、用途に合わせた形に切る。

　このコブのような野菜は、美野菜コンテストではまず勝てないだろう。しかし見た目の悪さは用途の広さが補ってくれる。セロリに似ているのは名前だけではない。セロリ同様、かすかにナッツのような香りがする。菜園でセロリがとれない冬、セロリの風味がするすばらしい代用品となってくれる。細かく切って炒め、サラダにそえるとおいしい。また、ジャガイモのように、大きめに切って20分ゆでたり、オーブンで40分焼いたりしてもいい。ニンニクと生クリームを混ぜたマッシュセロリアックは、体温まる冬のごちそうだ。

左：根茎が直径10センチにふくらんだら、若くても収穫できる。

右：セロリアックの「ジャイアントプレイグ」は1871年ごろはじめて栽培された伝統種だ。大きく白い根茎を食用とする。

左：セロリの右側にあるのが、見た目の悪いセロリアック。ふくらんだ形がカブに似ているので、よくチュニップルーティドセロリ（カブ根セロリ）ともよばれる。しかし、ふくらんだ根茎の味はセロリに似ている。

セロリアックはセロリより栽培が簡単だが、根茎がふくらむまでには時間がかかる。

かなりの肥料食いの野菜なので、植えつけのまえに多量の有機物で土を肥やし、数週間なじませること。

晩冬か初春、屋内でセル型トレイか小さめのポットに種まきする。発芽をうながすため、15℃に加温した発芽育苗器に入れる。苗が10センチになったら冷床で慣らし、株間30センチ、畝間30センチで移植する。茎盤が土表面にくるように植えること。

生長して根茎がふくらみはじめたら、乾燥しているときはとくに気をつけて湿気を保つ。腋芽が出てきたら、栄養分を奪われないようすぐに摘みとる。晩夏には下葉も落とし、根茎の周囲に土寄せをする。寒い地域なら、秋が近づいたらわらで根覆い（マルチング）をしよう。

秋から冬にかけてふくれた根茎を収穫する。必要ならフォークを使ってていねいに引き抜く。十分にふくらむまで、掘り出さずにそのままにしておくのがよいが、10センチほどになれば食べられる。

地面が凍って土掘りがむずかしくなるような寒い地域では、そのまえに収穫しよう。容器に入れて湿気のある砂をかけ、ガレージや地下貯蔵庫など、霜の降りない冷暗所に保存する。定期的にチェックし、傷んだものはすぐ処分すること。

葉はセロリやパセリのように、香りづけとしてシチューにそえられる。

茎の上部も食べられる。セロリより味が濃い。

通常、基部のふくらんだ根茎を食用として収穫する。

料理ノート
セロリアックのレムラード

セロリアックの歯ごたえは、シンプルなレムラードを作るのに最適だ。レムラードは伝統的なフランスのソースで、マスタードをくわえたマヨネーズときざんだセロリアックを混ぜる。魚料理にそえると最高だ。トーストに塗ってもいい。

下ごしらえ：10分＋冷やし2時間
できあがり：4人分

- 小さめのセロリアック（細切り）1/2個
- ダブルクリーム　大さじ2
- マヨネーズ　大さじ3
- ディジョンマスタード　小さじ2
- レモン汁　適宜
- 塩、コショウ　適宜

材料を混ぜあわせ、2時間ほど冷蔵庫で冷やす。

アスパラガス
Asparagus officinalis

一般名：アスパラガス、スピアーグラス、シュパーゲル

種類：多年生

生育環境：耐寒性、平均的な冬〜厳しい冬

草丈：〜1.5メートル

原産地：ヨーロッパ、とくに東地中海沿岸地方

歴史：アスパラガスにかんする文献は、古代エジプト、ギリシア、ローマにさかのぼる。以来ずっと広く普及しており、野菜としてだけでなく、医学的特性も認められ、利尿剤として用いられている。その形状とリンを豊富にふくむことから、催淫剤としての評価も歴史が長い。

栽培：アスパラガスの栽培には水はけのよい土が必要となる。土が重たく水はけが悪い場合は、レイズドベッド（91ページ参照）で育てればよけいな水分を排出できる。

保存：アスパラガスの底部がひたるくらい水の入ったグラスに立てて、冷蔵庫で数日間保存できる。冷凍する場合は、下部を切りとり、そのままあるいは切り分けて熱湯でゆでてからにする。

調理：包丁で底部を切るか、手で折る。古く厚くなった皮はピーラーでむく。たいていは数分さっと蒸すかゆでる。また、ローストしたり、生のまま薄く表面をピーラーでむいて、サラダにそえたりしてもいい。アジアでは炭火焼きにしたり、さっと炒めたりして食べる。

左：アスパラガスは初春のごちそうだ。12〜20センチになったら収穫する。太さは栽培環境や品種によって変わる。

栄養素

アスパラガスにはアスパラニン、豊富なビタミンCとE、また、亜鉛、マンガン、セレンなどのミネラルがふくまれている。どれも健康な体を維持するための抗炎症作用と抗酸化作用を発揮する。

旬は短いが、アスパラガスのごちそうは長く記憶に残る。ぜいたくな野菜として高級食材店で高く売られているが、栽培は驚くほど簡単で、いったん植えたらその後何年もみずみずしく軟らかな「槍」を堪能できる。

　この多年生の野菜は春につんと芽を出すため、よく槍にたとえられる。事実、「asparag」という単語は、古代ペルシア語で「槍」を意味する。通常は緑色だが、出てきた芽にカバーをかけて遮光し、ブランチングすると白いアスパラガスがとれる。また、紫色の品種もある。

　アスパラガスはみずみずしく優雅な草の香りがあり、春料理の縮図といえるだろう。豚肉、鳥肉、魚、とくに鮭と相性がいい。新鮮さと春の香りを生かすには、シンプルに数分蒸し、溶かしたバターをそえ、レモン汁とブラックペッパーをかける。出来は蒸しあげるタイミングにかかっている。早いと硬すぎるし、遅いと軟らかすぎる。蒸し時間の勝負だ。

　シダ状の葉と実は、晩夏と秋の菜園に幻想的な雰囲気を提供してくれる。倒伏しそうな場合は、周囲に柱を立ててひもを張る。アスパラガスを植えるときは場所に注意し

上：アスパラガスはすぐ太くなって食べられなくなるため、定期的に収穫しよう。晩夏や初秋になると、魅力的なシダ状の葉を繁らせ、赤い実をつける。

よう。寿命が長く、いちど植えると15〜20年は同じ場所で育てられるからだ。

　忍耐は美徳なり。まさに、このおいしく繊細な春の野菜にうってつけの言葉だ。植えつけから最初のおいしい「槍」が収穫できるまで、2〜3年待たなければならない。ただし、それ以降はしっかりと根づいてくれる。

左：アスパラガスは通常緑色だが、茎を覆土してブランチングすると白くなる。

アスパラガスは12〜20センチになったら収穫する。生長が早いので、むだを出さないよう2〜3日ごとにチェックしよう。園芸用ナイフかアスパラガス専用ナイフを使って、地ぎわで刈りとる。細い槍が出ていたら放っておけば生長する。

アスパラガスは通常、初春に1年生苗を植える。幅30センチ、深さ20センチの溝を掘り、完熟堆肥で10センチの畝高を作る。株間30センチにし、根が下に向かって四方に伸びるように植えつける。芽が出てきたら、じょじょに土を埋めもどし、アスパラガスが溝から頭を出す高さになったら完全に溝を埋める。畝が複数ある場合は畝間45センチにし、株がジグザグになるように植えよう。秋に葉が黄色く色づき、枯れはじめたら、地ぎわで刈りとる。

下：アスパラガス栽培の一般的な方法は、溝を掘って畝高を作り、そのてっぺんに苗を植え、根を広げさせる。

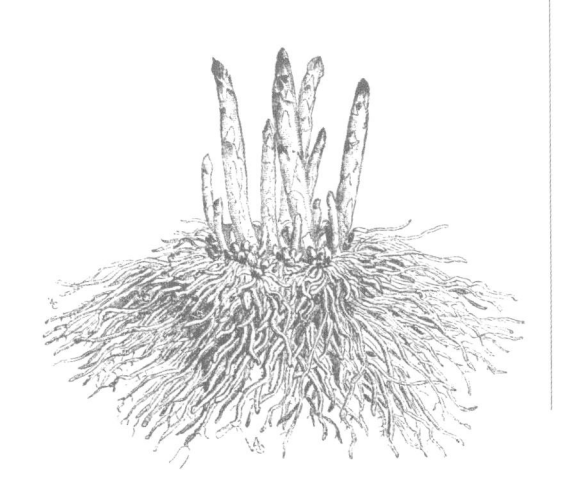

料理ノート
アスパラガスのスープ

アスパラガスの繊細な風味を逃がさないシンプルな料理といえば、収穫したての「槍」から作る、なめらかでクリーミーなスープだ。

下ごしらえ：10分
調理：20分
できあがり：4〜6人分

- オリーブオイル　大さじ1
- タマネギ（みじん切り）　1個
- 新鮮なアスパラガス　400グラム
- バター　ひとかけ
- 野菜スープ　500ミリリットル
- 塩、コショウ　適宜
- ダブルクリーム　大さじ4

フライパンでオリーブオイルを熱する。タマネギをくわえ、しんなりするまで5分ほど炒める。

バターとアスパラガスをくわえ、ふたをして、10分ソテーする。

野菜スープをそそぎ、沸騰させる。塩、コショウで味つけして、とろ火で5分煮る。

ダブルクリームを流し入れ、ハンドミキサーでなめらかになるまで攪拌する。

種まきのコツ

ほとんどの野菜は地元のガーデンセンターで苗を購入することができるが、種はかなり安価なうえ、品種も比較にならないほど幅が広がる。さらに、野菜を種から育て、ついに収穫できる喜びははかりしれない。たくさん育てて採種すれば、翌年、また植えることができる。

種まきに厳格なルールはない。簡単にいってしまえば、発芽に必要なのは、土、水、日光だ。ただ、種まきのちょっとしたコツを学べば、最高のスタートがきれる。

直まき

多くの種は直まきできる。種が入っているパッケージを見れば、株間、畝間、植える深さがわかる。ソラマメやパースニップのような種には耐寒性があり、寒い時期でも屋外での種まきが可能だ。いっぽう、ベニバナインゲンのような種は、初夏を迎えて土が温まるまで待つ。

小さな種の直まき

ニンジン、ラディッシュ、パースニップ、レタスなどの小さめの種は、種を均等にまけるよう浅いまき溝を作る。種と砂を混ぜるとまきやすい。発芽したら、パッケージに記された最適な株間になるよう間引きする。間引きしないと野菜の実は小さくなるが、あえてそれを好む調理人もいる。

大きな種の直まき

エンドウやインゲンマメなどの大きめの種はひとつひとつ植えつける。穴掘り具で穴をあけ、種を入れたら覆土する。ときには、いくつかまとめて植え、発芽してから育ちの悪い芽を引き抜き、丈夫な芽にしぼって育てる場合もある。

左：パースニップは軽い土に直まきする。長い直根が伸びるため、ポットから移植しにくいからだ。

「われわれは土を耕し、良質な種をまく。しかし、種に栄養と水をあたえるのは神の全能の手である」
マティアス・クラウディウス『詩選集（Garland of Songs）』（1782年ドイツ語版刊行、1861年英語版刊行）

屋内での種まき

　トマトやトウガラシのような種は発芽までに時間を要するうえ、温暖な環境を必要とするため、屋内で育てる。通例、ポットやセル型トレイなどの容器に1～2個ずつ植えたら、窓台や温室など日あたりのよい乾燥した場所で発芽させる。一般に、発芽したら、発育のよい芽を残して間引きする。パンプキン、スカッシュ、ズッキーニなどの大きな種は、種の上面に水がたまって腐るのを防ぐため、立てて植えること。

寒さ対策

　屋内で種を発芽させた場合は、屋外に移すまえにしばらく低温の環境に置いて、耐寒性を高める。玄関や冷床で苗を寒さに慣れさせると、屋外に植えたとき、温度差によるダメージを受けなくてすむ。

トレイでの種まき

　リーキなどはたいてい、屋内で、堆肥を敷きつめたトレイに種まきする。表面にばらまきしたら、堆肥を薄くかけ、水やりをする。

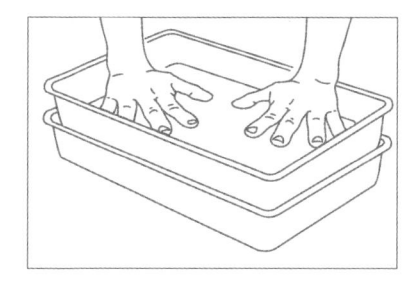

ステップ1：トレイに良質の種まき用堆肥を上縁の少し下まで敷きつめ、指、木片、別のトレイの底などを利用して軽く押す。

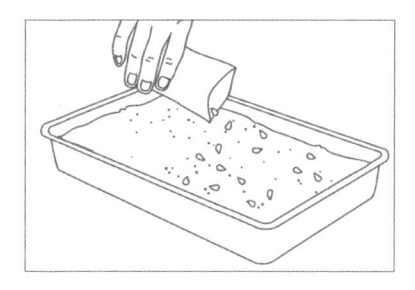

ステップ2：端から端へばらまきしたら、トレイを90度回転させて残りも同じようにばらまきする。均等に広がるようにしよう。

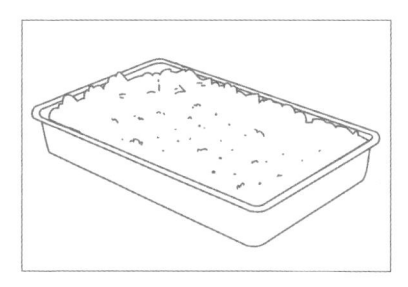

ステップ3：種がかろうじてかぶさる程度に堆肥をそっとかける。

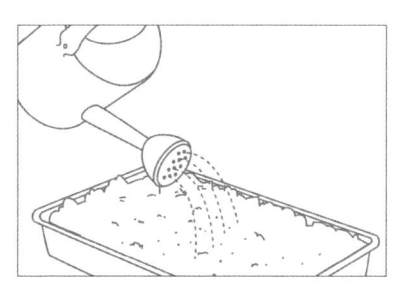

ステップ4：目の細かいじょうろで水やりをする。あるいは、水を張った容器に15分浸してから排水する。

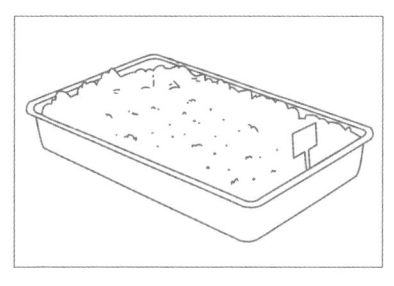

ステップ5：ラベルに野菜名と種まきの日付を書き、忘れずにさしておこう。トレイは日あたりのよい窓台に置き、堆肥は全体が均等に適切な湿気を保つよう注意すること。

スイスチャード
Beta vulgaris subsp. *cicia* var. *flavescens*

一般名：スイスチャード、スピナッチビート、シーケールビート、チャード、パペチュアルスピナッチ、シルバービート。茎が赤いタイプは、ルバーブ、レッドチャード、ルビーチャード。混色タイプは、レインボーチャード。

種類：一年生

生育環境：半耐寒性、穏やかな冬

草丈：35センチ

原産地：シチリア

歴史：スイスチャードの起源は、その名前から想像するスイスではない。19世紀、フランスのホウレンソウ類とこの植物を区別するためにこう名づけたのが、スイスの植物学者コッホだった。実際の原産地はスイスからはるか南、地中海沿岸地方のシチリアだ。古代ギリシア人と、のちにはローマ人も、スイスチャードを食材としてではなく薬として崇めていた。

栽培：春、生垣や壁で寒さをしのげる日あたりのよい囲み菜園で、肥沃な土に種まきする。葉と茎を夏秋に収穫する。また、晩夏に種まきすれば、翌春に収穫できる。

右：スイスチャードは人気のある葉物野菜で、茎と葉が食用になる。ホウレンソウの代用として頼れる食材なので、スピナッチ（ホウレンソウ）ビートという別名もある。

栄養素

スイスチャードはビタミンA、C、Kの宝庫であり、マグネシウム、カリウム、鉄、食物繊維も豊富だ。また、抗酸化作用、抗炎症作用、解毒作用をもたらすとされる植物栄養素（チャードの鮮やかな色に表れている）もふくまれている。

保存：ほとんどの葉物野菜同様、摘んだら長もちしないため、必要になったら収穫する。茎は切って冷凍保存できるが、解凍すると弾力が失われるため、ホウレンソウ風の味つけ程度にしか使えない。

調理：茎と葉を分ける。若い葉は洗ってそのまま、あるいは、適当に切ってサラダの彩りに使う。水溶性の栄養分が流れ出てしまうため、水に浸したままにしないこと。葉の茶色くなった部分、粘つく部分、傷んだ部分をとりのぞく。茎は下端を落とす。すじっぽい場合は、セロリ同様、下部に切りこみを入れてすじをとろう。成熟したスイスチャードは硬いので、焼いたり炒めたりして食べる。

スイスチャードは人気のある葉物野菜だ。その色は鮮やかで幅広く、畑や菜園がどんより暗くなる時期を明るく照らしてくれる。葉と茎が食用になり、生でも蒸しても食べられる。とくに若い葉はサラダにぴったりだ。成熟した葉と茎は蒸したり焼いたりして苦みを抑える。味は火を通したホウレンソウに近い。葉は2～3分、茎は5分ほど蒸すかゆでる。茎はさっと炒める

右：チャードの色は幅広く、どれも目をみはるほど鮮やかで、菜園ではひときわ目立つ。サラダに入れると宝石のようだ。色とりどりのチャードはレインボーチャードとして知られている。

料理ノート
チャードのチーズグラタン

チャードの葉と茎を使った簡単に作れるおいしいサイドメニューのレシピ。レインボーチャードやレッドチャードの鮮やかな色で飾ってもいい。

下ごしらえ：10分
調理：30分
できあがり：6人分（サイドメニュー）

- チャード　340グラム
- ダブルクリーム　150ミリリットル
- 粒マスタード　大さじ1
  - グリュイエール、熟成チェダーなど濃厚なチーズ（粗くおろす）　140グラム
  - パルメザンチーズ（細かくおろす）　大さじ2

あらかじめオーブンを200℃に温めておく。

チャードの茎と葉を分け、茎をマッチ棒くらいの太さに切る。

チャード、ダブルクリーム、粒マスタード、グリュイエールチーズを混ぜてグラタン皿に入れる。

パルメザンチーズをかけ、オーブンで30分焼く。

かローストするといい。スイスチャードはおおまかに分けて次の3種類がある。

ひとつは、レインボーチャードとして知られ、鮮やかな色の茎をもつ。品種は複数あり、色もいろいろだ。ふたつめは、ルビーチャード、レッドチャード、ルバーブチャードとして知られる茎の赤い品種だ。3つめは、一般的な緑色のつややかな葉をもつチャードで、茎はきれいな白。どれも菜園に見事な色あいをそえてくれる。ややこしいが、スイスチャードにそっくりで、一年中収穫できるホウレンソウがある。このホウレンソウは茎がいくぶん細く、一般のホウレンソウの代用として重宝する。どちらも栽培法はまったく同じだが、園芸家はスイスチャードを好む。ホウレンソウと違って、水やりが不足してもすぐにとう立ちしないからだ。

スイスチャードは日あたりのよい温暖な土を好む。生垣や壁で寒さをしのげる囲み菜園で育てよう。秋、植えつけのまえに土に有機物を十分混ぜ、春になったら直まきする。鍬の刃で深さ1センチの浅い溝を掘り、株間40センチ、畝間40センチでまく。十分に水やりし、定期的に草取りをする。晩夏に種まきすれば春に収穫できるが、寒い地域では冷えこむ時期にべたがけが必要だ。寒さが穏やかな地域では保護しなくても丈夫に育つ。

夏秋、必要なときに収穫する。チャードは大きめのつまみ菜にもなり、茎や葉をほしいときに摘んでもまたすぐ生えてくる。切れ味のよいナイフで茎の根もとを切ろう。生長はかなり早く、種まきから約10週間で収穫できる。甘いベビーリーフは4〜6週間で摘める。

下：年代物のカラーのイラスト。1400年以前の作。中世の健康ハンドブック『健康全書（Tacuinum Sanitatis）』より。庭の菜園でチャードを収穫する女性が描かれている。

50　ボタニカルイラストで見る野菜の歴史百科

ビーツ
Beta vulgaris

一般名：ビーツ、ビートルート、テーブルビート、ガーデンビート、レッドビート、ゴールデンビート

種類：一年生

生育環境：半耐寒性、穏やかな冬

草丈：35センチ

原産地：地中海沿岸地方

歴史：ビーツはインドからイギリスの沿岸地域に自生する野生のシービートから派生した。そのため、最初は食用として使われるのは葉だけだった。かつては食材としてではなく薬として、消化促進や血液疾患の治療に用いられていた。ビーツは紀元前800年ごろ、アッシリアの文献に登場し、「バビロンの空中庭園」にあったことが記されている。また、デルポイのアポロ神殿では太陽神アポロに捧げられていた。やがて古代ローマでもレシピに登場するようになり、ハチミツやワインで調理されていたことがうかがえる。ただ、中央ヨーロッパおよび東ヨーロッパでビーツが実際に広く使われるようになったのは18世紀になってからで、現在の料理のほとんどは当時のレシピを受け継いでいる。

栽培：早春に種まきし、夏から秋にかけて収穫する。肥沃な水はけのよい土を好む。軟らかくみずみずしいミニビーツを継続的に収穫

上：ビーツの栽培には長い歴史がある。かの伝説の「バビロンの空中庭園」で栽培されていた野菜のひとつだといわれている。

したい場合は、2〜3週間ごとに種まきする。

保存：ビーツは必要になるまで植えたままにしておける。ただし、寒さの厳しい地域では、収穫してトレイに入れ、湿気のある砂をかけておく。小さなビーツはゆでて皮をむいたあと、モルトビネガーを入れた瓶に漬ければ、ピクルスができる。

調理：茎を2.5センチ残して落とし、水で洗う。皮を傷つけないよう注意する。傷つけると調理中に果汁が流れ出てしまう。塩水を沸騰させ、軟らかくなるまでゆでる。大きいビーツだと1時間半かかる。また、180℃のオーブンで2〜3時間焼いてもいい。皮をむいてスライスし、バターをたらして熱いう

ビーツ　51

ちに食べるか、冷ましてからサラダに入れる。サラダにするときは最後にそえよう。さもないと、赤い汁が出てほかの野菜に染みてしまう。

　グルメ調理人からすれば、ひとつの野菜からふたつの食材がとれるごちそうだ。まずは、色鮮やかで風味豊かな葉。まだ若いうちに摘むこともできる。もうひとつはみずみずしい根で、独特の土の香りがする。根はまだ小さくて軟らかいうちに収穫することもできるし、完熟するまで待ってから、大きな根をまるごと使って料理してもいい。遺憾ながら、たったひとつ欠点がある。服や肌にシミがつき、唇が口紅を塗ったように色づくだけでなく、お通じも赤や紫になることだ。ビーツにふれて赤く染まるのは、液胞から出る色素による。

　自分で育てれば、白や黄金色のビーツなど、店ではまず買えない品種も味わうことができる。なかには赤と白の縞模様になっている印象的なビーツもある。「アルビナヴェルドナ」は甘みがあり、果肉も果汁も白く、服を汚さない。「バーピーズゴールデン」は皮がオレンジ色で果肉は黄色。調理しても色移りせず、濃い果汁が流れ出ることもない。「バビエト・ディ・キオッジャ」は横にスライスすると白い輪が現れる。

　定期的に根と葉を収穫するには、春から晩夏にかけて2週間ごとに種まきする。品種によっては冬でも保存できるので、菜園で育てればほぼ一年中、ビーツが楽しめる。

　通常、大きなビーツはスライスしてサラダにし、小さなビーツはまるごと食べるが、味からして用途が広く、さまざまな料理に利用できる。風味豊かなサイドメニューとしてローストしてもいいし、スライスしてハンバーガーに入れてもいい。ビーツの豊かな風味はチョコレート・ブラウニー（「料理ノート」参照）などのスイーツにも利用できる。

　ビーツは日あたりと水はけのよい肥沃な土で育てる。クローシュを用いれば2月には種まきできる。屋外で保護しない場合は3〜4月に種まきする。深さ2センチの浅い溝に、畝間30センチ、株間10センチで、3個ずつ点まきする。早まきする場合は、とう立ちしにくい

左：ビーツは生長の早い野菜で、根は調理したあともみずみずしい。また、真っ赤な葉脈をもつ鮮やかな葉も食用となる。

品種を選ぼう。苗が5センチになったら株間10センチになるよう間引きする。間引きした苗はすてずに、若い根とベビーリーフを食べよう。生長期には十分に水やりし、ていねいに草取りをすること。ゴルフボール大になったら一部を収穫し、残りはテニスボール大になるまで育てる。

ちょっと変わった品種を試したければ「タッチストーンゴールド」をおすすめする。根は鮮やかな黄色で、土のような香りを放ち、甘くて軟らかい。また、白いビーツの「アルビナヴェルドナ」もおすすめだ。風味のある白い根は先端がとがっていて、葉と茎はスイスチャードの代用に適している。実際、このビーツは葉を食べるために栽培されていた。真っ赤な色素でキッチンを汚したくなければ、白いビーツを使うのも賢い選択だ。

下：ビーツは18世紀にはすでに、中央および東ヨーロッパで広く料理に使われていた。ボルシチをはじめ、こんにちの料理の多くは当時のレシピがもとになっている。

料理ノート
ビーツブラウニー

ビーツの真っ赤な色と豊かな土の香りが、チョコレートの甘みや質感と絶妙にマッチするブラウニーだ。

下ごしらえ：20分
調理：25分
できあがり：24個分

- ビーツ　250グラム
- 加塩バター（さいころ状に切る）　250グラム
- ブラックチョコレート　250グラム
- 卵（中サイズ）　3個
- グラニュー糖　250グラム
- セルフライジングフラワー（ベーキングパウダー入り小麦粉）　150グラム

あらかじめオーブンを180℃に温めておく。

ビーツを軟らかくなるまでゆで、冷めたらすりつぶす。

バターとチョコレートをボールに入れ、湯煎で溶かす。

卵とグラニュー糖を合わせて軽くかき混ぜ、溶かしたバターとチョコレートのなかに入れてなめらかにする。

セルフライジングフラワーをふるいにかけてくわえる。

ビーツを入れ、大きなスプーンでさっくり混ぜあわせる。

油を引いた20×25センチ程度の浅いオーブン皿に生地を流しこみ、スパチュラで表面を平らにしたら、オーブンで20〜25分ほど焼く。

網にのせて冷まし、四角くカットする。

カブ
Brassica rapa **Rapifera Group**

一般名：カブ、チュニップ、ルタバガ、イエローチュニップ、ニープ

種類：一年生

生育環境：半耐寒性、穏やかな冬

草丈：25センチ

原産地：ヨーロッパ

歴史：先史時代からヨーロッパで野菜として食されており、4000年以上まえから栽培されていたことが明らかになっている。ローマ時代、すでに定着した作物だったカブは、栽培が容易で安くできたため、貧しい国の食料だと考えられていた。現在は世界中で栽培されている。

栽培：広々とした日あたりのよい土地で育てる。土は完熟した有機物で肥やし、乾燥を防ぐこと。晩冬に種まきし、早春に収穫する。早春から真夏まで定期的に種まきすれば、初冬まで継続的に収穫できる。

保存：カブの葉は収穫後すぐに食べる。冷蔵庫に入れても数日しかもたない。春夏の小さなカブは冷蔵庫に入れておけば2～3週間保存できる。いっぽう、秋と冬の大きなカブは、冬のあいだ使うまで植えたままにしておけるが、これは寒さが厳しくない地域にかぎられる。

下：カブはキャベツと同じアブラナ科の野菜で、ふくらんだおいしい根を求めて栽培される。香り豊かな葉も食用となり、サラダに用いられる。

調理：葉は根と切り分けて、蒸すか、春野菜のサラダにする。若いカブは皮をむかなくても食べられるが、大きなカブや長めに植えておいたカブは、パイナップルと同じように、包丁で上から下に向けて皮をむく。皮をむいたら、スライスするか、さいの目切り、あるいはざく切りにする。塩水に入れて軟らかくなるまで20分ほどゆで、水気をきってから食べる。また、熱いうちに軽くつぶしてバターをのせてもいい。若いカブは生でも食べられるので、薄くスライスしてサラダにそえよう。

何百年ものあいだ、カブは小作農の主食だと考えられていた。時代が変わり、いまやこの風味豊かな根菜はひっぱりだこだ。とりわけ、若く軟らかな春のカブは人気が高い。

　ルタバガ（57ページ）同様、カブはキャベツの仲間で、大きくふくらんだ根を食用とする。まぎらわしいが、スコットランドではルタバガは「チュニップ」（カブの英名）ともよばれる。また「チュニップ」を略した「ニープ」というよび名もある。

　ほとんどのカブは球形だが、平らなカブもある。一般に外皮はクリーム色で、上部が緑、紫、白、黄色だ。果肉は白か、やや黄色がかっている。カブはふくらんだ根を食べる。春夏のカブは小さめでみずみずしい。冬のカブは大きく硬いため、キャセロール、シチュー、スープに用いられる。若い葉先もグルメのごちそうで、かすかにスパイシーだ。春野菜として利用される。

　カブはキャベツの仲間なので、ケール、芽キャベツ、カリフラワーなど、ほかのアブラナ科といっしょに栽培するといい。栽培条件が同じなので、1種類の野菜として育てられる。

　ほかの根菜同様、カブは移植がむずかしいため、定植床に直まきする。早生種は晩冬にクローシュをかぶせて育てると、春に若くみずみずしいカブが収穫できる。早春以降は保護なしで直まきできる。畝間20センチにして、深さ1センチの溝にすじまきし、苗が5センチになったら株間12センチになるよう間引きする。

　秋冬に収穫するには、真夏に種まきし、カブが大きく生長するよう畝間30センチにする。発芽したら、株間20センチになるよう間引きする。

　晩冬、早春、初夏に種まきし、ゴルフボール大に育ったカブは最高においしい。2～3週間ごとに種まきして、軟らかいカブを継続的に収穫しよう。早い生長をうながすため、十分に水やりし、生長期にはきちんと草取り

「雨の日は蕪について母親と何時間でもすわって話していた」
マーク・トウェイン『西部放浪記』（1886年）
［木内徹訳、彩流社］

右：水彩画のカブ。『野菜、花、樹、植木コレクション（Collection du Regne Vegetal, Fleurs, Plantes, Arbres, et Arbustes）』の1枚。花や虫を題材に描いたベルギーの画家、ピエール・フランソワ・ルドゥによる作品だと思われる。

をすること。

真夏に種まきすれば秋から収穫できる。使うまで植えたままにしておけるが、冬、土が凍って硬くなるような寒さの厳しい地域では、フォークで掘り起こして葉を落とし、湿った砂のなかで保存しよう。

古代ケルトのサムハイン祭（ハロウィン）では、カボチャではなくカブでランタンをつくる習わしがある。

下：「金よりカブを求める不滅の古代ローマ執政官クリウス・デンタトゥス（The Incorruptible Consul Curius Dentatus Preferring Turnips to Gold）」。1656年。カブは長く豊富な栽培の歴史を有し、多くの物語や絵画のモチーフとなっている。

料理ノート
マッシュしたカブの
クリスピーベーコンぞえ

ゆでてつぶしたカブはマッシュポテトのようになめらかでクリーミーだが、風味が少し強い。カリカリのクリスピーベーコンをそえると、ローストラムやローストビーフ、ハギスなど、肉料理のつけあわせにもってこいだ。

下ごしらえ：20分
調理：30分
できあがり：4人分

- カブ　3〜4個
- バター　60グラム
- 塩、コショウ　適宜
- ベーコン（細かくきざむ）　120グラム
- チャイブ（細かくきざむ）　少々
- パルメザンチーズ（おろす）　50グラム

あらかじめオーブンを200℃に温めておく。

カブの皮をむいて切り分け、塩水で軟らかくなるまでゆでる。

水気をきったらバターと和えてつぶし、塩、コショウで味を整える。

炒めたベーコン、チャイブを混ぜる。

パルメザンチーズをかけ、オーブンで30分焼く。

（強い香りづけを好むなら、ヤギのチーズや、スティルトン、ロックフォール、ゴルゴンゾーラ、カンボゾーラ、デニッシュブルーなどのブルーチーズをくわえよう。）

ルタバガ
Brassica napus Napobrassica Group

一般名：ルタバガ、スウィード、イエローチュニップ、スウェーデンチュニップ、ロシアチュニップ。アメリカではルタバガ。スコットランドではニープ。

種類：一年生

生育環境：耐寒性、平均的な冬～厳しい冬

草丈：30センチ

原産地：中央ヨーロッパ

歴史：ルタバガは中央ヨーロッパ原産と考えられており、ほかの多くの野菜と比べると食材としての歴史は浅い。1620年、スイスの植物学者ギャスパール・ボアンが残した記録によると、ルタバガはスウェーデンに自生していたようだ。そのためスウェーデンチュニップ（カブ）という名称もある。フランスやイギリスでも17世紀には知られるようになった。また、1669年にイギリス王室の庭園に植えられていたことが記録されている。18世紀にはヨーロッパの重要な野菜となっていた。

栽培：春、日あたりのよい、有機物で肥やした土に種まきする。秋から晩冬にかけて収穫する。

上：キャベツの仲間ルタバガは広く普及している根菜だ。最初に野菜として食された記録は、17世紀の文献に残っている。

保存：使うまで植えたままにしておく。土中で凍りそうな場合は、掘り起こし、砂に埋めてガレージや地下貯蔵庫で保存する。

調理：使うまえに皮全体を厚くむき、根をとる。皮がかなり厚く、でこぼこしているため、まずナイフで4つに割ってから皮をむくといい。好みにより、ざく切りかさいころ状にし、塩水に入れ、軟らかくなるまで20分ほどゆでる。ローストする場合は200℃のオーブ

ンで30〜45分ほど焼く。ルタバガは生でも食べられるし、細かく切ってサラダに入れてもおいしい。

カブによく似ているルタバガは、収穫のとぼしい冬の菜園でとれるごちそうだ。味はカブよりマイルドで甘い。ローストしたりソテーしたりすると見事な風味が引き出せる。ゆでたルタバガをニンニクや生クリームと合わせてつぶせば、ローストした肉料理のこのうえないつけあわせだ。

また、キャセロールやスープのボリュームを増す食材にも適している。味が穏やかなため、とくにコショウなどのスパイスを足すと繊細な風味がきわだつ。火を通すと、かすかにオレンジ色をおびるため、リーキやケールなど冬の野菜とならべれば、色のコントラストが皿を鮮やかに彩ってくれる。近い仲間のカブは一年中種まきができて次々と収穫できるが、ルタバガは冬にしかとれないため、シーズン中に堪能しよう。

ほかのキャベツ類と同様、ルタバガを栽培するさいは、土を有機物で肥やし、保湿性を高める。生垣や壁で寒さをしのげる日あたりのよい囲み菜園で育てよう。酸性土では根こぶ病にかかりやすく、根が変形する。根こぶ病を防ぐには、土のアルカリ度を増すため、種まきのまえに石灰をまく。

ほとんどの根菜と同じように、ルタバガは移植がむずかしいため、春、深さ1センチの溝に畝間35センチで直まきする。苗はじょじょに間引きして最終的に株間25センチにする。根割れしないよう、乾期には十分に水やりをし、定期的に草取りをして水分や栄養分を奪われないようにすること。

ルタバガは秋から収穫できるが、古いブーツのように硬くなってもあわてて収穫する必要はない。寒い冬でもキッチンで使うまで植えておける。ただし、カブと同様、土が凍るような極寒の地域では晩秋に掘り起こし、湿った砂に埋め、ガレージや地下貯蔵室で保存しよう。

ギャスパール・ボアン

スイスの植物学者であり解剖学者でもあるギャスパール・ボアンは、フランス人医師の息子としてバーゼルに生まれ、パドヴァ、モンペリエ、ドイツで医学を学んだ。また、二名法の先駆者であり、『植物対照図表（Pinax theatri botanici）』を記し、6000種におよぶ植物に名前をつけて整理した。本書は植物学史上、画期的なテキストとなっている。

この分類法はごく基本的なもので、樹木、低木、草本といった従来からの区分けを用いていた。マメ科類やイネ科類ほかいくつかについてはボアンは正確に分類している。ボアンのもっとも重要かつ偉大な貢献は、植物に属名と種小名をつけて整理したことだ。彼が導入した多くの名は、スウェーデンの植物学者カール・リンネが受け継ぎ、本格的に採用した。この二名法はこんにちも使用されている。

「ルタバガは、イギリス政府が公費でスウェーデンから取り寄せ、栽培し、普及させる価値があるとみなした野菜である。一般のカブよりかなり有用性が高いため、現在、イギリス全土に急速に広まりつつあり、今後、イギリス人にとって主要なカブとなるだろう」

第3代アメリカ合衆国大統領トマス・ジェファーソン、友人への手紙（1795年6月）

下：ルタバガは家庭菜園が品薄になる寒さの厳しい冬に収穫できる、貴重な野菜だ。採種のために植えておくと、魅力的な黄色い花をつける。

料理ノート
スパイシー・ルタバガ

伝統的な野菜ルタバガにスパイスをきかせた一品。このレシピを覚えておけば、カレーソースでディップしたり、サンデーローストなど伝統的な肉料理のつけあわせにしたりと、応用が効く。

下ごしらえ：5分
調理：30〜35分
できあがり：4人分

- ルタバガ（皮をむく）　750グラム
- オリーブオイル　大さじ1
- パプリカ　ひとつまみ
- 塩、コショウ　適宜

あらかじめオーブンを200℃に温めておく。

ルタバガを指くらいの太さに輪切りし、薄いくし形に切る。

浅めのオーブン皿に入れ、オリーブオイル、パプリカ、塩、コショウをふってなじませ、平らにならべる。

途中でひっくり返し、黄金色になるまで30〜35分焼く。

キッチンペーパーにとって油をきり、軽く塩をふる。

ケール
Brassica oleracea **Acephala Group**

一般名：ケール、ボーレコール

種類：一年生、または、二年生

生育環境：耐寒性、厳しい冬

草丈：35センチ

原産地：アジア、地中海沿岸地方

歴史：ケールの栽培は2000年以上の歴史をもつ。野生キャベツから派生した種で、紀元前600年ごろ、ケルト族の放浪者がヨーロッパにもちこんだといわれている。キャベツが普及しはじめる中世までは、ヨーロッパのほぼ全域でもっとも食されていた葉物野菜だった。

第2次世界大戦中、イギリスにおけるケールの栽培は「Dig for Victory（勝利のために耕そう）」キャンペーンで勢いづいた。食糧が配給制だった当時、標準的な食事では十分な栄養がとれなかった。それを補ったのが、栽培の簡単なケールだったのだ。

栽培：ケールは屋外で浅い溝に直まきする。苗が高さ10センチになったら、定植床に株間45センチで移植する。秋から春にかけて収穫できる。

上：ケールはキャベツの仲間で、ヘルシーな葉を食用とする。寒さに強いため、冬のあいだ元気な葉が菜園に活気をそえてくれる。

保存：ケールは耐寒性があるため、キッチンで使うまで植えたままにしておける。いったん収穫したら1〜2日のうちに使う。また、火を通せば冷凍保存もできる。

調理：茎を切りとり、葉を冷たい塩水できれいに洗って水気をきる。そのままでもきざんでも使える。

いま、ケールの葉はシェフやグルメのあいだでちょっとしたルネサンスが起こっている。キャベツの仲間で葉の繁ったケールは用途が広いからだ。魚とも肉とも相性がよく、通常はゆでるか蒸して使うが、さっと炒めても、キャセロールに入れてもいい。わずかな苦みを感じるかもしれないが、よく火を通せば、スープやシチューに絶妙な風味をそえてくれる。チーズ、タマネギ、卵と合わせると、冬に体を温めてくれるフィロペストリーパイのできあがりだ。

園芸家たちは以前から過小評価されてきたケールを、さらに次のような理由で高く評価している。まず、強い耐寒性があり、収穫物

上：ケールには多くの品種があるが、どれも魅力的な葉をつける。ちぢれた赤い葉もあれば、「ネロ・デ・トスカーナ」のように濃緑色の細い葉もある。

料理ノート
ケールのローストピーマンとオリーブぞえ

早くて簡単に作れるこのケール料理は、とてもヘルシーな軽食だ。サイドメニューにもなる。

下ごしらえ：10分
調理：25分
できあがり：4人分

- 大きめのケール　2株
- オリーブオイル　大さじ2
- ニンニク（薄くスライスする）　2片
- 水　60ミリリットル
- 砂糖　小さじ2
- 塩　小さじ1
- カラマタオリーブ（ギリシアカラマタ産）（種をとって細かくきざむ）　12個
- ロースト赤ピーマン（瓶づめ）　120グラム
- 熟成バルサミコ酢　大さじ2

ケールの硬い茎を落としてひと口サイズに切り、洗って水気をきる。

フライパンでオリーブオイルを熱し、ニンニクを茶色くなるまで炒める。

ケールをくわえ、5分ほど炒める。

水をそそぎ、ふたをして、軟らかくなるまで8〜10分蒸す。

砂糖、塩、カラマタオリーブ、赤ピーマンをくわえる。

中火で水分がとぶまで煮つめる。

皿に盛り、ニンニクをちらし、バルサミコ酢をかける。

がほとんどなくなる晩冬から早春にかけての空白期間を埋めてくれる。次に、ほかのほとんどのアブラナ科に比べ、やせた土や湿気に耐える。また、すばらしい風味と高い栄養価も認められている。さらに、菜園では、さまざまな色と形が見事な野菜のじゅうたんを披露してくれるのだ。事実、縁どりとして植えれば色鮮やかなディスプレイとなり、真冬の観賞用植物にもひけをとらない。「レッドロシア」のように、ちぢれた赤い葉をつける品種もある。濃緑色で葉が細い「ネロ・デ・トスカーナ」（ときにパームツリーキャベツともよばれる）は、どんな菜園にも深みのある美しいヴィジュアル効果をもたらしてくれるだろう。

ケールは日あたりのよい肥沃な土を好む。種まきのまえに土をていねいに掘り起こし、堆肥や完熟肥料などの有機物をくわえておく。晩春、ポットにまくか、または、畝間を20センチとり、深さ1センチの浅い溝に直まきする。苗が10センチほどになったら定植床に移植する。株間は品種によって45～60センチ、畝間は60センチにする。夏は十分に水やりし、食いしん坊のケールが栄養分や水分を奪われないよう、毎週欠かさず畝や苗周囲の草取りをすること。

ケールは非常に耐寒性があり、酷寒の地でも屋外に植えておける。1株まるごと抜くと再生しないため、使うときに必要なだけ収穫する。シーズン中、下葉から上葉へと順に摘んでいこう。

下：ケールはおいしい葉が食用となるが、観賞用の品種もあり、庭の縁どりや花壇に常緑の景観を提供してくれる。

栄養素

ケールには健康に重要な鉄が多くふくまれている。鉄は体の各器官、細胞の成長、肝臓の機能に必要な酸素を運搬するヘモグロビンの生成に使われる。また、ケールにはビタミンA、C、Kも豊富にふくまれており、健康な体や免疫システムの維持に役立つ。さらに、食物繊維や硫黄も豊富なため、解毒作用のある野菜として推奨されている。

キャベツ
Brassica oleracea **Capitata Group**

一般名：キャベツ、キャベツリーフ、グリーンキャベツ

種類：一年生

生育環境：耐寒性、平均的な冬〜厳しい冬

草丈：40センチ

原産地：ヨーロッパ

歴史：英語の「cabbage（キャベツ）」はフランス語で「頭」を意味する「caboche」に由来する。形が似ているからだ。また、属名の「*Brassica*（アブラナ属）」はケルト語でキャベツを意味する「bresic」からきている。キャベツの栽培は4000年以上まえからおこなわれており、栽培種となってからも2500年以上の歴史がある。キャベツは寒い土地でもよく育ち、収穫量も多く、冬のあいだ保存もきくため、あっというまに北ヨーロッパの主要野菜となった。

栽培：キャベツは日あたりがよく、多量の有機物をくわえた肥沃な土で育てる。セル型トレイか発芽床に種まきし、のちに定植床に移植する。種まきの時期は、いつ収穫するかによって決める。

保存：ほとんどのキャベツは耐寒性があり、キッチンで必要になるまで植えておける。収穫したら、涼しい場所なら品種によっては数週間以上もつ。

上：エルンスト・ベナリー『ベナリーのアルバム』より。多色石版刷り。1876年。キャベツの品種を紹介したイラスト。本書には野菜28種の図がおさめられ、英語、ドイツ語、フランス語、ロシア語で名称が記されている。

調理：まず外葉をとりのぞき、半分に切る。芯を落として洗い、必要に応じて切る。サラダ用は千切りにし、火を通す場合はざく切りにする。また、なかにつめものをすることもある。赤キャベツは、油で炒めてから蒸し煮にすると最高だ。

キャベツのない料理界など想像できるだろうか？　きっとだれしも、学校の給食でしんなりしたキャベツを食べた思い出があるだろう。キャベツがはるか昔から世界中で栽培されていた理由はたくさんある。キャベツを使った有名な国際的料理も数多い。トップ2は、発酵させたザワークラウトと、人気のコールスローサラダだろう。コールスローは千切りしたキャベツにほかの生野菜をくわえてマヨネーズで和えたサラダだ。むろん、メニューはこれだけにとどまらない。キャベツは見事な野菜で、なにしろ用途が広い。真冬、大きなボールにマッシュポテト、蒸したキャベツ、ニンニク、タマネギ、ブラムリーアップル［イギリスの料理用青リンゴ］を入れて和える。これほど満足できる料理がほかにあるだろうか？

キャベツは菜園でも美しい。手触りのよい鮮やかなじゅうたんを敷いたようだ。色も緑、赤、紫など豊富だし、形も先のとがったもの、丸いもの、平べったいものなど幅広い。葉がなめらかなタイプもあれば、ちぢれているタイプもある。区分けして植えれば、菜園は一年中華やかだ。

四季それぞれのキャベツがあり、収穫する季節によって、春キャベツ、夏キャベツ、秋キャベツ、冬キャベツと名づけられている。ほとんどが結球するが、春キャベツは葉が密にしまっていないものもある。サボイキャベツは冬キャベツの定番で、白、赤、紫がかった色の品種がある。そのなかでも、もっとも有名な一種が「ジャニュアリーキング」だ。

キャベツの栽培は季節をとわず基本的に変わらない。おもな違いは収穫の時期だ。キャベツは日あたりと水はけのよい肥沃な土で育てる。肥料食いの野菜なので、種まきのまえに十分な有機物で土を肥やしておこう。たいてい、屋外の育苗床で苗を育ててから移植するが、屋内のセル型トレイで育ててもいいし、場所が許せば直まきしてもいい。

料理ノート
クリーミーコールスロー

コールスローは古くからあるキャベツのサラダで、現在は世界中で人気のあるサイドメニューやつけあわせとなっている。よりヘルシーにしたければ、千切りキャベツを和えるさい、マヨネーズのかわりにプレーンヨーグルトを使おう。

下ごしらえ：10分
できあがり：10人分

- 白キャベツ（千切り）　1/2個
- 大きめのニンジン（千切り）　2本
- マヨネーズ　大さじ6〜8
- 赤タマネギ（薄くスライスする）　1/2個
- レモン汁　小さじ1
- 塩、コショウ　適宜

大きなボールに千切りしたキャベツとニンジンを入れて混ぜる。

マヨネーズ、赤タマネギ、レモン汁、塩、コショウを別のボールでかき混ぜる。

マヨネーズソースと千切り野菜をしっかり和える。

右：キャベツは一年中、とりわけ冬のあいだ、菜園に美しい彩りをそえてくれる。質感、形、色もさまざまで、イラストのように、ちぢれたサボイキャベツや紫キャベツもある。

キャベツ　65

賢い水やり

水は命の源。水がなければ植物が生きのびることはできない。したがって、乾燥する夏は深刻な問題になりかねない。とはいえ、逆にやりすぎても枯死してしまうので、適切な水やりが重要になる。

夏の水は地域によっては貴重だ。責任をもって水やりをおこない、できるだけむだを出さないようにしよう。

左：じょうろは水を節約したり、量を調整したりするのに最適な道具だ。ノズルの先端についているハス口から、シャワー状の水が広がる。

節度ある水やり

スプリンクラーは大量の水を消費するため使用しないこと。また、直接根の部分にばかり水をかけないこと。根に水をやるなら、灌水チューブが効率的だ。根の周囲にゆっくりと水を染みこませ、蒸発もかなり抑えられる。灌水チューブはほとんどの園芸用小売店で入手できるが、ふつうのホースにキリで小さな穴をあければ簡単に作れる。畝に沿って株元の近くに置く。

じょうろはホースよりコントロールしやすいのでむだがはぶける。できれば、1株ごと、根の周囲に水やりし、葉にはかけないこと。しっかりと土を湿らせよう。ハス口をつけ、水をゆっくり染みこませ、あふれないように注意する。ハス口は繊細な苗に水やりするときにも重宝する。1株ずつ、周囲にくぼみを作っておくと、必要な場所に水をとどけやすい。

水やりは早朝あるいは夕方におこなうと効率がいい。とくに暑い時期はかなりの水が蒸発してしまうため、真昼にはおこなわないこと。

日よけネットを張るか、温室のガラスに遮光剤を塗ると、水の蒸発を抑え、葉が枯れるのを防ぐことができる。

一般に、コンテナやハンギングバスケットで育てる野菜は、地植えの野菜より多くの水を必要とする。しかし、日中のいちばん暑い時間帯に日陰に移せば、必要な水の量は抑えられる。また、天水桶などの集水装置を用意すれば、雨水をためることができる。温室、ガレージ、倉庫、家の上に設置してパイプをつけ、できるだけ多くの雨水を集めよう。

いつ、なにに、水をやるか

　乾期には定期的に水やりをすること。これがおおよそのルールだが、野菜のタイプによってそれぞれ条件が異なる。

ジャガイモ　とくに開花期には定期的な水やりが欠かせない。この時期、塊茎が土中で形成されはじめるからだ。毎日ではなく数日おきにたっぷりと水やりをしよう。少しずつ何度もあたえると、発根が悪くなる。

ニンジン　水はけのよい土を好むため、過剰な湿気は避ける。水をやりすぎると葉が繁り、根の発育が阻害される。湿気を求めて深く生長する必要がなくなるからだ。

タマネギ　鱗茎がふくらんだら水のやりすぎに気をつける。やりすぎると、収穫まえに鱗茎を硬くすることができず、保存がきかなくなる。また、水のやりすぎは病原菌の感染も誘発する。湿度を保持していた根覆い（マルチング）を一部でもとりのぞくと、鱗茎に日があたり、乾燥させることができる。

キャベツ　植えつけるときはたっぷり水やりをする。その後は、数日に1回、定期的にあたえるだけでいい。結球しはじめたら、たっぷり水をあたえると大きく育つ。

上：エンドウは、とりわけ莢の形成につながる開花期に大量の水分を必要とする。

　家庭雑排水ともよばれる風呂、シャワー、キッチンなどで使用した水もリサイクルする。ただし、石鹸、洗剤、漂白剤などが多く混ざっている場合は使用しないこと。

　ペットボトルなどプラスチック製容器の底を切りとり、飲み口を下にして各株の横に刺しておくと便利だ。容器の上まで水を入れておけば、もっとも水を必要とする根の部分にゆっくり染みこんでいく。

　園芸用堆肥や完熟肥料で根覆い（マルチング）をすると、土の保湿性が高まる。また、根覆いは野菜の水分や栄養分を奪う雑草も防いでくれる。

カリフラワー
Brassica oleracea **Botrytis Group**

一般名：カリフラワー

種類：一年生

生育環境：半耐寒性〜耐寒性、穏やかな冬〜厳しい冬

草丈：35センチ

原産地：地中海沿岸地方

歴史：カリフラワーの祖先は野生のキャベツで、遅くとも紀元前600年にはトルコとイタリアで主要野菜となっていた。16世紀なかば、カリフラワーはフランスで広まり、続いて北ヨーロッパとブリテン諸島で栽培されるようになった。現在、アメリカ、フランス、イタリア、インド、中国では、相当量のカリフラワーが生産されている。

栽培：日あたりと水はけのよい肥沃な土を好む。屋外で、深さ1センチの溝に畝間20センチで直まきし、最終的に定植床に株間50センチで移植する。種まきの時期は品種と収穫時期によって異なる。

保存：カリフラワーは冷暗所に逆さまにして置いておくと比較的長く保存できる。有名なピカリリーのようにピクルスなどの酢漬けにすれば日もちする。花蕾は容器に入れて冷凍できる。

上：クリーム色の美しい花蕾は、キャベツの仲間のなかでも非常に魅力的だが、たしかに育てにくい野菜でもある。

調理：まず外葉と茎を切り落とす。軟らかい葉は食べられるので全部すてないこと。次に花蕾を切り分け、火が通りやすいよう茎に十字型の切りこみを入れる。洗って水気をきり、ゆでるか蒸す。生でサラダに入れてもいいし、バターでじっくり炒めてもいい。

ときにはシンプル・イズ・ベストだ。これ以上シンプルでおいしいイギリス料理はほかにないだろう。そう、カリフラワーチーズだ（「料理ノート」参照）。

　最初にことわっておくと、カリフラワーはおそらくキャベツの仲間のなかでもっとも栽培しにくい品種のひとつだ。しかし、店では高価なうえ、種を購入すれば魅力あふれるおいしい品種をたくさん育てられる。努力する価値は十分にあるはずだ。

　山吹色の「チェダー」、濃い紫色の「グラフティ」など、さまざまな品種があるが、おなじみの白い品種も菜園をきれいに飾ってくれる。ほとんどのカリフラワーは、通常、15～20センチの大きなドーム型の花蕾をつける。近年の交配種ミニカリフラワーは10センチ程度で、いまシェフや園芸家のあいだで大人気だ。

下：ジョージ・ワシントン・ランバートによる静物画「卵とカリフラワー（Egg and Cauliflower）」。1926年。広く栽培されているカリフラワーの魅力と質感をみごとに描き出している。

料理ノート
カリフラワーチーズ

　カリフラワーチーズは作るのが簡単で、用途も広い。メインディッシュとしても、ロースト料理のサイドメニューとしても使える。

下ごしらえ：5分
調理：30分
できあがり：6人分（サイドメニュー）

- バター　75グラム
- 小麦粉　50グラム
- 牛乳　1リットル
- チェダーチーズ（おろす）　100グラム
- チェダーチーズ（おろす）（トッピング用）25グラム
- カリフラワー（中サイズ）（切り分けて加熱する）　1個
- パン粉　白パン4枚分
- ダブルクリーム　75ミリリットル

　バター3/4量を鍋で熱して溶かし、小麦粉をくわえ、1分ほど炒める。

　少しずつ牛乳を足し、なめらかなソースにする。濃厚になるまで15～20分煮つめ、チェダーチーズ半量をくわえる。

　バターを少しだけ残してフライパンに入れて溶かし、カリフラワーを軽く色づくまで炒める。スプーンですくって皿に盛る。

　残りのバターをフライパンに入れ、パン粉をくわえてきつね色になるまで焼く。

　残りのチェダーチーズをソースに入れて溶かし、ダブルクリームをくわえる。

　カリフラワーにソースをかけ、焼いたパン粉とチーズをふる。

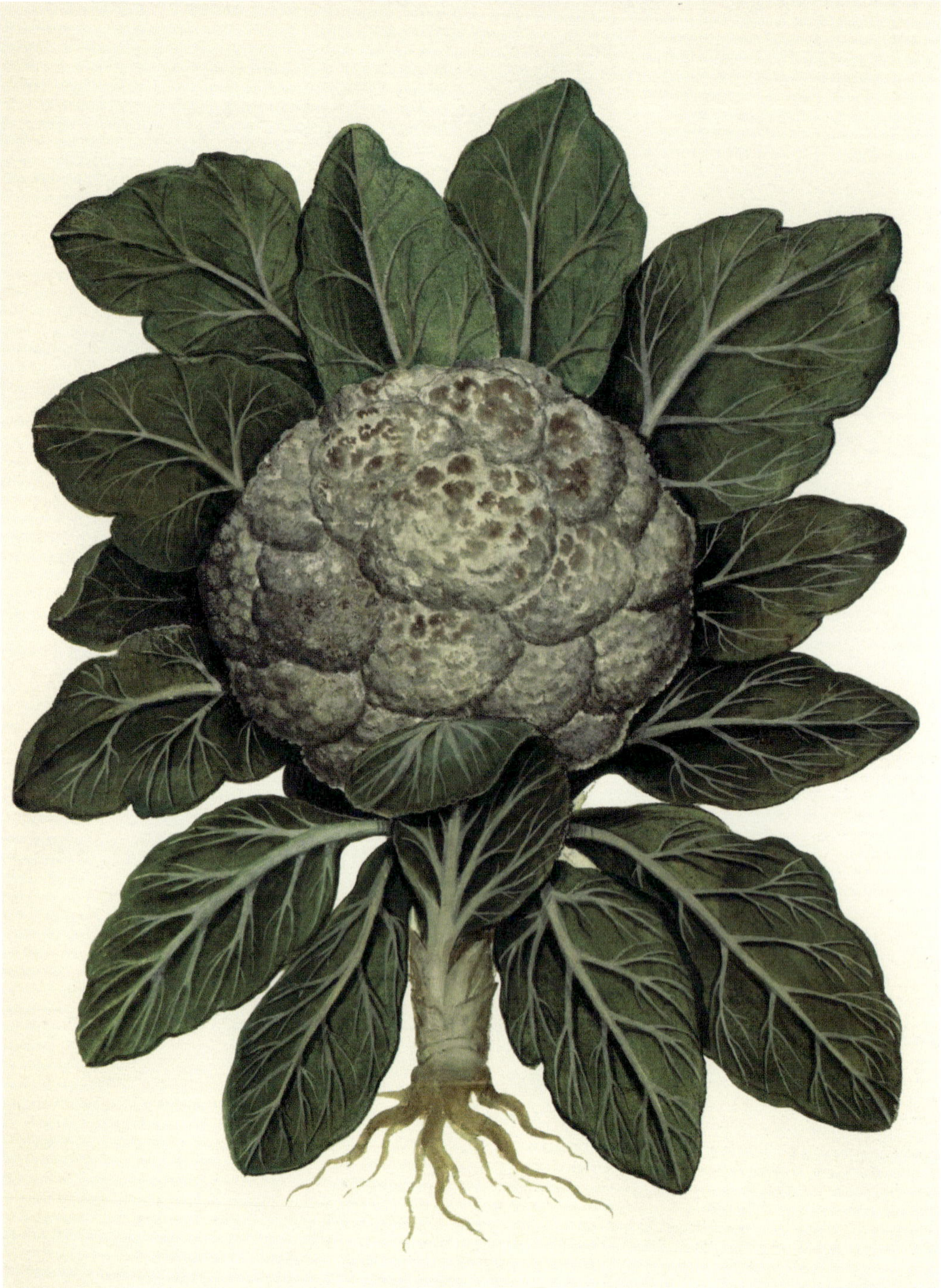

カリフラワーは適切な品種を選び、適切な時期に種まきすれば、一年をとおして栽培することができる。しかし、冬タイプのカリフラワーは春まで収穫できず、栽培スペースもとるので、菜園に余裕がない場合はあまりおすすめできない。

　カリフラワーを栽培するさいのポイントは、整った形の花蕾を育てること。いびつにしてはいけない。つまり、生長期をとおして定期的な水やりが欠かせないということだ。

　カリフラワーはほかの野菜と異なり、比較的涼しい場所を好むので、暑さが厳しくなると問題が生じやすい。

　カリフラワーは水はけのよい肥沃な土を好む。植えつけのまえに、完熟肥料や堆肥を土に混ぜておこう。土が肥えるだけでなく、さらに重要なことに、保湿性を高め、枯死を防いでくれる。乾燥が花蕾をいびつにするのだ。酸性土は土壌病菌による根こぶ病を誘発し、根が変形するため避けること。石灰をほどこすと、一時的に土壌のアルカリ度を高めることができる。

　種まきは屋外でおこなう。苗床あるいは培養土を入れたトレイに、条間20センチとり、深さ1センチの溝に植える。苗は株間5センチになるよう間引きする。葉が5～6枚ついたら、定植床に株間50センチで移植する。種まきの時期は品種や収穫の時期によって異なる。詳細は種のパッケージに記された栽培法で確認しよう。

上：カリフラワーの伝統種。1904年。パリの種子販売会社ヴィルモラン＆アンドレ商会の広告より、「イースターウィンター」、「シシリーブラック」、「シャロンアーリー」。現在、どれも商品としては入手できない。

　生長期は葉が花蕾を包み、日光による変色を防ぐ。鳥や害虫から守るには、保護用ネットやシートを利用する。

　夏秋の品種は通常、春に種まきしてから16週間で収穫できる。冬の品種は40週間かかる。必要なときに、切れ味のよいナイフで茎もとから刈りとる。冷暗所に保存すれば3週間ほどもつ。

左：一般的にカリフラワーは中央になるきれいな花蕾を食用とするが、放射状に広がる緑色のロゼット葉も、ほかのキャベツの仲間と同様、ゆでたり蒸したりすると甘みが出ておいしい。

「何ごとも訓育が肝心。桃も、もとはといえば、苦いアーモンドだったのだし、カリフラワーも、大学教育を施されたキャベツ以外の何物でもない」
マーク・トウェイン『ノータリン・ウィルソンの悲劇』（1894年）
［『世界の文学53 イギリス名作集・アメリカ名作集』所収、野崎孝訳、中央公論社］

チンゲンサイ
Brassica rapa Chinensis Group

一般名：チンゲンサイ、パクチョイ、ボクチョイ、チャイニーズチャード、チャイニーズマスタード、セロリマスタード、チャイニーズキャベツ、スプーンキャベツ

種類：一年生

生育環境：半耐寒性、穏やかな冬

草丈：30センチ

原産地：中国南部

歴史：記録によれば、チンゲンサイが最初に栽培されたのは5世紀の中国南部だ。19世紀には、日本やマレーシア南部で農園ができた。ヨーロッパに渡ったのは18世紀なかばで、1751年、かの有名な植物学者カール・リンネの友人、ペール・オスベック（74ページ参照）が種をもちこみ、栽培を普及させた。

栽培：初春、育苗トレイに種まきするか、春、屋外の浅い溝に直まきする。夏のあいだ数週間ごとに種まきすれば、ベビーリーフ、若葉、成熟したチンゲンサイが定期的に収穫できる。

保存：若葉も成熟した株も、とりたてを使う。冷蔵庫で数日しかもたないが、スープなど、調理してから冷凍すれば長く保存できる。

調理：きれいに洗う。加熱する時間が異なるため、葉と軸を分ける。葉のほうが早く火が通るので、仕上げの2分ほどまえにくわえよう。葉と軸を同時にフライパンに入れる場合は、軸を細長く切って調整する。若いチンゲンサイはそのまま使い、大きめのものは半分か4つに切る。

右：チンゲンサイはキャベツの仲間で、パクチョイやボクチョイとよばれる。葉がおいしく、アジア料理によく使われ、とりわけ和食や中華料理のレシピに登場する。

チンゲンサイは別名が多く、パクチョイともボクチョイともいわれてまぎらわしいが、同一の野菜だ。この極東出身の野菜は風味豊かな葉が評価され、シェフや園芸家のあいだでますます人気が高まっている。種子カタログやスーパーマーケットの棚には、白菜、小松菜、日本のカブ、春菊など、東洋の魅力的な野菜がならんでいる。こうした野菜は成熟した葉だけでなく、苗のうちに食べるベビーリーフとしても新たな料理の世界を広げつつある。

チンゲンサイはアジア料理でもっとも人気のある野菜のひとつだ。ベビーリーフはサラダや炒めものに利用できるが、成熟させれば東洋風の料理を作ることができる。葉は生でも食べられるし、かるく蒸してもいい。

最初の収穫まで待ちきれない人に朗報がある。チンゲンサイは種まきからたった30日でベビーリーフがとれる。しかし、若葉や成熟したチンゲンサイをとるには、気候によって45～80日かかる。ほとんどのキャベツの仲間と同様、チンゲンサイは日あたりのよい肥沃な土が必要だ。菜園のスペースがかぎられている場合は、窓台のプランターで栽培しよう。サラダ用の葉なら、必要なときにすぐ摘める。種まきは春のなかばから真夏までいつでもおこなえる。深さ1センチで浅くまく。ベビーリーフを収穫する場合は畝間30センチ、成熟させる場合は少し広めにする。気候が穏やかな地域では、早春にクローシュやべたがけシートを利用して直まきすることもできるし、秋まで収穫を続けることもできる。

料理ノート
チンゲンサイの炒めもの

ヘルシーな料理で、好みでトウガラシをくわえれば辛さも調節できる。ライスによく合い、中華麺といっしょに炒めてもおいしい。

下ごしらえ：5分
調理：5分
できあがり：2人分（サイドメニュー）

- ヒマワリ油　大さじ2
- 根ショウガ（皮をむきみじん切りにする）4センチ
- 赤トウガラシ（細切り）　1～2本
- ニンニク（みじん切り）　3片
- チンゲンサイ（軸は細切り、葉はざく切り）　2株
- 塩　適宜
- しょうゆ　小さじ1/2
- ゴマ油　小さじ1/2

ヒマワリ油を大きめのフライパンで熱し、ショウガ、赤トウガラシ、ニンニクをくわえる。

すぐにチンゲンサイの軸を入れ、手早く炒める。

1分炒めたら、葉をくわえ、しんなりするまで1分ほど炒め、火からおろす。

塩、しょうゆをかけ、ゴマ油を数滴たらす。

上：チンゲンサイは乾期にはほぼ毎日水やりが必要になる。乾燥すると、すぐとう立ちするからだ。種まきから数週間でフレッシュなベビーリーフがとれるが、そのまま成熟させてもいい。間引きした若い苗はベビーリーフとして味わい、残りは株間30センチにして生長させる。

苗はベビーリーフを摘むなら株間6センチ、成熟させるなら株間30センチになるよう間引きする。間引いた芽も、堆肥場にくわえず、ベビーリーフとして味わおう。

チンゲンサイは生長しつづけるので、とう立ち（すぐ種をつけ、葉が苦くなる）しやすい温暖な時期や乾期には、数日おきに水やりをする。「ジョイチョイ」はとう立ちしにくい品種なので栽培にはおすすめだ。その他、人気の高い品種には、黒っぽい葉の「バラク」や、「チョコ」、「グレイシャー」、「アイボリー」、「レッドチョイ」、「サマーブリーズ」などがある。

葉は種まきから3〜4週間すれば、いつでも収穫できる。放っておくと硬くなるので、若いうちに摘もう。成熟した葉はナイフで茎もとから切りとる。切り株を残しておけばまた発芽し、数週間後にはベビーリーフが収穫できる。花径を伸ばしたら、なばなも摘み、炒めて食べよう。

ペール・オスベック

ペール・オスベックはスウェーデンの探検家、博物学者だ。1723年に生まれ、スウェーデンのウプサラ大学でカール・リンネとともに学んだ。1750年、オスベックはアジアを旅し、4カ月間、中国の広東で植物相、動物相、現地の人々について調査した。オスベックの研究結果はリンネに届けられ、リンネの著書『植物の種（Species Plantarum）』(1753年) に600種以上もの植物が掲載された。

芽キャベツ
Brassica oleracea Gemmifera Group

一般名：芽キャベツ、ブリュッセルスプラウト、クルシフェラススプラウト

種類：一年生

生育環境：耐寒性、平均的な冬～厳しい冬

草丈：60センチ

原産地：ベルギー

歴史：芽キャベツは、ローマ時代からイタリアで栽培されていたと考えられている。ベルギーでは1200年代から栽培されていた可能性もある。記録によると、1587年当時には大量に栽培されていたようだ（それゆえ、「ブリュッセルスプラウト」という英名がついた）。当時はこのあたりに限定された野菜だったが、第１次世界大戦中、ヨーロッパ全土に広まった。現在ではヨーロッパとアメリカで広く栽培されている。北アメリカではカリフォルニアが生産の中心地だ。

栽培：春、日あたりのよい肥沃な土に溝をつけて種まきする。最終的に株間50～75センチにし、風で倒れないよう支柱を立てる。秋冬に収穫する。

保存：芽キャベツの最適な保存法は、使うまで植えたままにしておくこと。耐寒性が強く、真冬でも元気だ。収穫したら冷蔵庫に入れれば2～3週間もつ。

調理：傷んだ葉やしおれた葉はとりのぞき、茎を落とす。大きく育った場合、調理人によっては、火が通りやすいよう硬い底部に十字の切りこみを入れ、葉といっしょに調理する。収穫したらよく洗い、汚れや虫を落とそう。軟らかくなるまで塩水で8～10分ゆでるか、15分ほど蒸す。

上：芽キャベツは極寒にも耐えるため、通常、冬に収穫する。

「芽キャベツは非常に価値のある冬野菜だ。茎には芽が鈴なりで、茎頂に小さくて巻きのゆるい緑色のキャベツがなる」
チャールズ・ボフ『自給への道（How to Grow and Produce Your Own Food）』（1946年）

芽キャベツは世界でもっとも嫌われている野菜なのかもしれない。多くの人が、年に一度だけ、クリスマスのディナーでがまんして食べる、硬くて苦い小さな玉っころだと感じているのではないだろうか。しかし、ちょっと想像力を働かせれば、さまざまな調理法があり、蒸したり炒めたりするほか、ほかの料理にくわえることもできる。この野菜王国のつわものは、非常に健康的で栄養価が高いうえ、つねにいろいろなメニューに適用できる。品種によって8月から収穫できるものもあるが、秋の霜が降りてからのほうが甘みが増しておいしくなる。また、晩冬や早春まで収穫できる品種もある。シーズン末には葉の広がった頂芽も収穫して、料理に使おう。

収穫どき、芽キャベツは頭部がずっしりと重たくなる。そのため、植える直前に土起こしをしない場合もある。土が軟らかいと、ますます風で倒れやすくなるからだ。とはいえ、秋、植えつけのまえには有機物をたっぷり混ぜておく。芽キャベツはほかのキャベツの仲間と同様、肥料食いで、日あたりと水はけがよく、適度な湿気を保った肥沃な土を好む。できれば強い酸性土は避け、もし酸性度が高ければ石灰をまいて、pHを6.5〜7にする。

芽キャベツは、2月、屋内でセル型トレイに種まきし、春、屋外に植え替える。また、3月に屋外の苗床や温床に直まきし、のちに定植床に移してもいい。

一般に芽キャベツは、種まきから5週間後、苗が10センチになったら、定植床に移植する。各株の大きさや高さによって株間50〜70センチにする。畝間は75センチとり、風にゆれないよう保護しよう。伸びはじめたら倒伏しないよう支柱を立てる。株を安定させるため、根もとに土寄せする場合もある。草取りはこまめにおこなおう。また、定期的に水やりをして、質のよい芽キャベツが育つよう適度な湿気を保つこと。

料理ノート
芽キャベツの代用品

芽キャベツが嫌いな人はベルギーを侮辱していることになる。なぜなら原産地はベルギーだとされ、それゆえ、別名ブリュッセルスプラウトだからだ。

現在は「トラファルガー」のように従来の芽キャベツより甘い新種もある。改良して苦みを抑えたようだ。また、ケールと芽キャベツの交配種、アブラナ属の「プチポジーミックス」は、緑と紫が鮮やかなちぢれたロゼット葉をつける。味は春野菜に近く、クリスマスのディナーで芽キャベツに似た食材がほしいとき代用できる。もし、芽キャベツだけで作るサイドメニューは避けたいとしても、ごちそうレシピはたくさんある（77ページ参照）。

下：十字を入れるべきか、やめるべきか。調理のさい、芽キャベツの底部に十字の切りこみを入れたほうがいいかどうか、シェフの意見は分かれている。

園芸用語では「結球しない」と表現するが、広がった芽キャベツはすべてとりのぞく。収穫したら数週間しかもたないので、料理に使うまで植えたままにしておく。シーズン末の冬に向けて、下から順に収穫していこう。手でつかんでさっと下に引くとすんなりとれる。

下：芽キャベツは通常、秋から収穫できる。下から生長していくため、シーズン末まで、下から順に摘みとろう。

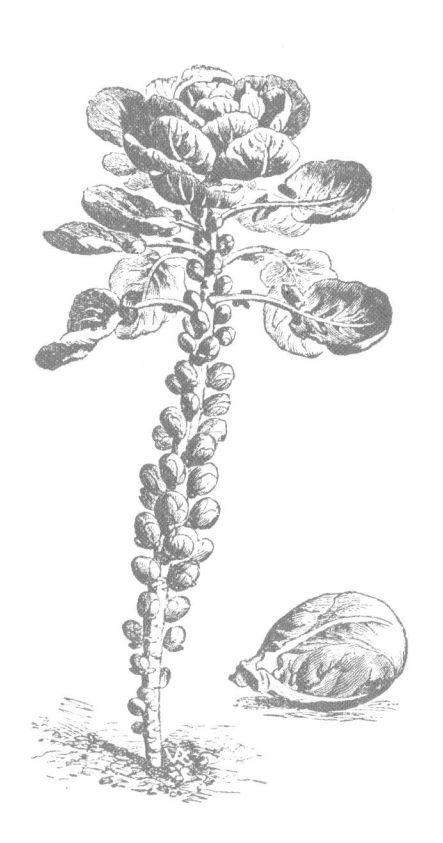

料理ノート
パンチェッタと芽キャベツの ハーブ焼き

パンチェッタとタイムが芽キャベツの苦みを抑えてくれる一品だ。好みで、パンチェッタのかわりにベーコンを使ってもいい。

下ごしらえ：15分
調理：25分
できあがり：10人分（サイドメニュー）

- 芽キャベツ　1キロ
- オリーブオイル　大さじ3
- パンチェッタ（さいころ状に切る）　100グラム
- タイム（きざむ）　大さじ1
- 塩、コショウ　適宜

あらかじめオーブンを200℃に温めておく。

鍋に塩水を入れ、芽キャベツを3分ゆでる。

冷水にとってすばやく冷ます。水気をきり、4等分にしておく。

鍋にオリーブオイルを入れて熱し、パンチェッタをカリカリにまで炒める。

芽キャベツをそっと入れてからめる。

きざんだタイムをふりかけ、塩、コショウで味を整える。

オーブンで10〜15分焼いて焼き色をつける。

コールラビ
Brassica oleracea Gongylodes Group

一般名：コールラビ、ステムチュニップ、チュニップキャベツ

種類：一年生

生育環境：半耐寒性、穏やかな冬

草丈：40センチ

原産地：ヨーロッパ

歴史：コールラビはドイツ語で「キャベツカブ」を意味する。コールがキャベツ、ラビ［Rübeのスイスドイツ語］がカブだ。800年、神聖ローマ帝国皇帝となったシャルルマーニュ（カール大帝）が領土内でコールラビを栽培するよう命令した。シャルルマーニュはフランク王国の国王でもあったが、出身は現ドイツのアーヘンにあたるエクス・ラ・シャペルだ。コールラビがドイツ語であることも納得できる。マルクス・ガウィウス・アピキウスがローマ帝国の料理や食事風景を書き残しているが（現在わかっているかぎり最古の料理本）、そのなかのレシピにコールラビが登場する。しかし、コールラビについてはじめて解説したのは、1554年、ヨーロッパの植物学者が記した書物だ。16世紀末、コールラビは、ドイツ、イギリス、イタリア、スペイン、トリポリ、東地中海沿

上：コールラビは、菜園では見慣れない異様な外見をしているが、キャベツの仲間で、ふくらんだ茎と葉が食用になる。

左：神聖ローマ帝国皇帝シャルルマーニュは、800年、コールラビを領土各地で栽培するよう命じた。コールラビはドイツ語で、「キャベツカブ」を意味する。

岸地方に広まっていた。大々的に栽培されるようになったのは、アイルランドでは1734年、イギリスでは1837年になってからだった。

栽培：初冬から、深さ1センチの浅い溝に種まきする。発芽したら株間20センチに間引きする。また、屋内でセル型トレイに種まきし、春になったら屋外に移植してもいい。

保存：コールラビは冷蔵庫で数週間もつが、水分を必要とする葉は切り落とす。できれば植えたままにし、必要なときに収穫する。

調理：葉とふくらんだ茎の上下を切りとり、ピーラーで皮をむく。スライスするか、くし形に切る。調理するときは、塩水で20〜30分ゆでるか、30〜40分蒸すか、バターで炒める。生で食べるときは細切りにして、冬野菜のサラダに入れると甘みをプラスできる。

　キャベツの仲間のなかでもあまり知られていないコールラビだが、美食家にとってはごちそうだ。どこかセロリに似た、独特なナッツの香りがたまらない。店ではまず入手できないし、できたとしても高価だ。ふくらんだ茎はローストしたり、蒸したり、炒めたりする。また、葉もキャベツと同じように調理できる。よくスープに使われるが、サラダに入れて生でも食べられるし、コールスローサラダでキャベツの代役にしてもいい。奇妙にふくらんだ茎が好奇心をそそる。葉は上部だけでなく側面からも伸びるので、園芸家や調理人の話の種となるだろう。

　コールラビはキャベツの仲間で、マイルドな風味は同じ仲間のカブと似ていないこともないが、カブよりかみごたえがある。外皮は紫か緑が多く、紫色のほうがいくぶん耐寒性にすぐれ、どちらも果肉は白い。

左：「パープルドナウ」のような紫色のコールラビは、花壇で春の一年草として栽培してもいい。とにかく色鮮やかだ。

栄養素

　コールラビは飽和脂肪とコレステロールが少なく、心臓や循環器系を丈夫にする。また、ビタミンB$_6$、チアミン、リボフラビン、ナイアシン、パントテン酸、葉酸などのビタミンB群やビタミンCを多くふくむので、免疫力を高め、新陳代謝率を上げ、健やかな肌と髪を維持してくれる。

コールラビ　79

> ## 料理ノート
> ### おすすめのコールラビ
>
> 　コールラビには、色、味、収穫時期が異なる品種がたくさんあるので試してみよう。
>
> 「ドミノ」AGM　早生種なのでシーズンを延長できる。できればカバーをして育てる。
>
> 「スーパーシュメルツ」　マイルドで甘みが人気の品種。若く軟らかいうちにも収穫できるし、大きく成熟するまで植えておくこともできる。
>
> 「ブラスタ」　とにかく早く最初のコールラビを収穫したいときにおすすめだ。生長が早く、とう立ちもしにくい。
>
> 「コンゴ」　生長が早く、甘くてジューシーで、たくさん収穫できる。色は印象的な白。ほかの品種より丈夫で、菜園で育てやすい。生で食べるのがおすすめ。

上：コールラビの食用にする部分は、じつは根ではなく茎で、地ぎわでふくらむ。香ばしい葉も生で食べたり、ケールのかわりに使ったりできる。

　すべてのアブラナ科同様、上手に育てるには、湿度があるが水はけのよい、非常に肥沃な土が必要だ。日あたりのよい区画を選び、植えつけのまえに完熟有機物を十分に混ぜておこう。

　早めに収穫したい場合は、晩冬、育苗トレイに種まきする。春になれば屋外の直まきも可能だ。熟すまで、通常6～8週間かかる。夏から初冬まで定期的に収穫したければ、数週間ごとに種まきしよう。1～2週間ごとに鍬できちんと草取りをすること。キャベツの仲間のわりに、水やりはさほど重要ではないが、適度な湿気を保つこと。さもないと、ふくらんだ茎が割れてしまう。

　一般に、クリケットボールのサイズ（約7センチ）になったら収穫どきだが、なかには大きく育ち、27キロにおよぶものもある。おすすめの品種は、「アドリアナ」、「エルコ」、「コリブリ」、「コリスト」、「ランロ」、「オリヴィア」、「クイックスター」、「ラピッドスター」など。紫色の「パープルドナウ」は生長が遅く、硬くなりやすいが、菜園を鮮やかに彩ってくれる。コールラビはあまりに長く土中に置くと硬くなって味が落ちるものの、使うときまで植えたままにしておけるため、保存の手間はかからない。収穫した場合は、ほかの根菜同様、湿った砂のなかに入れておくこともできる。

カラブレーゼとブロッコリー
Brassica oleracea Italica Group

一般名：カラブレーゼ──グリーンブロッコリー、ブロッコリー／ブロッコリー──パープルスプラウティング、パープルカリフラワー、パープルハーティング

種類：一年生、あるいは、二年生

生育環境：カラブレーゼは比較的寒さに弱く、半耐寒性～非耐寒性、穏やかな冬。ブロッコリーは比較的寒さに強く、耐寒性、平均的な冬～厳しい冬

草丈：45～100センチ

原産地：アジア、および、地中海沿岸地方（とくにイタリア）

歴史：ブロッコリーはキャベツの仲間で、ヨーロッパの野生種から派生した。野生キャベツの歴史は2000年以上まえにさかのぼり、ローマ時代には普及していたと考えられている。17世紀にイタリア人がブロッコリーを栽培しはじめ、ヨーロッパに広まった。いまもイタリアではとても人気があり、その名はイタリア語の「ブロッコロ（broccolo）」（キャベツの頭状花）に由来する。ブロッコリーをアメリカにもちこんだのはイタリア移民だった。

上：スーパーマーケットでブロッコリーとよばれている大きな花蕾をもつ緑色の野菜は、正しくはカラブレーゼだ。花蕾だけでなく、茎や葉もおいしい。

栽培：カラブレーゼとブロッコリーは早春から初夏に種まきする。日あたりと水はけのよい肥沃な土で育てる。カラブレーゼは根をいじられるのを嫌うため、株間30センチで直まきする。ブロッコリーは屋内のポットやセル型トレイ、または苗床に種まきし、最終的に株間60センチで移植する。

保存：花が咲くまえに収穫する。冷蔵庫で数日もつ。花蕾は冷凍もできる。

調理：必要なときに花蕾を収穫し、流水で洗う。生でサラダに入れることもできるが、通常はゆでるか蒸す。炒めものにくわえてもいい。

カラブレーゼとブロッコリーを混同するのも当然だ。カラブレーゼは花蕾が大きく、色は青緑で、茎が太い。一般にスーパーマーケットで売られている品種で、まぎらわしいことにブロッコリーと表示されている。いっぽう、園芸家がいうブロッコリーは、日ごろあまり見かけることがなく、紫か白の芽を出し、花蕾はかなり小さめだ。さらに困ったことに、奇妙な外見をした黄緑色の「ロマネスコ」（84ページ参照）は、ときにはカラブレーゼ、ときにはカリフラワー、そしてときにはブロッコリーとよばれている！

たしかに混乱するが、いいニュースもある。どれも近い仲間で、味がよく、栽培は簡単で、栄養素を豊富にふくんでいる。つまり、どれを育ててもごほうびはあるし、数々のごちそうの材料になるのだ。パスタに和えたり、ニンニクのきいたトマトソースにからめて、トウガラシやパルメザンをふったりしてもおいしい。ピューレにしてスープにもできる。「ロマネスコ」は風味豊かでナッツの香りがする。カリフラワーチーズのレシピをもとに、クレームフレーシュ（サワークリームの一種）とパルメザンをたっぷりのせ、パン粉をふると美味だ。ちょっと気ままなぜいたくを楽しみたいなら、花蕾をバターで炒め、甘酸っぱいソースにディップしてみよう。

栄養素

キャベツのほかの仲間と同様、カラブレーゼとブロッコリーは家庭菜園で育てられる野菜のなかでも栄養素の含有量がより多い。さらに、発癌を抑制する成分や抗酸化物質もふくまれているといわれている。ビタミンB群、カルシウム、カロテノイド、リン、カリウム、ビタミンCのほか、タンパク質や食物繊維、クロムも豊富だ。また、最近の研究により、ブロッコリー・スプラウトはけた違いの栄養素がつまったスーパー野菜であることが明らかになった。

この驚異の野菜を食べて健康を手に入れるには、なるべく火をくわえないこと。ゆでるとしても、歯ごたえがしっかり残るよう、湯通し程度にしよう。

下：紫色のブロッコリーは、カラブレーゼより花蕾が小さい。晩冬から収穫できるため、実りがとぼしい菜園の春のすきまを埋めてくれる、ありがたい野菜だ。

ブロッコリー

　一般に、ブロッコリーのほうが一般的なカラブレーゼより味がいいといわれている。そのため、レストランの脇にある市民農園でよく見かける。シェフが必要なときに、すぐ花蕾を収穫できるからだ。味はアスパラガスとカリフラワーを混ぜた感じで、カラブレーゼより濃厚だ。見た目も魅力的で、頭部に小さな食用の花蕾がなる。腋芽が出ることもある。紫色やクリーム色の品種があり、紫色のほうがいくぶん耐寒性にすぐれているようだ。もし毎年の種まきを忘れそうなら、多年生の「ナインスターペレニアル」を試してみよう。毎シーズン収穫すれば、5年くらいは花蕾をつける。

　ブロッコリーは用途が広い。葉も茎も食用になり、炒めものに使える。ブロッコリーを栽培する利点のひとつは、冬野菜が終わってから次の収穫シーズンまでの空間を埋められることだ。

　生長期が長いため、土地に余裕がない場合はすすめられない。春に種まきしてから晩冬に収穫できるまで、ほぼ1年を要する。しかし、土地が狭くても、大根やつまみ菜など、短期間で収穫できる野菜をあいだに植えることができるので検討してみよう。

　春、屋外の苗床、または、温室か日あたりのよい窓台のセル型トレイに種まきする。ポットにまく場合は、ふたつずつ入れ、発芽したら育ちの悪いほうを引き抜く。苗床では浅い溝にまき、発芽したら株間15センチにする。苗が8〜10センチになったら株間60センチ、畝間60センチで定植床に移す。屋内で育てた苗は、屋外に移すまえに数日

上：カラブレーゼは日あたりのよい肥沃な土で育てる。耐寒性が強くないため、秋、初霜が降りるまえに収穫する。

間、冷床や玄関で環境に慣らすこと。

　紫色のブロッコリーは生垣や壁で寒さをしのげる日あたりのよい囲み菜園で育てる。キャベツのほかの仲間同様、酸性土は適さない。根こぶ病にかかりやすいためだ。酸性度が高い場合は、石灰をまいてpHを6.5〜7に上げる。栄養分や水分を奪われないよう、ていねいに草取りをすること。

　収穫は晩冬からだ。小さな花蕾は、ふくらみはじめたら花が咲くまえに摘みとる。もし花を咲かせれば、鮮やかな黄色が、濃緑色に染まった年始の菜園を明るく飾ってくれる。晩冬から春のなかばにかけて、定期的に食べごろを選別する。蕾が開くと生長が止まって、花蕾ができなくなってしまう。とれすぎたら冷凍保存しておこう。

料理ノート
ロマネスコ

「ロマネスコ」をはじめて見たら、きっとびっくりするだろう。花蕾がぎっしりときれいならせん状にならび、先端がとがっていて、花蕾をつける野菜のなかでも特異な品種だ。質感は海で見るサンゴのようで、とても菜園の野菜とは思えない。甘いナッツのような香りを放つため、食通のあいだでは、どんなブロッコリーやカリフラワーよりおいしいといわれている。多くの庭や家庭菜園で、食用野菜としてだけではなく鑑賞用にも育てられている。カラブレーゼより耐寒性が強く、通常、秋にカラブレーゼのシーズンが終わり、晩冬にブロッコリーがとれるまでのあいだに収穫できる。

「ロマネスコ」のきれいに整った形と複雑な幾何学模様には、目をみはるものがある。

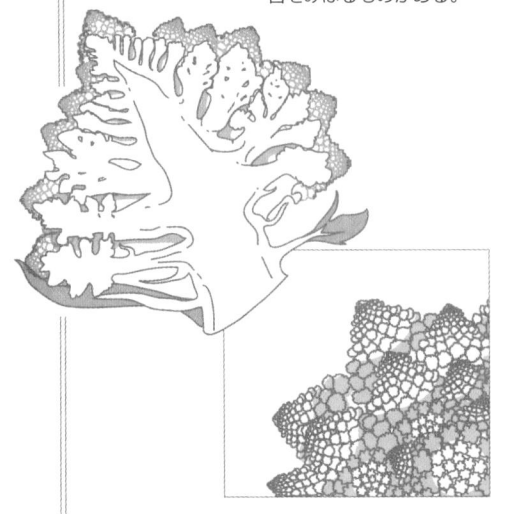

上:「ロマネスコ」は家庭菜園に独特な魅力をそえてくれる。カラブレーゼの収穫が終わり、紫色のブロッコリーがとれるまでのすきまを埋めてくれる、便利な野菜だ。

カラブレーゼの栽培法

土地が狭く、それでもブロッコリーのような野菜を育てたい場合は、紫や白のブロッコリーよりカラブレーゼをおすすめする。ブロッコリーよりかなり生長が早く、ソラマメやニンニクなど秋野菜の種まきや植えつけをするまえに収穫できる。しかし、耐寒性が強くはないため、秋になるまえに収穫しよう。中央に大きな花蕾がひとつなるが、品種によっては収穫後も腋芽が出て、小さな花蕾がとれる。「ロマネスコ」（囲み記事参照）は刈りとったら腋芽が出ないため、収穫後は掘り起こして堆肥場にくわえる。

カラブレーゼは日あたりと水はけのよい肥沃な土を好む。植えるまえに土に有機物を十分にくわえておくと、夏のあいだ湿度が保てる。ブロッコリーとちがって根をいじられるのを嫌うので、定植床に直まきする。

鍬の刃を使って浅い溝を作り、種3個を株間30センチとった種穴に「点まき」する。畝間は30センチとする。発芽したら育ちのいい1株にしぼろう。ていねいに草取りをし、夏のあいだは十分に水やりをする。

花蕾は種まきから12週間ほどで収穫できる。花が咲くまえに刈りとること。続けて出てくる腋芽も小さな花蕾に育って食べられるので、チェックを忘れずに。カラブレーゼは収穫したらすぐ食べる。たくさんとれたら、切り分けて冷凍しておこう。

水菜
Brassica rapa var. *nipposinica*

一般名：水菜、水菜グリーン、京菜、ジャパニーズマスタード、ポットハーブマスタード、ジャパニーズグリーン

種類：一年生

生育環境：半耐寒性、穏やかな冬

草丈：30センチ

原産地：中国

歴史：水菜は中国が原産だが、日本で数百年にわたって栽培されているため、日本の野菜だと考えられている。葉が繁るこの野菜の名は、日本語の「水」と「からし菜」に由来する。

下：水菜は中国が原産で、アジア料理でよく使われる。かすかにからしの風味があり、つまみ菜として育てれば、いつでも必要なときに収穫できる。

栄養素

水菜はビタミンA（カロテノイドとして）、C、Eやマンガンの宝庫だ。抗炎症作用、抗酸化作用、解毒作用があるため、発癌を抑制する。

栽培：3〜8月に屋外で深さ1センチの浅い溝に直まきする。つまみ菜として育てる場合は株間5センチ、大きく育てる場合は株間20センチにする。

保存：ほかのサラダ用の葉物同様、冷蔵庫に入れても長もちしないため、使うときに収穫する。

調理：水菜はマイルドで甘みもあるが、かすかにからしの味がする。とりたてで状態がいいと、シャキシャキしていて苦みもなく、料理に味だけでなく歯ごたえもそえてくれる。生のままサラダにするか、火を通して食べるアジアの野菜だ。

水菜と壬生菜は日本ではつまみ菜としても食べられている。サラダや炒めものにからしの風味をくわえられるため、美食家のあいだでますます人気が高まっている野菜だ。壬生菜は水菜にとてもよく似ているが（名前もだ）、さらに辛みが強く、ぴりっとする。どちらもサラダやサイドメニュー、スープにくわえて味わってほしい。

水菜と壬生菜は、つまみ菜としてなら種まきの数週間後には収穫できる。また、植えておけば、切れこみのあるロゼット葉が伸びる。外見はルッコラにそっくりで、若いうちにはさみで根もとから切りとると再生する。切らずに植えておけば、未熟または成熟したキャベツのような形になる。白い茎と濃緑色でギザギザの葉がきれいだ。花壇の縁どりとしても、料理のつけあわせとしても人気がある。「紫水菜」の茎は紫色でじつに美しく、若い花茎も食材になる。

チンゲンサイは乾期にとう立ちしやすいが、水菜と壬生菜はさほど問題にならない。どちらも栽培しやすく、ある程度の寒さや湿気にも耐える。ただし、乾燥には弱いため、数日おきに水やりをすること。

種は3～8月の好きな時期に、深さ1センチの溝に畝間30センチで直まきする。シーズン中、定期的に種まきすると、春から夏にかけていつでもサラダ用の葉がとれる。そのためには、種を長い畝にいちどに播かず、短めの畝に2～3週間ごとにまく。間引きした苗はベビーリーフとして食べよう。菜園での最適な植え位置については、85ページを参照されたい。

とにかく早めに収穫したい場合は、2月、育苗トレイに種まきする。冷床で数日間慣らしてから屋外に移そう。

とう立ち

とう立ちは寒さや暑さで野菜にストレスがかかると発生しやすい。種まき直後の乾燥が原因となることが多い。野菜がパニックを起こし、かなり早く花を咲かせ、あわてて種を作ってしまうのだ。たいていは葉の数が減り、味も落ちて食べられない。例年より寒い場合は、早めに種まきするとある程度は防げる。また、とう立ちしない品種もある。

なにしろ、種まきしたら、とう立ちしないよう定期的に水やりをしよう。

つまみ菜としては、通常、シーズン中にベビーリーフが5回ほどとれる。時期がすぎたら、掘り起こして堆肥場にくわえるか、そのまま生長させる。大きく育ったロゼット葉は、切れ味のよいナイフを使って根もとから刈りとろう。

カンナ
Canna indica

一般名：カンナ、カンナリリー、クイーンズランドアロールート、インディアンショットプラント

種類：根茎、多年生

生育環境：半耐寒性、穏やかな冬

草丈：1.6メートル

原産地：北アメリカ、および、南アメリカ

歴史：カンナは数千年まえから食物として栽培されているが、1500年代まで、ヨーロッパでは植物学者にもあまり知られていなかった。1800年代後期、ヴィクトリア朝時代に鑑賞用植物として広まったが、遺憾ながら、第1次から第2次世界大戦にかけての激動でヨーロッパの園芸家が栽培しなくなったため、カンナはほぼ姿を消した。さらに、庭の流行も変わった。20世紀前半、ガートルード・ジーキルのようなガーデンデザイナーが、従来の整ったヴィクトリア朝の庭を、型にはまらない多年生植物の花壇に変身させた。そのため、園芸家はカンナはじめ、前世代が育てていた多くの植物を処分してしまった。

栽培：完熟有機物をくわえた、水はけのよい肥沃な土で育てる。根茎から、あるいは、ガーデンセンターで購入した苗から育てる。

保存：使うまで、紙袋に入れて食器棚などの暗い場所に根茎を保存する。数週間もつ。

調理：カンナの根はあまり保存がきかないため、必要になるまで植えたままにしておくのが最適だ。生でも食べられるが、通常はゆでる。味を引き出すには焼くのがいちばんいい。根はきれいな水で洗い、ペーパータオルで水気をとり、いくつかに切り分け、さいの目か千切りにする。鍋に水を入れ、沸騰したら根を入れて10〜15分ゆでる。ゆで時間は大きさで加減しよう。

右：美しい観賞用のカンナも、おいしい根をつける。食用にならないユリと混同しないようにしよう。

カンナは菜園よりも亜熱帯地方の花壇などでよく見かける。光沢のある大きな葉を繁らせ、その先に炎のような花を咲かせる。いっぽう、地下では、変わった食材を試してみたいグルメが喜ぶごちそうを育んでいる。このアマゾンの根菜は甘みがあり、ジャガイモやキクイモと同じように調理する。マッシュポテトとフライドポテトのどちらが好みにしろ、カンナはジャガイモの代用になる。ただ、繊維質が多いため、つぶすにはジャガイモより長くゆでなければならない。カンナチップス（「料理ノート」参照）を作ってテーブルに出したら、友人はきっと感激するだろう。南アメリカには、カンナの葉で肉、魚、家禽の肉を包んだ料理がある。また、葉は米料理に入れたり、焼いたり、蒸したり、網焼きにしたりして食べる。

料理ノート
カンナチップス

いろいろな場面で使える用途の広いスナックだ。焼いたあと、好みの味つけができる。ぴりっとスパイシーなパプリカも試してみよう。

下ごしらえ：10分＋浸し2時間
調理：15分
できあがり：2人分（軽食）

- カンナの根　1キロ
- 塩　小さじ2
- 油　大さじ2

カンナの根を洗い、ピーラーで皮をむく。次に、マンドリンカッターか切れ味のよい包丁で紙のように薄くスライスする。

塩水を入れた大きなボールにカンナを入れ、数時間浸してよけいなでんぷんをとる。

水をきり、完全に乾かす。

あらかじめオーブンを120℃に温めておく。

中華鍋かフライパンに油を入れて高温に熱し、カンナが黄金色になるまで焼く。

オーブン用シートを敷いたトレイにならべ、オーブンで10分焼く。

左：カンナは色鮮やかな花をつける、芸術的な植物だ。その根は、アロールートとして知られている。

カンナは生垣や壁で寒さをしのげる日あたりのよい囲み菜園で、水はけのよい土に植える。植える数週間まえに、完熟堆肥などの有機物をたっぷりと土に混ぜておこう。大きく光沢のある葉は、生長するために多くの水分と栄養分が必要だ。

予算がない場合は、苗を買わずに根茎から育てよう。3月、根茎を1個ずつ、堆肥をたっぷり入れたポットに植え、暖かい温室か窓

上：根の収穫は、カンナが背高く伸び、成熟したシーズン末におこなう。

台に置く。定期的に水やりをすること。霜が降りなくなる晩春に屋外に移植するが、苗をガーデンセンターで購入した場合は、薬剤を使っている可能性が高いため、最初の年は食べずに化学物質が抜ける翌年まで待つ。試してほしい品種はたくさんある。自分に合うものを探すためにも、何種類か育ててみよう。

背が高くなる品種の場合は、倒伏して周囲の野菜もまきこまないよう支柱をそえる。生長期の草取りはていねいにおこない、定期的に水やりをすること。

カンナを絶やさないために

- 秋、カンナの根茎を傷つけないようフォークでていねいに掘り起こす。

- 丸々と太った部分は食用にして、周囲から切片を切りとる（3片まで）。

- 切片は芽をつけたままにしておき、翌年の植えつけ用にする。

- 茎と葉はすべて落とす。

- 切片を堆肥か湿気の多い砂のなかに入れ、冬のあいだ霜の降りない涼しい場所で保存する。湿気が多いと腐るが、かといって乾燥させすぎないよう注意する。

- 冬越しした根茎の切片を晩春にふたたび植える。

気候が穏やかな地域では、カンナの根茎を屋内で冬越しさせる必要はなく、収穫後にふたたび切片を植えもどすだけでいい。霜対策としては、冬のあいだ15センチの根覆い（マルチング）をして保護する。いくつかはだめになるかもしれないが、冬のあいだ屋内で保存するよりはるかに簡単だ。

狭い空間の活用術

野菜の栽培はほんの小さな空間があればできる。実際にかなりかぎられている場合は、自分がほんとうに好きで、かつ、店では買えない野菜にしぼろう。一般に、小さなスペースで育てたほうが、心から育てたいと願う野菜の栽培に集中できるうえ、作りすぎも避けられるし、時間がない人にとっては維持管理がだいぶ楽になる。野菜はルーフガーデン、バルコニー、小さな中庭など、どこでも育てられる。

日陰での栽培

都市にある庭の多くは問題をかかえている。周囲に建物が建ちならんでいるせいで、全体あるいは一部が日陰になってしまうからだ。日あたりが悪いと野菜の栽培はむずかしいと決めてしまいがちだが、じつは、日陰に耐える品種はたくさんある。たとえば、レタス、ホウレンソウ、スイスチャード、つまみ菜などの葉物野菜は、日光をあまり浴びないほうが葉をたくさんつける。いっぽう、トマト、ナス、スカッシュ、ズッキーニのように実をつける野菜は避けたほうがいい。芽キャベツ、ブロッコリー、コールラビ、ケールなどキャベツの仲間はちょっとした日陰なら耐える。ニンジン、ビーツ、カブ、ジャガイモなどの根菜類はすくなくとも半日は日があたらないと育たない。

ルバーブなら、日陰でも育ち、手間もかからず、どんな雑草にも負けずに生長する。

上：ルバーブは日陰に耐えるので、北側の壁やフェンスの前、また、倉庫や家の陰でも育てることができる。

立体菜園

水やりのシステムとともに外壁に骨組みを設置すれば、立体菜園で野菜を育てることができる。ただし、その野菜が日陰に耐えるのか、また、ほかの植物に陰を落とさないか、ほかの植物の陰に入らないか、注意すること。水やりの必要性もこまめにチェックしよう。

コンテナ

野菜は、根が生長するスペースがあり、底に排水穴があいていれば、たいていはどんなコンテナでも育てられる。ただし、コンテナに植える場合は、地植えよりかなり多くの水と肥料が必要だ。温暖な地域なら、生長期には1日1〜2回水

左：野菜はほぼどんなコンテナでも育てられる。古くなった園芸用ブーツでも、排水穴をあければ立派なコンテナだ。

「1エーカーにも満たない小さな土地の持ち主は、野菜の生長を観察し、真の喜びを授かる…ごくかぎられた空間を適切に手入れするには、たくさんの作業が必要になるのだ」
ヴァイスサイマス・ノックス『道徳と文学に関する小論（Essays, Moral and Literary）』（1778年）

やりをし、週に1回液体肥料をやる。コンテナで育てる利点のひとつは、暑さが厳しいとき、日陰に移せることだ。また、向きも変えられるので、日光を全体にあてることができる。

レイズドベッド

庭や裏庭がコンクリートや石板で覆われていてもあきらめることはない。レイズドベッド［縁をレンガなどで囲った床面の高い花壇］を利用しよう。この方法なら管理も草取りも簡単で、腰に負担もかからない。レイズドベッドは土がかなり早く温まるので、水はけがよくなり、野菜が熟すのも早い。レイズドベッドの土は壌土をベースに良質の堆肥を混ぜ、最高の生育環境を整えよう。

リサイクル材の利用

ジャガイモは古くなったごみ箱やタイヤをリサイクルして栽培できる。葉が生長する時期にはタイヤを積んで土を足す。また、資材の運搬などに使われる大きなコンテナバッグの縁を丸めて植えつけ、生長に合わせて縁を戻し、堆肥を足す方法もある。

ズッキーニ、パンプキン、スカッシュも栽培用バッグに堆肥をたっぷり入れれば栽培できる。

窓台のプランター

キッチンのすぐそばに置くプランターは葉物栽培に理想的だ。管理も簡単で、数週間ごとに種まきすれば、つねに十分な葉が収穫できる。

ほとんどの野菜がコンテナで栽培できるが、窓台のプランターに適した品種もある。コンパクトで根が長く伸びない野菜だ。背の高い野菜は、窓からの景色をさまたげてしまう。

窓台のプランター栽培に最適な野菜をあげておこう。

レタス、ラディッシュ、ビーツ、ルッコラ、水菜、葉タマネギ、チャイブ、ホウレンソウ、ニンジン（丸形やミニタイプ）、湿った土で育てるクレソン、つる性トマト

下：パンプキンとスカッシュは肥料食いの野菜なので、堆肥場に直接植えて育てることが多い。場所もとらない賢明な方法だ。

92　ボタニカルイラストで見る野菜の歴史百科

トウガラシとピーマン
Capsicum annuum Longum and Grossum Groups

一般名：トウガラシ、ピーマン、ペッパー、チリ、チリペッパー、カプシカム

種類：一年生

生育環境：非耐寒性、温度高めの温室

草丈：25センチ～1メートル

原産地：南アメリカ、および、中央アメリカ

歴史：トウガラシはおそらく中央アメリカではじめて栽培化された植物のひとつだろう。紀元前7500年に食されていた証がある。1500年代に南アジアにもちこまれ、いまでは世界のスパイス貿易を支配している。現在、トウガラシの生産量世界一はインドだ。

栽培：晩冬か早春、屋内に種まきする。寒い地域では育苗トレイで育てる。葉を大きく生長させるため、20センチになったら摘心をおこなう。温暖な地域なら、屋外で水はけのよい肥沃な土に直まきするか、日あたりのよい場所で栽培用バッグやコンテナに植える。

保存：残念ながらピーマンは冷凍すると軟らかくなってしまうが、トウガラシはさほど影響がない。ピーマンは冷蔵庫で数週間もつ。トウガラシは金網などにのせて日光で乾燥させるか、ひもで結んでつるして乾燥させる。料理用の油に漬けてもいい。

調理：トウガラシは肌や、とくに目をひりひりさせる油分をふくんでいるため、扱うときは十分に注意する。できれば手袋をしよう。とにかくトウガラシを触った手で目をこすらないこと。縦半分に切り、きざむまえに種をとりのぞく。ピーマンは芯をとり、スライスするかみじん切りにする。

左：トウガラシは辛みをつけるまでに長い時間がかかるため、保護カバーをして年の早いうちに種まきする。

右：ピーマンには鮮やかな装飾効果もある。とらずに植えておくと、緑、黄、オレンジ、赤、紫などさまざまな色の変化を楽しめる。

料理ノート
ねばりけのあるトウガラシのジャム

トウガラシのジャムはチーズやクラッカーに合わせるのに最適で、カリカリのフランスパンに塗ってもおいしい。

下ごしらえ：10分
調理：1時間
できあがり：3〜4.5瓶分

- チェリートマト　400グラム
- 赤ピーマン　9個
- トウガラシ　10本
- ニンニク（皮をむく）　7片
- 根ショウガ（皮をむいてみじん切りにする）　4センチ
- 砂糖　750グラム
- 赤ワインビネガー　250ミリリットル

　チェリートマト、赤ピーマン、トウガラシ、ニンニク、根ショウガをフードプロセッサでピューレにする。

　鍋に赤ワインビネガーを入れ、砂糖をくわえて弱火で溶かす。

　さきほど作ったピューレを足し、ねばりけが出るまで40分ほど煮つめる。

　ねばりけが出てきたら、さらに10〜15分ほどかき混ぜながら煮つめる。

　少し冷ましたら、殺菌した瓶に移す。

　いちどふたをあけたら、冷蔵庫に保存して1カ月以内に食べる。

上：ピーマンは寒冷な地域では屋内で育てる。日あたりのよい暖かな囲み菜園があれば、屋外でも栽培できる。

　辛くてスパイシーなものを好む人もいれば、甘くてシャキシャキしたものを好む人もいる。好みがどうあろうと、それに合うトウガラシとピーマンはある。この2種はとても近い品種で、ピーマンは味がマイルドで比較的大きく、トウガラシは通常辛いが、辛みが穏やかなタイプもある。トウガラシが有名になったのは、ここ数十年でインド、タイ、中国、メキシコ料理の人気が高まったおかげだ。地中海沿岸地方の料理も、スパイシーなパプリカパウダー同様、ピーマンやトウガラシをよく使う。パプリカパウダーはパプリカの実を乾燥させて粉末にしたものだ。ピーマンもトウガラシも刺激的な辛みを出すのはおもに中身なので、辛みを抑えたい場合は、洗って種をとりのぞく。

ピーマンとトウガラシは、温暖な地域の、穏やかで日あたりのよい屋外を好む。寒冷な地域では、暖房なしのポリトンネルや温室で栽培する。

どちらも、水はけがよく、しかも湿気のある土を好む。できれば、やや酸性がかった土で育てよう。有機物を十分にくわえ、保湿性を高める。たいていは直まきせず、堆肥を入れたコンテナか栽培用バッグで育てる。栽培用バッグを使用する場合は、ひとつのバッグに種ふたつまでとする。

屋内では、加温した発芽育苗器か暖かく日あたりのよい窓台でポットに種まきする。トウガラシは辛みがつくまで時間がかかるため、晩冬に種まきし、ピーマンはその数週間後にまく。どちらも双葉が出たら9センチポットに移す。霜の降りる危険がなくなったら、数日間冷床で慣らし、株間45センチで移植す

下：トウガラシは、中央アメリカで最初に栽培された野菜のひとつだ。熟すと辛みを増す。かたや、ピーマンは植えておくほど甘みが出てくる。

スコヴィル値

スコヴィル値とは、トウガラシの辛み成分カプサイシンの量を示す数値だ。辛ければ辛いほど数値が大きい。1912年にウィルバー・スコヴィルが考案した。この測定法ができるまではたんに食べて比べていた。

現在のところ、激辛トウガラシのギネス記録は、アメリカのパッカーバットペッパーカンパニーのスモーキン・エドが栽培したキャロライナ・リーパーで、スコヴィル値の平均は1,569,300だ。

トウガラシのスコヴィル値で例をあげると、スコッチボネットが100,000～300,000、タバスコペッパーが30,000～50,000、ハンガリアンワックスペッパーが3,500～8,000、ピメントが100～900。ちなみにピーマンは0だ。

る。生長をうながし、実を大きくするため、20センチほどになったら摘心をおこなう。定期的に水やりをするが、トウガラシは収穫どきに水をやりすぎると辛みが減るので注意しよう。

ピーマンは1株から5～10個、トウガラシは品種や栽培条件によって数十個は収穫できる。続けて実をつけるよう、実が緑色のうちに収穫する。とらずに放っておくと色が変わっていく。ピーマンは赤、黄、オレンジ、紫になって甘みを増し、トウガラシは辛みを増す。

屋外では通常8月から収穫できる。適切な環境下なら、秋まで摘みとることができる。

春菊
Chrysanthemum coronarium

一般名：春菊、菊菜、チャプスイグリーン、クリサンシマムグリーン、ガーランドクリサンシマム、クラウンデイジー、ミラベル

種類：一年生

生育環境：半耐寒性、穏やかな冬

草丈：25センチ

原産地：地中海沿岸地方、東アジア

歴史：8世紀、栽培種の菊が日本にもちこまれ、すぐさま天皇が国花とし、皇室の紋章となった。カール・リンネは、菊の属名をギリシア語の「黄金」を意味する「chrys」と「花」を意味する「anthemon」から、「*chrysanthemum*」とした。

栽培：春のなかば、日あたりと水はけのよい肥沃な土に浅い溝をつけて直まきする。つまみ菜も収穫できる。続けてたくさんとれるよう、シーズン中、定期的に種まきをしよう。

保存：収穫したら1～2日しかもたないため、使う日に収穫する。

調理：さっと洗って、葉を切るかそのまま使う。生でも、火を通してもいい。

生長の早い食用の菊で、ぎざぎざの若葉がおいしく、サラダにも利用される。花も食用になるが、残念ながら、花を咲かせると葉が苦くなり、味が落ちてしまう。花はハーブやナッツの香りがして、生でもかるく火を通しても食べられる。葉は若いうちに摘むと美味で、蒸したり炒めものにくわえたりする。葉は和食の鍋ものに入れるのが一般的だが、色も形も魅力的なので、サラダや飾りつけとしても利用しよう。摘みたての花と蕾、また、

乾燥させた蕾はかぐわしいハーブティになる。

鋸歯状に深く切りこみが入った葉と、魅力的な薄黄色やオレンジ色の花は、家庭菜園を美しく彩るだけでなく、花壇にもよく似あう。丈が低いので、菜園の区切りや小道の縁どりとして植えてもいい。トウモロコシなどの大きな作物のあいだや、花々のすきまに植えることもできる。キャベツやケールなどのアブラナ科とならべれば、美しいコントラストが浮かびあがるだろう。薄緑色の葉は、赤キャベツや赤チコリの隣に植えると色あいがきれいだ。春菊はとても育てやすい野菜のひとつで、実際、葉は種まきからわずか6週間で収穫できる。

野菜の種子カタログで種が見つからなかったら、観賞用植物や花のカタログを見ればたいていのっている。春のなかば以降、屋外の日あたりと水はけのよい肥沃な土に直まきする。浅い溝に株間1センチ、畝間30センチで植える。ある程度伸びたら、株間20センチに間引きする。定期的に収穫できるよう、2週間ごとに種まきしよう。ただし、乾燥するととう立ちして早く花を咲かせるため、真夏は避けること。

早めに収穫するには、屋内の苗床に発芽用堆肥を0.5センチ敷き、種をばらまきする。発芽したら冷床で数日慣らし、屋外に株間20センチで植える。

種まきから数週間後には、葉が収穫できる。つまみ菜として育てることもできる。はさみで根もとを切れば再生し、数週間後にはまた収穫できる。多めに栽培する余裕があるなら、一部は切らずにそのまま育て、花もサラダやお茶にして楽しもう。

黄金色の花はサラダにそえる。

開いていない蕾はハーブティにする。

葉は若いうちに食べるとおいしい。

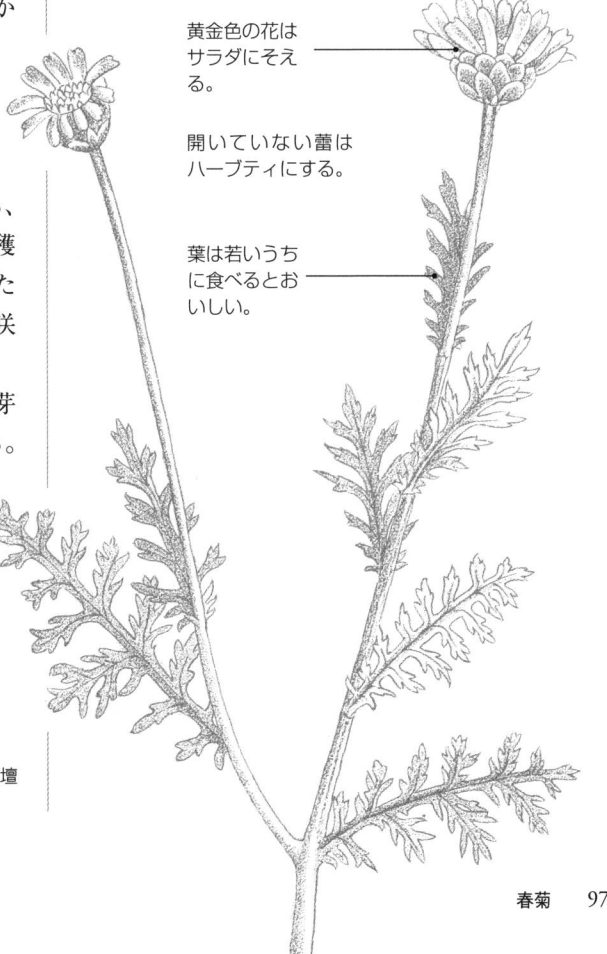

左：春菊はキク科の植物で、菜園だけでなく観賞用の花壇でも見かける。

春菊　97

エンダイブ
Cichorium endivia

一般名：エンダイブ

種類：一年生

生育環境：半耐寒性、穏やかな冬

草丈：30センチ

原産地：中東

歴史：エンダイブは中東のどこかが原産で、古代エジプト人が栽培していたと考えられている。古代ではエンダイブとチコリを同じ野菜に分類し、サラダにして食べていた。まず南ヨーロッパで普及し、その後北ヨーロッパに広まった。

栽培：エンダイブは春、浅い溝に種まきするが、葉が広いタイプは耐寒性があるため晩夏に種まきし、冬に収穫することもできる。秋、初霜が降りたら、苗にクローシュをかぶせる。葉がカールしているタイプは、通常、収穫のまえにポットをかぶせてブランチング（軟白栽培）をおこなう。ブランチングをすると葉の苦みを抑えることができる（100ページ参照）。

保存：摘みとったら冷蔵庫で数日しかもたないため、必要なときに必要なだけ収穫する。

調理：葉をきざんでサラダに入れるか、切らずにそのまま沸騰させた塩水に入れて、5分ほどゆでる。

　エンダイブは生でも食べられる野菜として人気が高いが、少し苦みがあるため、ソテーしたり、炒めもの、スープ、シチューにくわえたりする。同じキク科のチコリとエンダイブはよくまちがえられるが、それもそのはずだ。フランスとアメリカのエンダイブはイギ

下：原産は中東だと考えられている。古代エジプト人が栽培しており、その後、南ヨーロッパから北に広まっていった。

栄養素

　葉物野菜のなかでもエンダイブはビタミンAとCの含有量がきわめて高い。また、カルシウム、塩素、鉄、リン、カリウム、硫黄もふくまれており、食物繊維とカロテンも豊富だ。

リスのチコリと同じもので、レストランでもたびたび混同されている。さらにやっかいなことに、ときにベルギーエンダイブとよばれる野菜はチコリと同じ形をしている。しかし、園芸家にとってはひとつ重要な違いがある。エンダイブは毎年種まきが必要となる一年生で、チコリはいったん植えたら毎年収穫できる多年生だ。

右：エスカロール、または、バタビアンエンダイブとよばれるエンダイブは、葉が広く濃緑色で、カール葉タイプより耐寒性があり、冬の栽培に適している。

　園芸家が入手できるエンダイブには大きく分けて2種類ある。ひとつは、葉がカールしているタイプで、フリルがついた葉がくるんと丸まっている。フリゼとよばれることも多い。またもやまぎらわしいが、フランスではこのタイプをチコリフリゼとよぶ。しかし、正確にはエンダイブだ。エンダイブは菜園のみならず花壇でも、美しい葉が見事な風あいを披露してくれる。しかし、耐寒性がないため、夏野菜として栽培する。もうひとつのタイプは、バタビアンエンダイブ、または、エスカロールとよばれ、幅広で少し波打った濃緑色の葉をつける。カールタイプのエンダイブより寒さにかなり強く、冬の栽培に適している。エンダイブはつまみ菜としても年に2〜3回とれるし、平面状に広がるロゼット葉を形成してから収穫することもできる。

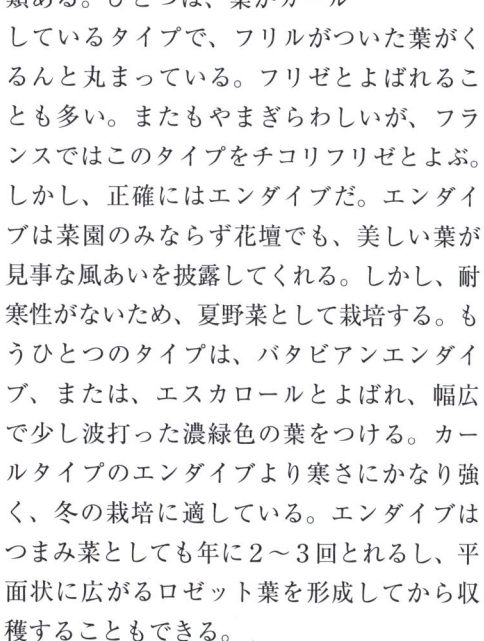

　エンダイブは人気があるが、葉に少し苦みがあり、その苦みは暑い夏に増す。レタスほど広く栽培されていないおもな理由は、甘みがないからだ。しかし、レタスを超える利点もひとつある。レタスは寒さに弱いが、エンダイブは冬野菜として育てられる。また、かすかな苦みを好む人もいるだろう。サラダにすれば、ほかの甘みある野菜と絶妙なコントラストをつけてくれる。おまけに、病気にもかかりにくく、とう立ちもし

料理ノート
エンダイブとエビのオムレツ

　エンダイブはカロリーが低いため、あまり知られていない野菜でヘルシーな一品を作るにはうってつけだ。卵と合わせて、いつもとはひと味違うオムレツを作ってみよう。

下ごしらえ：5分
調理：10分
できあがり：1人分

- 大きめの卵　3個
- バター　15グラム
- エンダイブ（きざむ）　2葉
- エビ（殻をとり、火を通す）　100グラム
- 塩、コショウ　適宜

　ボールに卵を割り入れ、塩、コショウをくわえる。

　フライパンでバターを溶かし、エンダイブを炒め、塩、コショウで味つけする。

　溶いた卵をエンダイブの上に流し入れ、弱火で焼く。焼きすぎないように注意する。

　エビをちらす。

エンダイブ　99

にくい。

　エンダイブは日あたりと水はけのよい肥沃な土で育てる。葉を繁らせるには、土の保湿性も高めなければならない。種まきのまえに土を掘り起こし、完熟有機物を十分にくわえておこう。カール葉タイプと広葉タイプ、どちらも春に種まきするが、広葉タイプは冬に収穫したければ晩夏にまく。深さ1センチの浅い溝に畝間40センチで種まきする。発芽したらカール葉タイプは株間20センチ、広葉タイプは株間40センチになるよう間引きする。乾期には十分に水やりをしないと、枯れたりとう立ちしたりしやすい。2週間ごとに液体肥料をあたえる。畝周辺は定期的に草取りし、雑草に水分や栄養分を奪われないよう注意する。冬の品種は、秋の霜が降りるまえにトンネル型のクローシュをかぶせる。

　葉はつまみ菜として、必要なときに必要なだけ摘むこともできる。株ごと抜いて料理に使ってもいい。

カール葉タイプのブランチング

　葉をブランチングすると苦みをかなり抑えることができる。プラスティック製のポットやバケツ、テラコッタの鉢を夏の収穫のまえに1～2週間かぶせておく。古い植木鉢を使用する場合は、かならず排水穴をふさぐこと。ときには、皿、タイル、段ボールなどをかぶせるだけでブランチングできることもある。まずは葉を乾かすこと。さもないと、腐ってナメクジやカタツムリがよってくる。通常、種まきから約12週間後、葉が密集しはじめたらブランチングをおこなう。広葉タイプも同様にブランチングできるが、葉に厚みがあるので、葉先を結んで中心の葉に日光があたらないようにすれば、同じ効果が得られる。

左：エンダイブは植えたままにしておくと、人目を引くきれいな花を咲かせる。まさにキクニガナ属の代表格だ。

チコリ
Cichorium intybus

一般名：チコリ、ラディッキオ、チコン、ベルギーチコリ、ヴィットルーフ、シュガーローフチコリ

種類：多年生

生育環境：耐寒性、平均的な冬

草丈：25センチ

原産地：北アフリカ、西アジア、ヨーロッパ

歴史：チコリは古い記録が残っている植物のひとつだ。栽培は古代エジプトではじまり、のちに中世ヨーロッパの修道士が育てたと考えられている。ヨーロッパでは1820年代にチコリの根を焼き、挽いて、高価なコーヒー豆の代用にしていた。いまでもコーヒーにブレンドされている。ビールの風味を増すため、ローストしたチコリをくわえている醸造業者もいる。

栽培：春、水はけのよい浅い溝に種まきする。生垣や壁で寒さをしのげる日あたりのよい囲み菜園で育てよう。晩秋から冬にかけて収穫できる。冬、軟らかな「チコン」を促成栽培するには、2～3株抜き、屋内のバケツに入れて堆肥で覆えば3週間でできあがる。

保存：チコリは冷蔵庫でも保存がきかない。少しでも長もちさせるには、紙袋に入れ、棚のなかなどで遮光する。変色して苦みが増すのも防げる。できれば必要なときに収穫しよう。

調理：細かく切るか、そのまま使う。火を通すときは塩水で5分ほどゆでる。

下：ベルギーチコリはヴィットローフチコリともよばれ、シャキシャキした緑色の葉を食用とする。また、「チコン」の促成栽培にも使われる。

チコリはとくにイタリアで人気があり、古代ローマ人が堪能していたようだ。エンダイブにかなり近い野菜で、よく混同される。どちらも苦みのある葉が食用とされ、冬の葉物野菜として重宝する。ただし、大きな違いがひとつある。エンダイブが一年生なのに対し、チコリは多年生だ。しかし、チコリも一年生として菜園で育てられることが多い。なかでもラディッキオは菜園に魅力をそえてくれる。花を咲かせれば、淡い青色の模様が点々と広がる。チコリは種ができるまえに抜く。さもないと、種が落ち、自生してしまう。

多年生の根はコーヒーの代用にしたり、増量のためにブレンドしたりする。タ

下：このみずみずしい多年生の野菜は、冬のサラダにそえられる。また、タンポポ同様、地中に大きな根を形成する。抜かないと、葉を収穫したあとも生き残る。

一般的に食用となるのは葉で、ブランチングする場合としない場合がある。

上：花を咲かせると、チコリはラベンダー色の華麗な花をつける。根は乾燥させて焙煎すれば、カフェインレスのチコリコーヒーができる。

先細の根は乾燥させて、チコリコーヒーにしたり調理に使ったりする。

ンポポ同様、掘り起こして根を切り分け、洗ってからローストすれば、のどの渇きを癒すホットドリンクが作れる。しかし、ほとんどの園芸家が求めているのはその葉だ。チコリには3つのグループがある。ひとつめはベルギーチコリまたはヴィットローフチコリ、ふたつめはシュガーローフ、そして、3つめはラディッキオだ。ヴィットローフチコリは食用になる緑葉ができるが、たいていは、「チコン」として知られるごちそうを育てる（囲み記事参照）。人気の品種には「ブリュッセ

チコンの促成栽培

ヴィットローフチコリ（ベルギーチコリ）を使って、屋内で軟らかくて白いおいしいチコンを促成栽培してみよう。チコンを作るには、晩秋に葉を切り落とし、根をやさしく土から引き抜いたら、屋内の堆肥を入れたバケツ、コンテナ、バッグなどに植え替える。先端が見える程度に堆肥をかけたら、別のバケツかコンテナをかぶせ、暗い場所に3週間ほど置く。伸びたチコンを収穫したら、残りの部位にふたたびカバーをかけ、この工程をくりかえす。チコンは15センチほどで収穫しよう。促成栽培でブランチングするのによく使われる品種は「ブリュッセルヴィットローフ」だ。

チコリは晩夏から秋にかけて収穫する。クローシュをかぶせれば、シーズンを延長することができる。

チコンはグルメのごちそうによく使われる。ベルギーではとりわけ「チコングラタン」が人気で、香りの強いチーズとベシャメルソースを合わせる。チコンが作れない場合は、かわりにリーキを使おう。

ルヴィットローフ」や「ヴィットローフズーム」がある。シュガーローフはロゼット状の広葉をつけ、上に伸びる大きな葉はコスレタスに似ている。ほとんどのサラダ用葉物が入手できない秋に収穫できるので便利だ。クローシュで保護すれば冬までもつ。まっすぐ立っているので、おのずと外側の葉によって内側の葉がブランチングされ、甘くなる。ぜひ試してほしい品種は、「パンディズッケロ」と「ツッカーフート」だ。

ラディッキオはチコリのなかでもっとも見た目が美しく、スーパーマーケットで売っているミックスサラダによく入っている。レッドリーフチコリともよばれ、菜園に鮮やかな色をそえてくれる。また、寒くてもクローシュをかぶせれば元気に育つので、冬のサラダを彩ってくれる。「インディゴ」は人気の品種で、芯が赤く、濃緑色の外葉は硬く結球する。「パラロッサ」は大きな結球と印象的な赤い芯をもつ。

左および上：レッドリーフチコリはラディッキオとしても知られ、菜園に艶やかな色をそえてくれる。通常、秋に収穫されるが、クローシュを用いればシーズンを延長することができる。

チコリはどの品種も日あたりのよい肥沃な土が必要となる。種まきのまえに土にたっぷり有機物を混ぜておこう。ヴィットローフチコリは晩春か初夏に種まきし、深さ1センチの溝に畝間30センチで植える。発芽したら苗は株間15センチになるよう間引きし、花径が出てきたらとりのぞく。屋外で葉をブランチングするには、初秋に葉を刈り、先端に15センチの土寄せをする。新芽が土表面から出てきたら摘みとる。

下：チコリは菜園で栽培できる重宝な野菜だ。可憐な花を咲かせ、葉はサラダになり、根は乾燥させてコーヒーに似たホットドリンクを淹れることができる。

料理ノート
チコリのグリル
洋ナシとヘーゼルナッツぞえ

　洋ナシの甘みとチコリのかすかな苦みが絶妙にマッチする一品。ヘーゼルナッツはカリカリの食感をそえてくれる。キャセロールやシチューの前菜におすすめだ。

下ごしらえ：10分
調理：10～15分
できあがり：4人分

- 大きめのチコリ　2個
- オリーブオイル　大さじ2
- 熟した洋ナシ　1個
- ヘーゼルナッツオイル　大さじ2
- タイム（細かくきざむ）　小さじ1と1/2
- コショウ　適宜
- ヘーゼルナッツ　25グラム
- タイム（ホール）　小さじ1

　チコリを縦に切り、芯をとる。

　オリーブオイルをふりかけ、切った面を上にしてグリルパンにのせ、3～4分焼く。裏返してさらに2～3分焼く。

　洋ナシを半分に切り、芯をとってスライスする。

　チコリを裏返し、洋ナシのスライスをのせる。

　ヘーゼルナッツオイル、タイム（きざんだもの）、コショウをふり、5～6分焼く。

　ヘーゼルナッツとタイム（ホール）をふり、ヘーゼルナッツオイルとからませる。

シーケール
Crambe maritima

一般名：シーケール、クランビー、シーコールワート、スカーヴィグラス、ハルミリデス

種類：多年生

生育環境：耐寒性、厳しい冬

草丈：50センチ

原産地：ヨーロッパ北海岸、および西海岸

歴史：シーケールはヨーロッパの沿岸地域にみられる野生植物で、歴史が古く、味はキャベツに似ている。ルイ14世がヴェルサイユ宮殿の庭園で栽培させていた。イギリスでは18世紀から菜園で栽培され、トマス・ジェファーソンが『ガーデンブック1809(Garden Book 1809)』のなかでふれている。かつては人気のあった野菜で、裕福な家で20世紀初期まではよく使われていたが、現在はそれほど普及していない。

栽培：晩冬、ポットか促成用の容器をかぶせて休眠中の先端を遮光し、茎を促成栽培する。数週間すると、ブランチングされた白くておいしい茎が収穫できる。通常、促成栽培したあとの株は処分する。植えた年は生長するエネルギーが十分にないため、促成栽培はしない。

右：シーケールは沿岸地域にひろく分布しているが、葉と花が魅力的なため、花壇にも植えられる。

保存：シーケールが最高の味を出せる時間は短い。ブランチングした茎は摘んだらすぐに食べる。冷凍するととろけてしまい、冷蔵庫でも数日しかもたない。

調理：茎の上下を切りとり、よく洗う。若い外葉も食べられるが、苦みを抑えるには、食べるまえや調理するまえに湯通しする。

シーケールは栽培がとても簡単な野菜のひとつで、ほとんど手間がかからないため、やる気のある園芸家には物足りないだろう。だが、豪華で魅力的な青緑色の葉は、花壇でも菜園でもおちつくはずだ。美食家が堪能するのは初春にブランチングした茎で、軽く蒸してバターをのせ、サイドメニューとしてそえ

る。その名が示すとおり、沿岸地域が原産で、貧弱なやせた土でも育ち、風雨にさらされても平気で、どんなに厳しい環境にも耐える。たしかに丈夫だが、その強さの裏に繊細な味が隠れており、世界中のシェフや調理人がほしがる珍重品となっている。前述したとおり、イギリスにも自生している植物で、湿気の多い沿岸地域の気候にも負けない。おそらく、昔ながらの方法で収穫されているうち、やがて観賞用や食用として菜園で栽培されるようになったのだろう。いまイギリスでシーケールを味わうには、家庭菜園で育てるしかない。かつては多くみられた植物だったが、ヴィクトリア朝時代に熱狂的にもてはやされた結果、激減し、現在、イギリスでは保護種になっている。

左：シーケールは繊細で可憐な花をつける。強健な多年草で、風雨にさらされた土地でも育ち、湿気が多い土にも水はけのよい土にも適応する。

ご想像どおり、シーケールはとくに魚料理と合う。ブランチングした茎や葉は生でサラダにもできるし、ゆでたり蒸したりしてもいい。かるく蒸せば歯ごたえを残したままナッツの風味がただよう。ホウレンソウのような食感になるまで蒸して、サーモンやマスにそえ、ニンニクやレモンで味つけしてもおいしい。

よく栽培されているのは1種のみ、「リリーホワイト」だ。その他はガーデンセンターに行っても、カタログを見ても、「シーケール」としか書かれていない。苗は出所がわかりづらいため、種から育てるか、もし友人や近所の菜園で栽培していたら、根分け（切断した根はときに「ソングズ」とよばれる）で増やしたほうが安心だ。

シーケールの栽培には、自生していたときと同じような、砂石が多く、日あたりと水はけのよい広々とした場所が必要になる。土が重たかったら、まえもって砂や砂利をたっぷり混ぜておこう。陰に入ったり栄養分を奪われたりしないよう、定期的に周囲の草取りをする。ほかの多年生野菜と同様、秋に茎や花がしおれてきたら、根もとから刈りとる。

シーケールの促成栽培

シーケールの葉と茎は一年中収穫できる。食感は硬めで苦みがある。いちばんおいしく味わう方法は促成栽培だ。晩冬、休眠中の株に、バケツ、ごみ箱、ルバーブ促成栽培用テラコッタ鉢などの容器を逆さまにしてかぶせる。古い植木鉢を使う場合は、排水穴を完全にふさいで遮光すること。風に飛ばされないよう、レンガをのせておこう。数週間後には、青白くておいしい茎が収穫できる。

ナイフで茎もとを切りとる。エネルギーを消耗した株は通常処分する。そのため、促成栽培をするまえに根の一部を切りとっておくこと。そうすれば翌年も、またその根から育てることができる。

キュウリとガーキン
Cucumis sativus

一般名：キュウリ、ガーキン

種類：つる性または這性、一年生

生育環境：非耐寒性、温度低めまたは高めの温室

草丈：40センチ、2メートル以上に広がる

原産地：南アジア

歴史：キュウリは3000年以上まえにインドではじめて栽培化され、ローマ人がイギリスにもちこんだが、普及したのは16世紀になってからだった。プリニウスによると、ローマ皇帝ティベリウスが夏も冬も毎日キュウリを食卓に出させたらしい。ローマ人は皇帝のために、温室に似た人工的な方法で、一年中キュウリを栽培していたといわれている。

栽培：屋内栽培は晩冬から早春にかけて、屋外栽培は春のなかばから終わりにかけて種まきする。非常に水分の多い野菜なので、定期的に水やりをすること。続けて実がなるよう、次々と収穫する。

保存：長く保存できないが、冷蔵庫に入れれば2週間ほどもつ。屋外栽培のキュウリを若くて小さなうちに収穫し（このキュウリをガーキンという）、ピクルスにすると保存がきく。

下：屋外タイプは耐寒性が非常に強く、生垣や壁で寒さをしのげる囲み菜園で栽培できるが、つるが上に伸びるよう、ワイヤーや棒などの支柱が必要だ。

ガーキンを育てる

ガーキンは、いわば屋外栽培の未熟なキュウリで、モルトビネガーに漬けてピクルスにする。屋外栽培タイプならどんな品種でも早めにとれるが、ガーキンに適しているのは「ディアマン」や「フェンロ」で、長さ6センチになったら収穫する。

調理：サラダに入れるときは皮をつけたまま薄くスライスしたり、さいの目にしたり、ざく切りしたりする。大きめのキュウリや屋外栽培のキュウリは食べるまえに薄く皮をむく。

キュウリは5000年以上の歴史をもち、まずインドで食され、のちにヨーロッパやほかのアジア諸国に広まった。ひんやりしたさわやかな食感のキュウリが入っていないサラダは、サラダとはいえないだろう。ラディッシュ、フェタチーズ、ナッツと和えれば、歯ごたえのあるサラダになる。かすかに香るみずみずしいキュウリは、食べるというより飲むといったほうがいいかもしれない。カロリーはないに等しく、栽培も驚くほど簡単なのに、なぜか家庭菜園ではそれほど育てられていない。おそらく、栽培が面倒だとうわさされているからだろう。しかし、実際はじつに簡単だ。

キュウリがすべて細長いわけではない。屋外でも温室でも菜園を飾ってくれるキュウリの種類は豊富にある。色も黄や白があり、形も丸や楕円形などさまざまだ。

キュウリには2種類ある。ひとつはスーパーマーケットでよく見かけるタイプもふくめたつる性で、屋内で育てる。おすすめの品種は「カルメン」や「ミニマンチ」だ。もうひとつは屋外タイプで、耐寒性が強いため、保護せず、屋外に直まきできる。「マーケットモア」などはたくさん収穫できる這性の高い品種で、「トーキョースライサー」は実が長

右：屋外栽培のキュウリは皮がいくぶんとげとげしく、少し硬いので、薄くむいて食べる。

料理ノート
ザジキ

キュウリを使ったギリシアとトルコの伝統料理。数種類のありふれた材料しか使わないが、ぜいたくなごちそうだ。ピタパンにつけたり、肉料理やチーズにそえたりする。

下ごしらえ：10分
できあがり：10人分（ディップ用）

- キュウリ（中サイズ）　1/2本
- オリーブオイル　小さじ2
- プレーンヨーグルト　150グラム
- ミント（きざむ）　大さじ1
- ニンニク（みじん切り）　1片
- 塩、コショウ　適宜

キュウリの種をとり、さいの目に切ってボールに入れる。

ヨーグルトとオリーブオイルをくわえる。

ミントとニンニクをくわえ、塩、コショウで味つけする。

ラップして冷蔵庫で冷やす。

左：皮がすべすべしたキュウリは温室で熟成させる。このタイプはスーパーマーケットでよく売られているが、自分で育てたほうがはるかにおいしい。

くすべすべしている。ちょっと変わった品種として、古くからある「クリスタルアップル」も試してほしい。

屋内で育てるタイプ

屋内で育てるタイプは、晩冬なら暖かな温室に、春なら加温しない温室に種まきする。大きめの種は腐らないよう、立てて、深さ1センチで植える。苗が25センチほどになったら、堆肥を入れたポットに移す。上に伸びるよう、竹棒やワイヤーで支柱をそえる。支柱の上部まで伸びたら、その先は摘心する。腋芽も、雌花から2枚の葉を残してかきとる。花がつかないつるは45センチほどで切り、よけいなエネルギーをついやさないようにすること。毎日水やりし、実をつけはじめたら、トマト用の液体肥料を10日ごとにあたえる。湿気を好むので、1日1回、十分に土を湿らせよう。直射日光を浴びると枯れてしまうため、温室のガラスに遮光剤を塗るか、日よけネットを張るといい。

屋内の栽培には雄花をつけないF1種が最適だ。雌花が雄花から受粉すると、苦みが出てしまう。雄花が出てきたらすぐに摘みとること［キュウリは受粉しなくても実をつける］。雄花と雌花を見分けるには、花のつけ根を見ればすぐわかる。雌花には小さなふくらみがついているが（これがキュウリになる）、雄花にはない。

屋外で育てるタイプ

屋外で育てるタイプは、春のなかば、育苗トレイに種まきし、霜が降りなくなってから冷床で数日慣らし、株間75センチで移植する。または、初夏に深さ2.5センチ、株間75センチで直まきする。発芽するまでクローシュで保護してもいい。

キュウリは肥沃な土を好むため、種まきや植えつけのまえに有機物を十分に混ぜておく。7枚ほど葉をつけたら、勢いよく育ち、たくさん実をつけるよう摘心する。つるはネットやピラミッド型の支柱で誘引する。10日ごとにトマト用の液体肥料をあたえる。水やりを十分におこない、続けて実がなるよう、ナイフで2〜3日おきに収穫する。屋外タイプは雄花を摘みとらないこと。

キュウリとガーキン 109

家庭菜園のいろいろ

家庭菜園にはさまざまなタイプがある。野菜は、型にはまった輪作で育てる必要もないし、定規で書いたようにまっすぐな畝で育てなくてもかまわない。現代的で洒落た菜園もあれば、田舎風で形式ばらない菜園もある。正しいもまちがいもない。菜園のスタイルやタイプは、あくまで個人の好みであり、個性の反映なのだ。

壁に囲まれた庭

従来、大きな屋敷には大きな菜園があり、屋敷の所有者や客、雇い人の食料を栽培していた。壁に囲まれた庭を利用したのは、壁が風雨などを防ぐ役割も果たしたからだ。また、保温効果もあったため、早く熟成させたり、シーズンを冬まで延ばしたりすることもできた。現在、こうした大きな菜園を裏庭に作ることはまずむりだが、たとえ裏庭でも、そこに立って何を育てようか考えれば、わくわくしてくるにちがいない。

ポタジェ

ポタジェとは気どらず形式ばらない庭のことで、観賞用の花と食用の野菜をいっしょに育てる。ポタジェという名は、フランス語でスープを意味する「potage（ポタージュ）」が由来で、庭でさまざまな種類の植物を栽培することを示唆している。ポタジェは芸術的あるいは創造的な側面を大切にし、一般の輪作やまっすぐな畝よりも美的要素を優先する。

小さな庭では、花か野菜のどちらかしか育てられないだろう。しかし、野菜はそれ自体が美しい。見事な頭状花をつけるタマネギ、色鮮やかなキャベツやレタスは、美しいじゅうたんを織りあげてくれる。サヤインゲンやベニバナインゲンがウィグワム（ピラミッド型支柱）をつたって伸びるようすは、まるで庭で輝く花火のようだ。

左：トマス・モウィ（1760-70年代ごろ活躍）とジョン・アバークロンビー（1726-1806）の共著『だれしもが己の庭師（Every Man His Own Gardener）』（1767年）より。口絵版画。

上：チェコの画家アントス・フロルカ（1877-1935）は庶民のようすを多く描いた。これは女性が野菜の手入れをしている場面。

市民農園

　自宅に庭がなくても、小さな区画を借りることができる。たいていは地方公共団体などが年貸ししている。賃貸の農園を借りればソーシャルな面でも利点があり、同じ趣味をもつ仲間と情報交換ができる。つかのま家から離れて、新鮮な空気を吸い、健康的な農作業をすることもできる。また、区画全体の管理をする時間がない場合は、友人と半分ずつシェアしてもいい。現在、イギリスでは市民農園の人気が急激に復活しつつあり、全国のほとんどの地域で長いキャンセル待ちとなっている。

コミュニティガーデン

　市民農園の管理をする時間がとれないなら、コミュニティガーデンに参加する方法もある。現在、人気上昇中で全国的に数が増えている。コミュニティガーデンでは、作業をグループ内で分担し、通例、ついやした時間に見あうよう収穫した野菜や果物を分配する。たっぷりとれた作物は、地元の慈善団体に寄付することも多い。参加するのは個人だけではない。学校、幼稚園、慈善団体などがこうしたプロジェクトを立ちあげている。

左：市民農園は、自分で野菜を育てたいが庭がない人にとって最高の選択肢だ。しかし、現在、希望者が急増しており、かなりの順番待ちをしなければならない。

「庭で栽培したものはすべて、葉物であれ果物であれ、育てたことのない金持ちより、育てている貧乏人のほうがその味を堪能できる」
　　　　ジョン・クラウディウス・ラウドン『園芸百科（An Encyclopædia of Gardening）』（1822年）

カボチャ（パンプキンとウィンタースカッシュ）
Cucurbita maxima & C. moschata

一般名：カボチャ、パンプキン、ウィンタースカッシュ

種類：つる性または這性、一年生

生育環境：非耐寒性、温度低めの温室

草丈：40センチ、2メートル以上に広がる

原産地：南アメリカ、および、中央アメリカ

歴史：パンプキン（果皮がオレンジ色のカボチャ）はウィンタースカッシュ（冬カボチャ）のなかで最大の品種だ。「パンプキン（pumpkin）」はギリシア語で大きなメロンを意味する「pepōn」に由来する。このギリシア語がしだいにフランス語、英語、アメリカ英語の影響を受けて、「pumpkin」になった。

パンプキンの種はコロンブスがアメリカからヨーロッパへもち帰ったといわれている。パンプキンがなかったら、初期アメリカに定住した人たちの多くは餓死していただろう。右の詩からは、最初の移住者がパンプキンに頼っていたことがうかがえる。

栽培：パンプキンは、春、屋内の小さなポットに種まきし、霜が降りなくなったら屋外に

栄養素

パンプキン、ウィンタースカッシュは飽和脂肪やコレステロールをふくまない。食物繊維、および、ビタミンA、C、Eなど抗酸化作用のあるビタミンが豊富だ。また、血圧を安定させるカリウムも摂取できる。

左：パンプキンは栽培が簡単だが、実をぷっくりとふくらませるにはよく肥えた土を必要とする。種も食用となり、軽くローストするとおいしい。

112　ボタニカルイラストで見る野菜の歴史百科

   ポタージュ、プリン
   カスタード、パイ
  パンプキンとパースニップのおかげ
   いつでもとれる
   朝食にパンプキン
   昼食にパンプキン
   パンプキンがなければ
   途方にくれる
     移民の詩（1633年ごろ）

移す。有機物を十分に混ぜた肥沃な土が必要なので、植えつけのまえに堆肥をたっぷり混ぜておく。苗は株間1.8メートルで植え、生長期には定期的な水やりをおこない、肥料をあたえる。

保存：秋、数日間、果皮を日にあてると、より長く保存できる。湿度が高い場合は、腐らないよう屋内に入れ、ガレージ、地下貯蔵室、倉庫などの冷暗所で保存する。果皮がオレンジ色のタイプは霜の降りない場所で数週間もつ程度だが、青灰色や緑色のタイプは冬の終わりまで保存がきく。生のままカットして冷凍できるが、できればおいしいスープやパイにしてから冷凍しよう。

調理：半分に割り、種をとりのぞく。いくつかに切ったら皮をむき、同じ大きさに切り分ける。軟らかくなるまで塩水で15分ほどゆでる。蒸したりローストしたりしてもいい。ローストする場合はジャガイモと同じように、熱い油で焼き色をつけよう。パンプキンはマロー［パンプキンとズッキーニの交配種］のようにつめものにしたり焼いたりできるし、スープやシチューにも使われる。

 好みが甘みにしろうまみにしろ、だれしもお気に入りのパンプキン料理があるだろう。この丸々した秋の野菜は、冬の終わりまでおいしい料理に変身して食卓を飾ってくれる。体温まる濃厚なスープから、いく層もの生地に包まれたパンプキンパイまで、レシピもさまざまだ。丸くて歯ごたえのある種は、パプリカ、ナツメグ、シナモンなどをふり、オリーブオイルをかけてオーブンで20分焼けば、

右：カボチャは広がる習性があり、勢いよく生長する。菜園では十分な空間をあたえ、株間はすくなくとも1.8メートルとろう。根づくとすぐに花をつける。

カボチャ（パンプキンとウィンタースカッシュ） 113

下：パンプキンとウィンタースカッシュは形も色もさまざまだ。菜園でも目を楽しませてくれるし、また、乾燥させて室内に飾れば素敵な置きものにもなる。

おいしいスナックになる。もし満足できる料理がなくても、創造力がくすぐられるにちがいない。ハロウィンのランタンだ。どんな恐ろしいお化けを彫ろうか？　また、秋のコンテストも楽しみのひとつだ。友人や親戚をびっくりさせようと、園芸家たちが競いあって巨大なパンプキンを育てている。それでもまだ物足りないと感じるなら、お得な面にも目を向けてみよう。種をかき出せば、皮がそのまま、好きな秋の料理を入れる器がわりになるのだ。さらに、菜園でもパンプキンやウィンタースカッシュは艶やかな光景を見せてくれる。つるが菜園をつたい、鮮やかな外皮が秋らしい色あいのなかで輝くようすは印象的だ。園芸家や調理人にとって、パンプキンとウィンタースカッシュに大きな違いはなく、どちらも同じ方法で栽培される。

　パンプキンもウィンタースカッシュも、春

料理ノート
パンプキンパイ

この伝統的なデザートで秋の味覚を堪能しよう。

下ごしらえ：15分
調理：45分
できあがり：6〜8人分

- さくさくしたペストリー生地　175グラム
- カボチャ（加熱する）　450グラム
- 卵（黄身と白身に分ける）　2個
- グラニュー糖　大さじ5
- 牛乳　150ミリリットル
- 塩　ひとつまみ
- ショウガパウダー　小さじ1/4
- ナツメグパウダー　小さじ1/4

　あらかじめオーブンを200℃に温めておく。

　ペストリーを伸ばし、18センチのパイ皿に敷き、フォークで穴をあけて10分焼く。

　加熱したカボチャを裏ごしして、ピューレを300ミリリットル作る。

　卵黄とグラニュー糖大さじ3を入れ、牛乳、塩、スパイスをくわえる。

　パイ皿に流し入れ、40分焼く。

　卵白を角が立つまで泡立てて、メレンゲを作る。残りのグラニュー糖をくわえてパイの上に塗る。

　オーブンの予熱で、メレンゲがうっすら黄金色になるまで焼く。

のなかばから終わりにかけて、屋内のポットに種まきする。ポットひとつにつき、種をひとつ入れる。上面に水がたまって腐らないよう、立てて植えること。春の霜が降りなくなるまで、日あたりのよい窓台か温室に置いておく。その後、玄関や温室の冷床で1週間ほど寒さに慣らしてから屋外に移す。

パンプキンとウィンタースカッシュは日あたりのよい肥沃な土を好む。つるを長く伸ばし、元気に生長してたくさんの実をつけさせるために、土は十分に肥やしておこう。そうすれば、シーズンの終わりまで収穫できる。パンプキンはかなり肥沃な土を必要とするため、有機物と水分をできるかぎりあたえられるよう、堆肥場に直接植えるケースも多い。

完熟させた馬糞や園芸用堆肥を、植えつけの数カ月前に土に混ぜておく。どんどん広がる苗には広い空間が必要になるため、株間は1.8メートルとる。根づいたら、定期的に水やりし、ていねいに周囲の草取りをする。畝にビニール製カバーをかけてから植えることもある。こうすると雑草を抑え、保湿性を高めることができる。花が咲きはじめたら、トマト用肥料などカリウムベースの液体肥料を10日ごとにあたえる。肥料をあたえると実が太り、味や色もよくなる。

葉が枯れはじめ、秋、ちょうどいい大きさになったら収穫する。数日間、日光にあて、日もちするよう果皮を硬く乾燥させてから屋内で保存し、調理したり彫ったりしよう。

巨大パンプキンを育てる

現在、重さ911キロ！という最高記録に匹敵する巨大カボチャはまず作れないだろうが、収穫祭や秋の祭りなど、世界中のあちこちで開催されている地元の「パンプキンコンテスト」で勝てるくらいの大きさなら、育てるコツがある。

まずは「プライズウィナー」や「ディルズアトランティックジャイアント」など、も

下：いろいろなパンプキンとウィンタースカッシュを描いた水彩画。1800年ごろ。中国の画家兼収集家ワン・リゥ・チー（Wang Liu Chi）による。

カボチャ（パンプキンとウィンタースカッシュ）　115

ともと実の大きい品種を選ぶ。広い場所を確保し、土に有機物を大量に混ぜる。育ちはじめたら、最初になったふたつの実だけを残し、あとはすべて摘みとる。栄養分をそのふたつに集中させるためだ。カリウムを豊富にふくんだ液体肥料を定期的にあたえる。ふたつのパンプキンに差が出てきたら、小さいほうは切りとり、受賞候補となる大きなほうにしぼる。地ぎわで腐らないよう、中庭の石板やわらのベッドの上にのせる。運が味方すれば、この1個が記録を破る巨大パンプキンになるかもしれない。

そうめんカボチャ

この変わったスカッシュは子どもたちに大人気だ。また、野菜だと気づかせずに食べさせることもできる。英名スパゲティ・スカッシュの由来は、火を通すと繊維質が壊れ、まるでオレンジ色のスパゲティのように細長いひも状になるからだ。低カロリーでヘルシーなこのカボチャは、健康を気にする多くの人たちにとってはパスタがわり。カロリーは1食分でわずか40キロカロリーしかない。一方、パスタは200キロカロリーもあるのだ。秋のシーズンになると、独特なそうめんカボチャの供給は需要に追いつかず、店ではなかなか買えない。夢のような低カロリーの軽食を確実に手に入れるには、自分で育てるしかない。焼いても、ゆでても、ソテーしても、電子レンジで調理することもできるが、いちばん簡単な方法は、この「スパゲティ」を赤タマネギ、ジャンボニンニク、パプリカ少々といっしょに中華鍋で炒める。また、蒸してからボロネーゼソースをかけ、カリカリのガーリックブレッドをそえてもいい。

料理ノート
パンプキンとスカッシュ
おすすめの品種

パンプキンとウィンタースカッシュには、菜園で育ててほしい品種がたくさんある。

「ルージュ・ヴィ・デタンプ」
　平たい丸形で、皮はオレンジがかった赤。シンデレラに登場するあのカボチャの馬車だ。

「ポティマロン」
　フランスの伝統種。小さなウィンタースカッシュで、テニスボールと比べてもそれほど大きくない。

「クラウンプリンス」
　小さめでいっぷう変わった見た目のウィンタースカッシュ。皮は鋼のような青さ、果肉は深いオレンジ色で、甘くナッツのような風味がある。

「タークスターバン」
　独特な形をしたスカッシュで、皮が緑、オレンジ、白の縞模様になっている。

「バターナッツハリアー」
　大きなピーナツ形をした歴史ある品種で、冬に体が温まるリゾットに米といっしょに入れると最高だ。また、シンプルにハーブで香りづけして焼いてもいい。

「うむ、前大統領のためにやることはもうなにもないようだ。田舎に行ってカボチャを育てねば」
第21代アメリカ大統領
チェスター・A・アーサー（1882年）

ズッキーニ、マロー、サマースカッシュ
Cucurbita pepo

一般名：ズッキーニ、マロー、サマースカッシュ、クルジェット

種類：つる性または這性、一年生

生育環境：非耐寒性、温度低めの温室

草丈：50センチ、1.5メートル以上に広がる

原産地：メキシコ

歴史：ズッキーニは7000年まえのメキシコが原産のようだ。考古学者たちは紀元前7000年から5500年に栽培が広がったことを明らかにしている。500年ほどまえ、クリストファー・コロンブスがメキシコから地中海沿岸地方へ何度か旅するあいだにズッキーニをもちこんだ。20世紀まで、ヨーロッパやアメリカでは普及していなかったが、現在はキッチンや家庭菜園でよく見かけるようになった。

下：ズッキーニは小さなマローにほかならないが、最近は小さく育てるのに適した品種が特別に改良されている。花も衣をつけ、フリッターにして食べる。

栽培：晩春、屋内のポットに植え、春の霜が降りなくなったら屋外に移す。這性タイプは株間1.2メートル、つるが伸びないブッシュタイプのマロー（パンプキンとズッキーニの交配種）は株間80センチにする。水やりを忘れずにおこない、こまめに収穫すれば次々と実をつける。

保存：ズッキーニは長もちしないため、収穫したらすぐ調理する。ただし、冷蔵庫に入れれば数日もつ。冷凍もできるが、歯ごたえはなくなる。マローはガレージや倉庫など、霜の降りない乾燥した冷暗所に保存すれば、数週間もつ。

調理：両端を落として皮を洗い、輪切りやさいの目など必要に応じた形に切る。小さなズッキーニはそのまま蒸したり、輪切りにして塩水で5分ほどゆでたり、衣をつけてこんがり焼いたり、少量のバターで5分ほどソテーしたりする。

　ズッキーニとマローは料理界でもっとも用途の広い野菜のひとつだろう。果肉は、焼く、ピューレにする、炒める、網焼きするなどして、さまざまなタイプの料理に利用できる。好みにあわせて、クリーミーにも、スパイシーにも、甘くも、カリカリにも、なめらかにもできる。ローストするとばつぐんにおいしい。水分をとばして糖分で焦げめをつければ、甘みが出てほくほくになる。原産地は北アメリカだが、ズッキーニやマローは地中海沿岸地方の料理と深くかかわっている。温暖で穏やかな夏、とれたてのズッキーニをバーベキューで焼く。こんなアウトドアの食事にかなうものはない。魅力的な山吹色の大きな花も食用になる。衣をつけて揚げれば、サイドメニューとなるフリッターのできあがりだ。

　菜園でもズッキーニとマローは美しく映える。もっとも多いのは緑だが、「ゴールドスター」や「サンストライプ」など鮮やかな黄色や、「アルフレスコ」など淡い黄緑色の品種もある。「タイガークロス」のように、皮がいっぷう変わった緑と白の縞模様で、見た目に美しいマローもある。これらサマースカッシュ（夏カボチャ）がすべて細長いわけではない。「サマーボール」のように球形の魅力的なズッキーニもある。なかには、「パティパン」のように、色鮮やかで、フリルの飾りがついたようなめずらしい形もある。サマースカッシュはみな、生食用の小さなベビースカッシュから完熟させた直径20センチの実まで、シーズンをとおして収穫できる。

　植物学的にいえば、これらふたつに違いはなく、マローはたんにズッキーニを大きく育てたものだ。ズッキーニを植えておけば熟して大きくなるが、どちらがいいかは品種による。種は、春、ポットに堆肥を入れ、ポットひとつにつき、種をひとつずつまく。スカッ

栄養素

　ズッキーニ、マロー、サマースカッシュは、ビタミンAとCが豊富で、飽和脂肪やコレステロールはふくまない。また、カリウムが多く摂取できるうえ、チアミン、リボフラビンなどのビタミンB群や、鉄、マグネシウム、リン、亜鉛などのミネラルも適度にふくんでいる。

上：この美しくカラフルな図から、サマースカッシュ、マロー、ズッキーニに、さまざまな色、形、サイズがあることがわかる。

シュの仲間はみな種が大きいので、立てて植えること。そうしないと堆肥のなかで腐ってしまう。ポットは春の霜が降りなくなるまで、日あたりのいい窓台か温室に置く。屋外に移すまえに、冷床か玄関で数日間慣らすこと。

ズッキーニとマローは夜明けから日没まで日光をほしがる。生垣や壁で寒さをしのげる、日あたりのよい暖かな囲み菜園で育てよう。水はけのよい肥沃な土を好むが、つねに湿気を必要とするので、植える数カ月まえに完熟の有機物を土にたっぷり混ぜておく。這性の場合は地面に広がるが、フェンス、垣、ウィグワム（ピラミッド型支柱）に誘引することもできる。また、主茎に実をつけ、つるが伸びないブッシュタイプもある。これらは小さな庭に最適で、かなり狭い空間でも栽培できる。

ズッキーニ、マロー、サマースカッシュは、霜の心配がなくなれば屋外に直まきすることもできる。ブッシュタイプは株間80センチ、つる性は株間1.2メートルで、2個ずつ種まきする。発芽をうながし、保護するため、最初の2週間ほどはベル型のクローシュか透明の容器をかぶせる。発芽したら、育ちのいいほうの苗を残して摘みとろう。

実がなりはじめたら、その後も実をつける

ズッキーニ、マロー、サマースカッシュ　119

よう、また、大きくなりすぎないよう、数日おきにチェックし、ズッキーニやベビースカッシュを収穫する。どちらも水をほしがるため、定期的に水やりし、10〜14日ごとにトマト用の液体肥料をあたえる。ていねいに草取りすること。ただし、どんどん生長して大きな葉をつけるので、みずから雑草を抑えてくれるだろう。ズッキーニは10センチくらいになったら収穫する。剪定ばさみで、茎を2センチほどつけて切りとる。日もちしないので、収穫したらすぐ使おう。いっぽう、マローはシーズン末に収穫しても数週間はもつので、霜の降りない場所に、ネット袋かトレイに入れて保存する。

下：サマースカッシュは栽培がとても簡単だが、春の霜が降りなくなるまでは屋外に移さないこと。日あたりのよい肥沃な土に植え、忘れずに水やりをしよう。

料理ノート
ズッキーニマフィン

　たくさん収穫したときに作っておけば冷凍できる、重宝なマフィンだ。かすかな酸味があるが、アイシングでさわやかな甘みをくわえよう。

下ごしらえ：15分
調理：25分
できあがり：12個

- ズッキーニ（おろす）　50グラム
- リンゴ（おろす）　1個
- オレンジ（半分に切る）　1個
- 卵　1個
- バター（溶かす）　75グラム
- セルフライジングフラワー（ベーキングパウダー入り小麦粉）　300グラム
- ベーキングパウダー　小さじ1/2
- シナモン　小さじ1/2
- 三温糖　100グラム
- オプション（アイシング用）：アイシングシュガー大さじ3とソフトチーズ1カップを混ぜる

　あらかじめオーブンを190℃に温めておく。

　オレンジをしぼってボールに入れ、おろしたズッキーニとリンゴを混ぜる。

　卵とバターをくわえる。

　セルフライジングフラワー、ベーキングパウダー、シナモンをふるいにかけて入れる。

　三温糖をくわえ、よく混ぜる。

　生地をマフィン用容器にスプーンですくい入れ、オーブンで20〜25分焼く。

カルドン
Cynara cardunculus

一般名：カルドン

種類：多年生

生育環境：耐寒性、厳しい冬

草丈：2.5メートル

原産地：地中海沿岸地方

歴史：カルドンは数千年まえから、地中海沿岸地方で栽培されている。古代ローマの園芸家が、この巨大アザミを菜園の野菜にしたと考えられている。ローマの慣習では、軟らかく若いカルドンの茎に、温めたオリーブオイルとバターのシンプルなソースをつけて生で食べていたようだ。カルドンはイギリスのヴィクトリア朝で広く普及していたが、現在では人目を引く銀緑色の葉を観賞するため、おもに花壇で育てられている。

栽培：生垣や壁で寒さをしのげる日あたりのよい囲み菜園で、水はけのよい土に植え、晩秋に茎を収穫する。ほかの多年生植物同様、初春に地ぎわで刈りとる。花はエネルギーを奪うため、見つけたらすぐ摘みとること。菜園での栽培は簡単で、種からも育てられるが、ガーデンセンターで苗を購入するとてっとりばやい。また、友人が庭で育てていたら、株分けしてもらおう。晩秋に鋤で子株を切りとり、植えつければ、元手もかからない。

上：カルドンは茎をブランチングして食べるだけでなく、美しい花も鑑賞できる。菜園だけでなく花壇も飾ってくれる、ぜいたくな野菜だ。

保存：茎は長もちしないため、収穫したら数日のうちに使う。冷凍もできるが、味も食感も落ちる。

調理：茎をよく洗い、端を落とす。茎が太い場合はすじをとり、色の悪い部分もとりのぞく。カルドンはかすかに苦みが口に残るので、調理するまえに塩水に1時間ほど浸しておく。使うまえに流水で洗って塩を落とす。茎を7〜10センチに切り、塩水で30分ゆでるか軟らかくなるまで蒸す。適切な加熱時間は茎の太さや調理法に合わせよう。少量のバターでソテーしてもいいし、蒸し煮にしてもいい。どんな料理にそえても、おいしいサイドメニューになる。

背が高く、上品で、アザミに似た大きな紫色の花と銀緑色に光る葉をつけるカルドンは、いわば花壇の伝統貴族で、さらに食卓にも恵みをあたえてくれる。アーティチョークによく似ているが、カルドンはその長い銀緑色の茎を食用とする。とりわけフランス、イタリア、スペインでは優雅な野菜として人気があるが、イギリスでは味よりも食べられるということ自体に関心がよせられているようだ。茎は通常、ゆでたり、蒸したり、蒸し煮にしたりする。香りの強いチーズソースをそえたり、クリーミーなグラタンにくわえたりすると最高だ。栄養も豊富で、カリウム、カルシウム、鉄をふくむ。焼いてもローストしてもおいしい。イタリアのピエモンテ州では、生のままバーニャカウダにディップして食べる。
　カルドンは高さ2メートル以上に伸びるモンスターなので、菜園では十分な空間をとること。生垣や壁で寒さをしのげる日あたりのよい囲み菜園で、水はけのよい土に植えよう。
　茎をおいしく食べるにはブランチングする。

上：カルドンは幾何学的な形状をした美しい葉と、アザミに似た魅力的な青い花をつけるため、観賞用に栽培されてきた歴史も長い。しかし、菜園では花を咲かせないようにする。

遮光すると苦みが減り、軟らかくみずみずしくなる。ブランチングするには、晩夏、園芸用のひもで茎を中央で束ねる。茎は硬くてとげがあるので、手袋をして作業しよう。湿気が多いと茎や葉がすぐ腐るので、乾燥した日におこなうこと。麻袋か段ボールで茎の周囲を覆い、風で倒れないように支柱をそえる。3週間ほどそのまま放置すれば、おいしいカルドンができあがる。残った茎は刈りとり、翌年も同じ工程をくりかえす。はじめて植えた年のカルドンはブランチングしないこと。

栄養素

　カルドンからはカリウム、カルシウム、マンガン、マグネシウム、銅、葉酸が摂取できる。コレステロール、脂肪、飽和脂肪はふくまない。また、ビタミンA、ビタミンC、鉄、リン、食物繊維も豊富だ。

「カルドンはぜいたくな上流階級の庭園になる野菜で、狭い空間では栽培できない。アーティチョーク同様、外見がアザミに似ている」
　　　チャールズ・ボフ『自給への道』（1946年）

アーティチョーク
Cynara cardunculus Scolymus Group

一般名：アーティチョーク、グローブアーティチョーク、フレンチアーティチョーク

種類：多年生

生育環境：耐寒性、平均的な冬〜厳しい冬

草丈：2.5メートル

原産地：北アフリカ

歴史：アーティチョークは3000年以上まえに中東ではじめて栽培され、古代ローマの食卓でよく出されていた。古代ローマ人は、アーティチョークには催淫性があると信じていたようだ。ギリシア神話によれば、アーティチョークのはじまりは、ジナリ島に住んでいたキナラという絶世の美少女だった。神ゼウスが弟のポセイドンを訪ねてジナリ島へやってきたとき、キナラに恋をし、女神にすることに決めた。キナラは女神となったが、やがて自分の故郷と母が恋しくなり、オリュンポス山をこっそり抜け出して下界の母に会いにいくようになった。この行動にゼウスが激怒し、報復としてキナラを下界に追いはらい、アーティチョークにしたという。アーティチョークの属名「*Cynara*（キナラ）」は彼女の名に由来する。

栽培：アーティチョークは種から育てると生長が予測しにくいので、苗か子株から育てよう。株間75センチにして、日あたりのよい肥沃な土に植える。土を軽くするため、砂石を混ぜる。春、根覆い（マルチング）をして雑草を抑え、忘れずに水やりする。夏、花蕾がテニスボールほどの大きさになったら、花が咲くまえに収穫する。

保存：アーティチョークは日もちしない。冷蔵庫でもせいぜい数日だ。冷凍もできるが、茎と芯はとりのぞく。芯はオイルやビネガーに漬ければ保存できる。

調理：調理するまえに茎を切りとり、外側の硬く茶色いガク［萼状の苞片］をはずす。残りのガクは先のとがった部分をはさみで切りおとす。

左：アーティチョークはカルドンに似ているが、食用になるのは花蕾だ。この図のような、花が開くまえの蕾を収穫する。

もし、美食家のごちそうを凝縮する野菜があるとしたら、まさにこのアーティチョークだ。大きな植物のわりに食用部分は小さいため「ぜいたくな食材」だといわれている。いちどアーティチョークの蕾「ハート」を味わったら、シェフもやみつきだ。おまけに、アーティチョークを愛するのは美食家だけではない。鋼のような美しい銀緑色の葉、彫像かと思わせる紫色の花。その芸術品さながらの外見は、装飾庭園を愛する園芸家にも絶賛されている。収穫せずに植えておくと、ハチやチョウなどの受粉家たちがやってくる。注目すべき品種には、すばらしい味の「グロ・ヴェー・ドゥ・ラン」や、霜に弱いが「カルチョーフォ・バイオレット・プレコス」などがある。

　アーティチョークの花蕾は通常、ゆでるか蒸して食べる。食用になるのはおもに2カ所だ。メインは緑、あるいは、やや紫がかったぷっくりした若い蕾で「ハート」とよばれる。もうひとつはうろこ状のガクの根もと［肉質部分］だ。ガクはゆでてから先端を切り落とし、オランダソースやガーリックバターにつけて食べるとおいしい。その他、人気のある調理法は炭焼きだ。炭火で焼いてからサラダやリゾットにくわえる。

　アーティチョークは日あたりと水はけのよい肥沃な土を好む。多年生で、長いあいだ同じ土地で栽培できるため、植えつけのまえにしっかりと準備を整えておくこと。土を掘り起こし、表面下の硬くつまった土塊をほぐす。多年生の雑草は全体を完全に抜きとり、完熟の有機物を十分に混ぜてお

上：アントン・セダー（1850–1916）の「アールヌーボープリント」より。装飾的なリトグラフのアーティチョーク。艶やかな多年生植物の装飾的な質感を、みごとに表現している。

下：アーティチョークの食用部分は花蕾の中心部分「ハート」だ。うろこ状の未熟なガクもはずして食べられる。

栄養素

　アーティチョークは食物繊維、マグネシウム、マンガン、ナイアシン、リボフラビン、チアミン、ビタミンA、カリウムの宝庫だ。また、ビタミンCや葉酸も豊富に摂取できる。

「人生とはアーティチョークを食べるようなものだ。懸命に努力しても、わずかしか得られない」

トマス・アロイシウス・(タッド)・ドーガン、
漫画家

こう。アーティチョークは「オフセット」ともよばれる吸枝や腋芽を出すため、春に摘みとってポットに植える。春か秋に種からも育てられるが、どうなるか予測がつかないため、若い苗を購入するか、オフセットから育てるといい。種は種用トレイに深さ2センチでまく。数週間後、1株ずつ9センチポットに移し、晩春、屋外に移植する。株間は75センチ以上とる。

蕾はテニスボールほどの大きさになったら、花が開くまえに剪定ばさみで切りとる。収穫後、たいてい2番目の蕾をつけるので、同じように調理するか、そのまま花を咲かせて観賞してもいい。秋になったら地ぎわで刈りとる。毎春、しっかり根覆い(マルチング)をして雑草を防ぐ。耐寒性のない品種は冬のあいだ保護すること。

料理ノート
焼きアーティチョーク

アーティチョークを焼いてから、マヨネーズをつけたりサラダに足したりする。伝統的な前菜だ。

下ごしらえ：5分
調理：50分
できあがり：6人分（前菜）

- 小さめのアーティチョーク　6個
- オリーブオイル　大さじ6
- 塩、コショウ　適宜

あらかじめオーブンを200℃に温めておく。

アーティチョークの茎を切り落とす。

鍋に塩水を入れて沸騰させ、アーティチョークを入れる。ふたをして30分ほど弱火でゆでる。

水気をきったら縦半分に割り、スプーンでなかの繊維をとりのぞく。

オーブン皿に切り口を上にしてのせ、オリーブオイルをかける。塩、コショウをふって15〜20分焼く。

右：アーティチョークは、花蕾がテニスボールほどの大きさになったら収穫する。真夏から晩夏にかけて摘むことができる。

ダリア塊根
Dahlia

一般名：ダリア

種類：塊根、多年生

生育環境：非耐寒性〜半耐寒性、温度低めの温室、穏やかな冬

草丈：1.2メートル

原産地：メキシコ

歴史：1525年、スペイン人がメキシコで自生しているダリアを見つけたと記しているが、最古の文献は、フェリペ2世の侍医フランシスコ・エルナンデスによるものだ。エルナンデスは、1570年、フェリペ2世から「メキシコの天然産物」を調査するよう命を受けていた。ダリアは原住民が食料源として利用し、野生種を収穫するほか、栽培もしていた。アステカ族はてんかんの治療に使っていたようだ。200年以上まえ、スペイン人の冒険家がダリアをヨーロッパにもち帰った。1800年代に人気が急上昇して、装飾用の品種が次々と登場し、記録におさめられている。ジャガイモの代用として塊根が栽培されるようになってまもなく、食材より観賞用に向いていると判断された。

右：ダリアは南アメリカ原産で、もともとは、庶民的なジャガイモに代わる、疫病に強い代用野菜としてイギリスにもちこまれた。

栽培：春、塊根を深さ10センチで植える。塊根を食用とするなら、根に栄養をあたえるため蕾は摘みとる。秋、初霜で葉が黒ずむころに収穫する。

保存：ダリアは霜の降りない冷暗所に保存すれば冬越しできる。茎を切り落とし、残りは春に芽を出す準備が整うまで、砂か堆肥を入れた箱に入れて保存する。腐っていないかどうか定期的にチェックし、見つけたらすぐにとりのぞくこと。

調理：洗って皮をむき、さいの目に切る。沸

騰させた塩水に入れて軟らかくなるまで20分ほどゆでる。ジャガイモと同じように、ローストしたり、焼いたり、炒めたりする。

ダリアの塊根でごちそうを作りたければ、ジャガイモやサツマイモと同じように調理しよう。ほとんどの園芸家が花壇のディスプレイや縁どり用の装飾用としか考えていないが、ダリアはもともとアステカ族が栄養価の高い食材として栽培していた。18世紀、アンデシュ・ダール（ダール［Dahl］がダリア［Dahlia］の由来）がダリアを西洋にもちこんだ。ダールは、ダリアが主食としてジャガイモにとって代わるだろうと考えていた。しかし最近では、ごちそうにもならず、食卓で話題にもあがらず、めずらしい存在となっている。ガーデンセンターや種子カタログで購入するダリアは、おいしい食材としてではなく観賞用の花として改良された品種だ。そのため当然のことながら、ほとんどのダリアは塊根が小さく、水気が多すぎて味も落ちる。しかし、古くからある品種は南アメリカ原産のダリアに近いので、ぜひ栽培してほしい。

風味はさまざまで、ナッツのようなともシログワイ（マータイ）に似ているともいわれる。食感は一般のジャガイモよりわずかに歯ごたえがある。調理は簡単で、皮をこすってオーブンで焼く。味が物足りなければ、クリーミーなガーリックソースをつけるか、スライスしてグラタン

右：ダリアの食用部分は塊根だ。秋に太った塊根を掘り起こし、料理する。

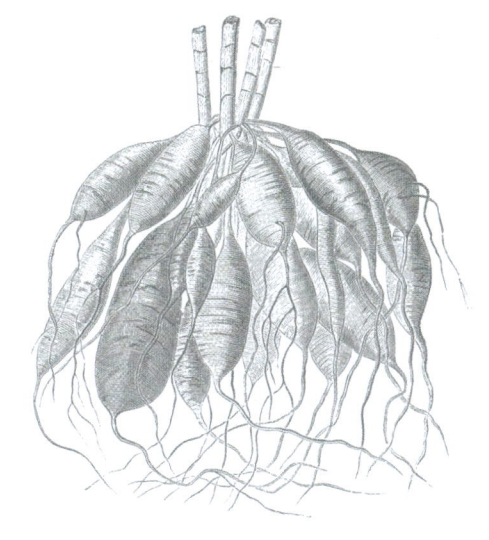

上：料理に使わない塊根は、霜の降りない冷暗所に保存しておこう。春、霜が降りなくなったらふたたび植えつける。

にする。チップスにしたり、ローストしたりしてもいい。

毎年、菜園のジャガイモが疫病にみまわれているなら、ダリアに変えてみよう。ガーデンセンターから購入してきた苗は薬剤を使っている可能性があるので、その年は食べないこと。塊根は、春、霜が降りなくなってから日あたりのよい肥沃な土に植える。植えるまえに有機物を十分にくわえておく。伸びはじめたら、倒れないよう支柱を立てる。秋に葉が枯れはじめたら収穫する。フォークを使っていねいに引き抜き、硬く太った塊根の3分の1を食用にする。葉と茎は10センチほど残して落とす。残りの塊根は逆さまにして砂に入れ、冬のあいだ霜の降りない場所で保存しておく。次の春を迎えたら、屋外に植えよう。

ダリア塊根　127

ニンジン
Daucus carota

一般名：ニンジン、キャロット

種類：一年生

生育環境：半耐寒性～耐寒性、穏やかな冬～平均的な冬

草丈：15～20センチ

原産地：中央アジア（アフガニスタン）

歴史：ニンジンはアフガニスタンを中心とする中央アジアで、約5000年まえに栽培されていたと考えられている。その後、しだいに地中海沿岸地方に広まっていった。初期のニンジンはほとんどが紫色で、そのほかに白や黒もあったが、オレンジ色はなかった。形は細長いカブといえばいいだろう。古代ギリシア人やローマ人はニンジンを栽培していたようだ。たとえば、大プリニウスが記した文献では、ティベリウス帝に賞賛されている。紀元前2000年のエジプトの神殿には紫色の植物が描かれており、エジプト学者のなかにはこれを紫色のニンジンだとみる者もいる。

栽培：3～7月、種を浅い溝にばらまきする。クローシュを利用すれば、収穫時期を前後とも延長できる。発芽したら株間15センチに間引きし、種まきから9～12週間後に収穫する。

保存：ニンジンは砂や堆肥を入れた箱に入れておけば数カ月もつ。まず葉をとりのぞくこと。冷凍することもできる。

調理：小さめの新ニンジンは、茎をとったら水をかけながら皮をこそげとるだけでいい。日のたった大きめのニンジンは皮をむき、両端を切り落とし、短冊切りか薄くスライスす

下：ニンジンは日あたりのよい、砂をふくむ軽い土で育てよう。石の混じった土や重たい土では、根が割れたりねじれたりする。

栄養素

ニンジンは抗酸化物質、ビタミンA、ビタミンCや、葉酸、ビタミンB6、チアミンなどのB群が豊富だ。カロテンも多くふくんでいる。ニンジンの抗酸化作用は有害なフリーラジカルを除去して、体を病気や癌から守ってくれる。

る。生でも食べられるし、軟らかくなるまで塩水で20分ほどゆでるか、30分ほど蒸してもいい。

　ニンジンはコールスローからケーキまで、酸味や甘みを生かしていろいろな料理に応用できる。ゆでる、蒸す、カラメルにする、ローストするなど、この人気のあるオレンジ色の根菜はさまざまな料理に変身する。しかし、妙なことに、オレンジ色のニンジンは新顔で、16世紀までは白、紫、黄色しかなかった。どうやら、オランダの栽培家が、オランダ王室「ハウス・オヴ・オレンジ」に対する愛国心のしるしとしてオレンジ色の新種を開発したようだ。いま、ニンジンはルーツをたどり、現在とは色の異なる昔の品種がよみがえっている。「パープルヘイズ」は人気のある紫色でおすすめだ。また、「レインボー」という種のパッケージを買うと、いろいろな色のニンジンが収穫できる。

　ニンジンは深く掘り起こした、石をふくまない肥沃で軽い土を好む。石が入っていると

上：甘い根菜ニンジンのなかでも、オレンジ色は比較的新しい品種だ。もともとは紫、白、黄で、16〜17世紀になってようやくオレンジ色が登場した。

左：ニンジンは二年生で、そのまま翌年まで土中に植えておくとかわいらしい花をつける。花は料理の飾りつけに使う。

直根の生長がさまたげられ、根割れしてしまう。重たい土も生長が阻害されるため、もしスペースに問題があるなら、できれば揚げ床のコンテナか深めのプランターを利用しよう。また、「カーソン」のように短めの「チャンテナリー」タイプや、球形の「パルメックス」なども栽培できる。

　現在はミニニンジンの人気が急上昇している。ミニニンジンは成熟させず早めに収穫す

ニンジン　129

料理ノート
キャロットヴィシー

フランスの伝統的な料理で、軟らかなみずみずしいニンジンを使ってバターで照りをつける。多くのメインディッシュのつけあわせに最高だ。オレンジ色のニンジンのかわりに紫や黄のニンジンを使えば、さらにきわだつだろう。料理名は、フランスの町名ヴィシーに由来する。

下ごしらえ：5分
調理：20分
できあがり：4人分

- ニンジン（輪切り） 600グラム
- バター ひとかけ
- シロップ 小さじ1
- 塩、コショウ 適宜
- チキンスープ 350ミリリットル
- ミックスハーブ（きざむ） 少々

ニンジン、バター、シロップ、塩、コショウを鍋に入れる。

チキンスープをくわえ、沸騰したらふたをして10分ほど煮る。

ふたをとり、強火にして水分を蒸発させ、照りが出るまでさらに10分ほど煮る。

温めた皿に盛って、パセリ、コリアンダー、チャイブなどのミックスハーブをちらす。

るもので、家で手軽に育てることができる。「アーリーナンテス2」など早まきのニンジンは、2月の初めに種まきし、クローシュをかぶせる。クローシュを使わない場合は、3～7月に種まきする。種は浅い溝に深さ1センチ、畝間15センチで植える。苗は最終的に株間15センチになるよう間引きする。間引き菜も忘れずに食べよう。ミニニンジンを育てるなら、株間5センチで十分だ。古い種はすぐ弱ってしまうので使わないこと。元気

> 「庭にニンジンを植えよう。そしてつつましく神を讃えよう。このまれに見るすばらしい恵みに感謝して」
> ——リチャード・ガーディナー『家庭菜園の堆肥、種まき、栽培に関する実用ガイドブック (Profitable Instructions for the Manuring, Sowing and Planting of Kitchen Gardens)』（1599年）

右：ニンジンは栽培の長い歴史がある。この絵は、6世紀前半に複写されたディオスコリデスのウィーン写本。黄色いニンジンを描いている。

上：ニンジンは羽のようなシダ状の鋸歯葉と、青白い円盤形の花をつける。田舎では野生のニンジンがよくみられ、薬用としても用いられているようだ。

に生長する新しい種を購入しよう。数週間ごとにまけば、シーズンのあいだ定期的に収穫できる。

　ニンジンの頭は土表面から出ると緑色に変わってしまうため、土寄せをする。細かな葉が繁るおかげで乾燥には非常に強く、暑さや乾燥が厳しいときだけ水やりをすればいい。早まきの品種は種まきから約9週間後に収穫できるが、「オータムキング2」など一般の品種は、種まきから完熟までに12週間かかる。

　一般の品種は早まきの品種よりかなり保存がきき、ほとんどは砂を入れた箱に埋めれば数カ月もつ。

友と敵

　ニンジンとタマネギは、コールスローやつけあわせなどの料理で相性がいいだけでなく、菜園でも最高のコンパニオンプランツ（たがいの生長によい影響をあたえあう植物）だ。ニンジンはニンジンハネオレバエという害虫にやられやすい。この害虫はニンジンの根上部に卵を産み、やがてウジが寄生して食害する。ところが、タマネギをニンジンの隣に植えると、そのにおいのおかげで害虫がよってこない。そして、まるでお返しをするかのように、ニンジンもタマネギバエを追いはらうのに役立っている。

　ニンジンハネオレバエを避けるには、「フライアウェイ」や「レジスタフライ」などの耐性種を栽培する手もある。また、網で高さ60センチのバリアを張ればもっとも効果的だ。ハエは低空飛行しかしないからだ。

ニンジン　131

草取りと管理

　家庭菜園で最高の作物を収穫したければ、毎週の草取りは欠かせない。草取りをしないと、水分や栄養が奪われ、さらに、雑草の背が高い場合は、日光までさえぎられてしまう。ほったらかしにした一年生の雑草は、みずから種をまく。多年生の雑草はみるみるうちに広がって手に負えなくなる。もし菜園でなにも栽培しない期間があったら、雑草が生えないよう、表面に黒い防草シートを張っておこう。とくに雑草が気になる区画はシートをかぶせたままにし、穴をあけて野菜を植える。定期的に根覆い（マルチング）をすると雑草の繁殖が抑えられ、野菜は競争相手を打ち負かして元気に生長する。

「雑草にかんしては確実なことがいえない。あいつらは、まるで悪魔が宿っているかのようにはびこるのだ」
チャールズ・ダッドレー・ワーナー（1876年）

一年生の雑草
　一年生の雑草は根があまり広がらず、鍬で簡単に除草できる。畝に沿って作業しながら後退し、取りおわった場所を踏まないようにしよう。地ぎわに浅く鍬を入れ、雑草の根をそぎとって土表面に置く。夏はそのまま放っておけば日光で乾燥するものの、天気が悪くないならばレーキでかき集めて堆肥場にくわえるのがよい。
　一年生の雑草は、種をつけるまえに掘り起こすか引き抜くこと。さもないとあっというまに菜園に広がってしまう。

一年生の雑草（例）
- ミチタネツケバナ
- アカザ
- ナズナ
- オヒシバ
- スズメノカタビラ
- ノボロギク

　一年生の雑草は火炎除草機で焼くことも可能だが、野菜にダメージをあたえないよう注意する。

左：ナズナはよく見かける一年生の雑草だ。鍬を使ってとりのぞき、堆肥場にくわえる。袋状の莢から種を落とすまえに対処しよう。

多年生の雑草

多年生の雑草は菜園をもつ園芸家にとって悩みの種だ。いったん根づいたら、根絶することはむずかしい。侵略してくる根は、たちまち菜園中に広がる。丈夫な根を深く張る多年生の雑草は、鍬で刈っても効果がない。土中に根の一部が残っていてすぐ新しい芽を出すからだ。

有機栽培にこだわらなければ、除草剤を使って根を殺すことができる。あるいは、フォークを使って引き抜いてもいい。鋤も使えるが、根を切らないよう気をつけること。残っているとまた広がってしまう。

取ったばかりの多年生の雑草は、すぐまた広がるので堆肥場にくわえないこと。日光にあて、完全に枯死するまで数週間乾燥させよう。太陽が出ないようなら、水につけるか黒い袋に入れて数カ月放置し、そのあと堆肥場にくわえる。

多年生の雑草（例）
- ヒルガオ
- イワミツバ
- イラクサ
- ハイキンポウゲ
- ギシギシ
- ヤリアザミ
- タチイヌノフグリ
- タンポポ

下：花壇でよく目にするヒルガオは、多年生の雑草のなかでもかなりたちが悪い。たちまち広がって、ほかの植物にからみつく。

使いやすい草取り具

草取りをするのに役立つ道具はいろいろある。

長い根を張る多年生の雑草を引き抜くには、二股の草取り具が使いやすい。引き抜くまえに、2本の刃が雑草の両脇に刺さっているかどうか確認しよう。

刃の細いこては、多年生や一年生の雑草をてこの原理で引き抜く。ほかの野菜の根も傷つけない。

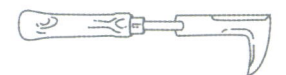

除草ナイフは、菜園内の敷石やレンガ道など、狭いスペースの雑草やコケをとりのぞくのに適している。

ルッコラ
Eruca vesicaria subsp. *sativa*

一般名：ルッコラ、サラダロケット、ロケット、イタリアンクレス

種類：一年生

生育環境：半耐寒性、穏やかな冬

草丈：15センチ

原産地：地中海沿岸地方

歴史：ローマ時代、ルッコラは葉と種の両方を利用していた。薬効もあり、催淫剤になると考えられていたようだ。栽培化された野菜のなかでは最古の類に属し、イギリスではエリザベス朝時代からサラダに入れている。最近、人気が復活し、地中海料理で多く使われるようになった。

栽培：晩夏から秋のなかばにかけて、浅い溝に種まきする。冬か近づいてきたら苗にクローシュをかぶせる。そうすれば冬のあいだ定期的に収穫できる。

保存：葉は摘んだら長もちしないため、必要なときに収穫する。

調理：摘んだ葉を冷たい流水で洗い、汚れや害虫をとりのぞく。

上：ルッコラは生長が非常に早い。ルッコラ自体を目的に育てることもできるが、たいてい、ルッコラの種はつまみ菜用のミックス種にも入っている。

栄養素

　ルッコラはビタミンA、C、Kを摂取するには最高の野菜で、チアミン、リボフラビン、ナイアシン、ビタミンB₆などのビタミンB群も豊富にふくんでいる。これらビタミンは免疫力を高め、骨を丈夫にする。

人気の葉物野菜は数多く、レストランではやっているだけでなく、スーパーマーケットにも盛りあわせのパックが棚にならんでいる。苦みのあるチコリやエンダイブから、ぴりっとした辛みのある水菜などのアブラナ科や白菜など、さまざまな種類がミックスされている。こうしたパック野菜はかなり値段が張るが、じつは家で簡単に育てられる。スペースもほとんどとらない。キッチンのすぐ外のプランターに種まきすれば、ちょこちょこ収穫して料理に使えるし、菜園まで行かずにちょっと手を伸ばして摘むだけですむ。そのなかでも人気の高い葉物のひとつが、このルッコラだ。栽培が簡単なうえ、スパイシーで独特な辛みが評価されている。長く植えておいた葉はいささか辛みが増しているため、蒸したり炒めものにくわえたりする。ホウレンソウ

料理ノート
**ルッコラとパルメザンの
シンプルサラダ**

いろいろな味つけをして楽しめる用途の広いサラダだ。カリカリ感を出すためにクリスピーベーコンをくわえてもいい。

下ごしらえ：5分
できあがり：2人分（サイドメニュー）

- ルッコラ（大きめ）　1束
- パルメザンチーズ　45グラム
- オリーブオイル　100ミリリットル
- レモン汁　大さじ4
- 海塩　小さじ2
- ブラックペッパー　適宜

ルッコラを洗い、軽く水気をきる。

ピーラーでパルメザンチーズを削る。

非金属性の大きなボールに、オリーブオイル、レモン汁、海塩を入れてさっと混ぜる。

ルッコラを入れて和える。

皿に盛りつけ、パルメザンチーズをちらし、ブラックペッパーをふる。

左：ルッコラはほぼ一年中栽培できるが、夏はとう立ちしやすいため、秋に種まきしてクローシュをかぶせ、冬春のサラダ用野菜として育てることが多い。

のかわりとして最高の野菜だ。若い葉はサラダに入れて生で食べるか、サンドイッチにはさむ。花も食べられる。一般に、つまみ菜として栽培される。つまり、はさみで根もとを切ればまた再生するので、生長期には次々と収穫できる。

4〜9月、水はけのよい肥沃な土か、窓台のプランターに定期的に種まきし、苗は株間15〜20センチになるよう間引きする。ロケットという別名が示すとおり、かなりのスピードで生長するため、種まきからわずか3週間後には収穫できる。おすすめの品種は「アポロ」や「ランウェイ」だ。

冬の収穫に向けて

ルッコラは、レタスが収穫できなくなる秋冬に重宝する葉物野菜だ。その風味を最大限に引き出すには、少し寒いくらいの環境で育てたほうがいい。あまり乾燥したり暑かったりすると、とう立ちして早めに種ができてしまう。晩夏か初秋、畝間30センチ、深さ1センチの浅い溝に種まきし、発芽したら株間15センチに間引きする。間引き菜はサラダにくわえよう。寒くなってきたらクローシュをかぶせ、秋から冬にかけて収穫する。葉を1枚ずつ摘むか、株ごと引き抜く。

その他のつまみ菜

ルッコラはそれだけを目的に育てることもあるが、ミックス種に入っていることもある。種子カタログを見て、好みに合うミックス種を選ぼう。つまみ菜として人気があるのは、ランドクレス（Barbarea verna）、シロガラシ（Brassica hirta）、コショウソウ（Lepidium sativum）、パースレインウィンター（Claytonia perfoliata）、ノヂシャ（Valerianella locusta）だ。

上：コショウソウ
（Lepidium sativum）

右：古代ローマ人は、ルッコラの風味豊かな葉と種を利用していた。薬効もあると考えられており、催淫剤として使われていたようだ。

フローレンスフェンネル
Foeniculum vulgare var. *azoricum*

一般名：フローレンスフェンネル、フィノッキオ、バルビングフェンネル

種類：多年生

生育環境：非耐寒性、霜の降りない冬

草丈：60〜80センチ

原産地：地中海沿岸地方

歴史：「フェンネル（fennel）」という名は中期英語で「干し草」を意味する「fenel」あるいは「fenyl」に由来する。ギリシア神話では、プロメテウスが神々から火を盗むのにフェンネルの茎を利用した。また、ギリシア神ディオニュソスと弟子たちがバッカス祭で使った杖がジャイアントフェンネルだといわれている。

栽培：晩春から初夏にかけて種まきする。畝間35センチで、株間25センチに間引きする。とう立ちしやすいためあまり早く播かないこと。

保存：フェンネルの鱗茎は収穫したら長もちしない。冷蔵庫で数日程度だ。

調理：フローレンスフェンネルの球根状の鱗茎は湯通しするか生で食べる。焼いてから蒸

右：誤解されがちだが、フローレンスフェンネルの食用部分は球根ではなく、ふくらんだ茎だ。美しい花を咲かせたあとできる種も調理の味つけとして使える。

栄養素

フェンネルの種と鱗茎は食物繊維が豊富で消化を助けてくれる。また、ビタミンCをはじめとするビタミン類やミネラルも摂取できる。さらに、ビタミンB（葉酸）も多くふくまれており、とりわけ血管を健やかに保つために役立つ。

し煮してもいい。調理するまえに根と茎の端を落とし、生で食べる場合はきざむか乱切りにする。また、４等分して塩水で30分ほどゆで、水気をきってスライスし、バターでソテーする。

　基部がぷっくりふくらんだ白い茎をもつこの奇妙な野菜の原産地は、その名が表現している。フローレンス（フィレンツェ）フェンネルはイタリアで広く普及しており（イタリア名はフィノッキオ）、料理にもよく使われる。アニシード（アニスの実）の香りが強い。スライスしたりきざんだりして生でサラダにすると刺激が強すぎるかもしれないが、火を通すとかなりマイルドになる。サーモンやイワシなどの味の濃い魚料理ととくに相性がいい。また、セロリ、ミント、レモン汁などのさっぱりした味と合う。鱗茎は通常蒸すかゆでるが、まるごとローストしてもいい。アニシードの香りが強い葉は、シチューや魚のスープの香りづけに使うか、たんに飾りとしてそえる。

　フェンネルは日あたりのよい肥沃な軽い土を好む。菜園の土が重たい粘土質なら、レイズドベッドで育てよう。もしくは、多量の砂石を混ぜて水はけをよくする。種は屋内のポットかセル型トレイにまくが、根をいじられるのを嫌うため、できれば屋外に直まきする。とう立ちしやすいので、あまり早くまかないこと。ただし、とう立ちしにくい「ゼファフ

下：フローレンスフェンネルは、スターアニス（八角）に似たアニシードの香りがする。魚料理や鳥料理の味つけによく利用される。葉も香りづけに使う。

ハーブにあらず

　フローレンスフェンネルを、仲間でもあるハーブのフェンネルと混同しないこと。ハーブのフェンネルは高さ1.5メートルに生長する多年生植物で、葉はやはりアニシードの香りを放ち、魚料理や鳥料理のにおい消しに使われる。種は乾燥させてパン生地やソースにくわえる。ブロンズ色の優艶な葉を広げるフェンネルもある。

上：茎を太らせるポイントは、十分な水やりだ。春の乾期には、実際、毎日欠かさず水やりをしなくてはならない。

ィノ」、「カンティーノ」、「アミーゴ」などの品種もある。春のなかばから初夏にかけて、畝間35センチ、深さ1センチの溝に種まきし、発芽したら株間25センチにする。

丸々したおいしいフェンネルを育てるには、重要な要素がふたつある。水と日光だ。茎をうまく太らせるには十分な水が必要なため、乾期には水やりを欠かさないこと。生長してきたら、茎もとに土寄せし、ブランチングして甘みを増す。

鱗茎は種まきから約14〜16週間後に収穫できる。大きさはゴルフボールからテニスボールくらいだ。地ぎわから2センチくらいのところで刈りとると、やがて羽のような葉がたくさん生えてくる。これらも収穫して、アニシードの香りづけや飾りとして利用しよう。

料理ノート
シンプルなローストフェンネル

フェンネルの茎は、ローストすると本来の甘みを引き出せる。ローストラムやローストチキン、魚料理とよく合う。

下ごしらえ：5分
調理：40分
できあがり：4人分（サイドメニュー）

- フェンネルの鱗茎（茎の先を落として縦半分に切り、さらに厚めの短冊切りにする）2個
- オリーブオイル　大さじ2
- バルサミコ酢　大さじ1

あらかじめオーブンを200℃に温めておく。

フェンネルにオリーブオイルをかけ、バルサミコ酢をふる。

オーブン皿に油を塗り、フェンネルをならべ、30〜40分焼く。

フローレンスフェンネル　139

キクイモ
Helianthus tuberosus

一般名：キクイモ、エルサレムアーティチョーク、サンルート、アースアップル、サンチョーク

種類：塊茎、一年生

生育環境：強い耐寒性

草丈：〜2.5メートル

原産地：北アメリカ

不可解な名前

奇妙だが、キクイモ、別名エルサレムアーティチョークはアーティチョークとまったく関係がない。命名したのはフランス人探検家サミュエル・ド・シャンプランだ。シャンプランは17世紀前半の探検中、キクイモのサンプルをフランスに送り、アーティチョークに香りが似ているとメモをそえたようだ。また、この野菜はエルサレムとも関係がない。ひとつ、この名の由来にかんしては、ヒマワリを意味するイタリア語「girasole（ジラソーレ）」がくずれたものではないかという説もある。キクイモはヒマワリと同じキク科で、北アメリカのイタリア人移民が食料にしていた。

歴史：最初に栽培したのはネイティブアメリカンで、1605年、フランス人探検家サミュエル・ド・シャンプランがケープコッドで栽培されているキクイモを見つけ、フランスにもち帰った。1600年代なかばにはヨーロッパでおなじみの野菜になっており、19世紀に人気の絶頂を迎えた。

栽培：水はけのよい肥沃な土に、塊茎を深さ5〜10センチで植える。秋冬、必要なときに収穫する。

保存：使うまで植えたままにしておく。食感が落ちるので冷凍はしない。もし冷凍する場合は、そのまえにピューレにする。冬に収穫したあとは、必要になるまで冷蔵庫や倉庫など、霜の降りない冷暗所に保存する。

調理：塊茎を湯通しすると皮をむきやすい。空気にふれるとたちまち変色するので、皮をむいたり切ったりしたあとは、すぐレモン汁を少量くわえた水にとる。

　キクイモはヒマワリと同じキク科ヒマワリ属で、見た目が印象深い多年生の野菜だ。背が高く、鮮やかな黄色い花をつけるが、ほんとうのごちそうは土のなかに隠れている。ぜいたくな食材となるのは、でこぼこした赤茶色の塊茎だ。店で購入すると高価だが、おそらく家庭菜園ではもっとも育てやすい部類に入るだろう。怠け癖がある園芸家にはもってこいだ。周囲の雑草にも負けず、ほぼどんな土でも育ち、管理もほとんど必要ない。栽培は信じがたいほど易しい。事実、簡単すぎる。チェックしなくても、勝手気ままに大きくな

右：キクイモは鮮やかな黄色い花をつけるため、花壇も菜園も飾ってくれる。花は真夏から咲きはじめる。

キクイモ 141

り、周囲の植物の生長をも抑えてしまう。こちらが努力しなくても、毎年、ごちそうをたっぷりプレゼントしてくれるのだ。

調理はジャガイモと同じだ。ゆでる、ローストする、ソテーする、焼く、つぶすなど、いろいろな方法が適用できる。ナッツのような甘い独特な香りをもち、ジャガイモとは違って生のままスライスしてサラダや炒めものにくわえることもできる。たっぷり食べたければ、大きめの塊に切って、バターで炒めよう。

植えつけ用の塊茎は信頼できるスーパーマーケットで購入する。特定の品種がほしければ、種子販売店で入手しよう。

栽培する場所は慎重に選ぶこと。高さ3メートルにもなるとほかの野菜に影を落とすので、できれば菜園の南側や西側は避ける。初春、塊茎を深さ10センチ、株間50セ

左：グルメ園芸家にとって嬉しいことに、キクイモは店で買うと高価だが、栽培は驚くほど簡単で、赤茶色の塊茎は調理も易しい。

ンチで植えたら、十分に水やりをする。

塊茎は土中に埋めておけば毎年再生するが、質はじょじょに落ちていく。できれば3～4年ごとに土を耕し、元気な塊茎を選んで植えなおそう。植え替えれば、増えすぎるのを防ぐことにもなる。

膝くらいの高さになったら、茎もとに15センチほど土寄せして風でゆれるのを防ぐ。秋、葉が黄色くなったら地ぎわで刈りとる。先端を土表面から出して霜がかからないようにしておくと、寒さの厳しい時期にも収穫しやすい。塊茎は秋から収穫が可能だが、冬のあいだ土中に埋めておくこともできる。フォークを使い、塊茎を傷つけないよう気をつけて掘り出そう。

栄養素

キクイモの塊茎は、鉄、ビタミンC、リン、カリウムが豊富にふくまれている。また、イヌリンの含有量が多く、体によいバクテリアであるプロバイオティクスの効果で腸の健康をうながす。しかし、胃が弱い人や腸内にガスがたまりやすい人はとりすぎに注意する。キクイモのガス発生効果は有名だ！

デイリリー
Hemerocallis

一般名：デイリリー

種類：根茎、多年生

生育環境：耐寒性、極寒の冬

草丈：1メートル

原産地：極東

歴史：デイリリーはその美しさだけでなく、薬や食材としても東洋中で評価されていたため、東洋の芸術や伝説によく登場する。デイリリーは16世紀に、中国、日本、韓国、東シベリアからヨーロッパにもたらされ、17世紀には大西洋を越えて北アメリカに渡った。

栽培：世話はほとんど必要ない。夏に草取りをし、乾期に水やりをする。生長期が終わったら、花をつけた茎を切りとる。日光を好むが、ある程度の日陰なら耐える。数年ごとに根茎を切り分けて植え替える。

保存：花は保存がきかないが、干して半乾きにすれば料理用として数日は長もちする。根はガレージのような冷暗所に保存すれば数週間もつ。

調理：根茎を2.5センチほど切りとり、冷水で洗って汚れを落とす。塩水で15分ゆでる。

左：デイリリーは庭に美をそえてくれる。鮮やかな花の色には、赤、オレンジ、黄などがある。栽培はとても簡単で、手間もかからない。

デイリリー［ノカンゾウ、キスゲ類などヘメロカリス属］は深紅、赤、オレンジ、黄色の花と細長い葉が豪華な庭を演出してくれるため、人気の高い多年生植物のひとつだ。しかし、長い葉から根茎まで、どの部分も食用になることはあまり知られていない。目で楽しめるだけでなく、じつはお腹も満足させてくれる野菜なのだ。デイリリーはアジアで、とりわけ日本と中国で、食材として数百年にわたって栽培されてきた。しかし、観賞用植物として世界中で人気があるにもかかわらず、ごちそうの数々を味わえる絶好のチャンスをつかみそこねている人が多い。

デイリリーの美はつかのまであり、実際、学名の「*Hemerocallis*」は「1日かぎりの美」を意味する。花は1日しかもたない。朝咲いて、夜しぼむ。名前のゆえんである。しかし、このめずらしい開花現象には意味がある。寿命は1日だが、ぷっくりとふくらんだおいしい蕾が次から次へとつき、収穫されるのを待っているのだ。サヤインゲンのかわりとしても使える。また、蕾を全部摘みとらずに残りを咲かせれば、デイリリーの最高の味を堪能できる。色鮮やかな花は、どんなサラダにも輝きとぴりっとした刺激をあたえてくれる。大皿料理の飾りとして使ってもいい。衣をつけて揚げれば、ズッキーニの花のようにサイドメニューにもなる。

新鮮な花を使ったつめもの料理もできる。

料理ノート
デイリリーの食用部分

デイリリーはほぼ一年をとおして、どこかの部分を食材として提供してくれる。たとえば、冬には根が収穫できる。

新芽　春、出てきた芽は炒めものにくわえたり、サラダにそえたりする。

根　秋がベストだが、一年中、ジャガイモと同じようにゆでたり焼いたりして食べる。

葉　夏のあいだ、サラダにしたり、炒めものにくわえたりする。

蕾　夏、炒めものにくわえる。

花　夏、サラダや炒めものにくわえるか、衣をつけて揚げる。

ドライフルーツ、ナッツ、カッテージチーズなどにハーブを混ぜて花のなかにつめ、花びらの先をチャイブの茎でしばる。いつもとは違うしっかりしたかみごたえが出て、ほかの花にはない味を堪能できる。また、花を乾燥させて、サラダや炒めものにくわえてもいい。

新芽はとてもマイルドなタマネギの香りがする。春はこの芽も収穫し、きざんで炒めも

左：花弁はサラダにくわえるとおいしい。しかし、ぷっくりとした蕾もまた美味だ。さまざまな料理で、サヤインゲンのかわりに用いられる。

のにくわえたり、ソテーしたり、蒸したりして食べる。芽は長く伸びると硬くなるので、12センチになるまえに摘みとろう。

とても軟らかい芽は生でサラダに入れるか、サンドイッチの具としてはさむ。デイリリーが花をたくさん咲かせるには日光が必要だが、日中、ある程度の日陰なら耐える。ほとんど手間がかからず、たいていは支柱もいらず、枯れた花を摘まなくてもいい。ただ、葉が枯れはじめたら刈りとること。温暖な地域では魅力的な細長い葉がそのまま残る。3～4年ごとに引き抜いて、根分けしよう。鋭い鋤でいくつかに割り、つまった中心部分は処分し、新しい部位を植えもどす。

菜園でデイリリーを順調に育てるには、春、ガーデンセンターで若い苗を購入し、日あたりのよい場所に植える。いくらか日陰になる場所でもかまわない。また、デイリリーを育てている友人に根分けしてもらうのも、ひとつの方法だ。友人のデイリリーにはなんの影響もない。植えたら、水やりをし、園芸用堆肥などの有機物でしっかりと根覆い（マルチング）をする。

基本的な管理としては、3～4年ごとに根分けするほか、各シーズンの終わりにていねいに掘り起こして根の一部を収穫する。デイリリーは強健なので、根分け作業に耐える。料理用に根の一部を収穫しても、植えもどせば翌年また花をつける。調理するときは根の皮はむかず、こすって洗うだけでいい。そのあとは、ジャガイモやキクイモのように焼くかゆでる。風味はカブやナッツに近い。デトックス効果のある料理を作りたいときにおすすめだ。

下：学名「*Hemerocallis*」は「1日かぎりの美」を意味する。花はすべて1日で枯れてしまうが、ありがたいことに、真夏のあいだ次々と花をつけつづける。

栄養素

デイリリーの花と塊茎はプロテインと油分が豊富だ。蕾はベータカロテンとビタミンCが多くふくまれ、デトックス効果がある。

ギボウシ
Hosta

一般名：ギボウシ、ウルイ、ホスタグリーンシュート、プランタンリリー

種類：多年生

生育環境：強い耐寒性、極寒の冬

草丈：65センチ

原産地：日本、中国、韓国

歴史：現在ある品種のもととなるほとんどのギボウシは、19世紀なかば、フィリップ・フランツ・フォン・シーボルトによって日本からヨーロッパにもちこまれた。

栽培：できれば日陰で湿気の多い土に植える。しかし、日あたりがよくてもかまわない。一年をとおして十分に水やりする。新芽を次々と食べてしまうナメクジに気をつける。秋に刈りとり、春に根覆い（マルチング）をして湿気を保つ。

保存：ギボウシの葉は長もちしない。摘んだらすぐしおれてしまう。春から初夏にかけて、必要なときに収穫する。

調理：ギボウシの葉はできれば早朝、若く軟らかいうちに摘み、すぐに食べる。味と食感はアスパラガスに似ている。根もとを果物ナイフで切り、冷たい流水でよく洗う。生でも食べられるし、火を通してもいい。成熟した茎は苦みがあるので、塩水で3～4分ゆでる。溶かしたバターと挽いたブラックペッパーをたっぷりかけて熱いうちに食べる。

　ギボウシは大きな目立つ葉と長い花をつけるため、観賞用に育てることが多い。森林のなかの庭や湿気の多い日陰の角地に咲いている姿も見事だが、じつは若葉に魅力が隠されている。湿った森の土壌から出てきた若葉は、日本では人気の高い春のごちそうで、「ウルイ」として知られている。味はアスパラガス、レタス、ホウレンソウを合わせたような感じで、生でも火を通しても食べられる。さらに、花も食用となり、サラダに入れたり、つけあわせにしたりする。

　ギボウシの用途は多岐にわたり、マイルドながら歯ごたえのある食感は、味の濃いさまざまな料理のうまみを引き出したり補ったりする。一般に若葉はゆでるか湯通しして、サラダや炒めものにくわえる。赤タマネギの甘み、ニンニク、フライドトマトのハチミツ漬け、和風ドレッシングなどと相性がいい。天ぷらのように衣をつけて揚げたり、甘いプラムソースをかけたりしてもおいしい。また、甘酸っぱいドレッシングと山羊のチーズで和えて、ドライクランベリーをちらしてみよう。マッシュルーム、コショウ、香りのよいハーブを入れたオムレツもおすすめ。蒸してライスにのせ、海苔で巻いたら自家製手巻き寿司のできあがりだ。

ウルイは店ではまず手に入らない。毎年、新鮮なウルイを口にしたければ自分で育てるほかない。

ギボウシは全品種が食用になるが、キッチンでもっとも好まれるのはオオバギボウシ（*H.montana*）とコバギボウシ（*H.sieboldii*）だ。栽培が簡単なだけでなく、若葉の苦みがいちばん少なく、最高の味だといわれている。

ギボウシの栽培

ギボウシといえば湿気の多い森林地の庭を思い浮かべるが、日あたりがよくても平気で、花壇や菜園でも育てられる。ただし、根もとの湿気は保たなければならない。植えつけのまえに土を掘り起こし、有機物をたっぷり混ぜておくと保湿性が高まる。できれば、ギボウシが本来育つアジアの森林と同じような環境を整えられるよう、腐葉土をたっぷりくわえる。品種にもよるが、株間は60センチにする。若葉を摘みたければ、何株か植えよう。毎年、ウルイを味わうには1株ではたりない。植えたら十分に水やりをする。シーズン中は水分を奪われないようしっかり草取りをし、芽を食害するナメクジやカタツムリにも注意する（218ページ参照）。

2〜3年ごとに土を掘り返し、鋭い鍬で根を切り分ける。つまった中心部分は処分し、外側の新しい部位を植えもどす。この根分けによってギボウシは活性化するだけでなく、株数も増え、結果、翌年以降、たくさんのウルイが収穫できる。

上：ギボウシは庭の日陰でも育つ。葉の美しい見事な観賞植物だが、ごちそうにもなる。日本ではとても人気の高い珍味だ。夏に花を咲かせる。

芽が出てきたらすべて摘みたくなるが、株が枯れてしまうのでそこは抑え、3分の1以上は摘まないこと。摘みとっても生長をつづけるため、何度か摘める場合もある。収穫のタイミングは、湿気をもっとも多くふくむ早朝がいい。若葉は12〜15センチが理想だが、まだ葉が丸まり、広がっていないうちに収穫したほうが美味だ。ただ、大きくなった葉もホウレンソウの代用として料理に使える。夏の花は美しいが、寿命はとても短い。

サツマイモ
Ipomoea batatas

一般名：サツマイモ、スウィートポテト、スパニッシュポテト

種類：塊根、一年生

生育環境：非耐寒性、霜の降りない冬

草丈：40センチ

原産地：中央アメリカ、および、南アメリカ

歴史：英名は「sweet potato（甘いジャガイモ）」だが、一般のジャガイモとは関係がない。サツマイモの歴史は、紀元前750年、ペルーで残された記録にさかのぼり、ジャガイモが普及するまでヨーロッパでよく食されていた。実際のところ、サツマイモは1493年にコロンブスがセント・トマス島からイギリスにもちこんだ。テューダー王朝では催淫剤だと考えられていたらしい。サツマイモにあたるスペイン語はバタタ（batata）、フランス語はパタートゥ・ドゥース（patate douce）だ。1490年代、英語の「potato」は、現在おなじみの白っぽいジャガイモではなく、サツマイモを意味していた。

栽培：サツマイモは、日あたりがよく、ていねいに掘り起こした肥沃な土を好む。草取りをして何度も掘り返し、完熟堆肥をたっぷり

上：サツマイモはジャガイモと同じように土中から収穫されるが、二者はまったく関係がない。サツマイモはヒルガオ科でヒルガオやアサガオに近い。この図では、サツマイモの成長を助けるために、オレンジ色の花が咲いた植物を支柱に利用している。

栄養素

サツマイモはナトリウムをあまりふくまない。飽和脂肪とコレステロールも微量だ。食物繊維を摂取するのに適した野菜で、カリウムのほか、ビタミンA、C、B_6も多くふくまれる。

くわえる。温度と湿度を保ち、雑草を抑えるため、畝を園芸用黒色シートで覆う。畝間75センチ、株間30センチでシートに穴をあけ、健やかに育った挿し芽（根のない葉のついた茎）を深めに植える。茎もとに土寄せすると大きなサツマイモが収穫できる。十分な生育期が必要なため、クローシュをかぶせ、定期的に水やりをする。クローシュをかぶせているあいだは暖かい日に換気すること。

塊根は土中になるため、ジャガイモと同じように収穫する。植えつけてから12～16週間後、葉が枯れはじめたら収穫のサインだ。初霜が降りるまえにフォークで掘り起こし、味わおう。

保存：日光あるいは温室で表皮を乾燥させ、霜の降りない場所で保存すれば数カ月もつ。収穫後すぐ調理することもできる。

調理：表面をよくこすってから使う。ゆでた場合は、果肉が軟らかくなってほくほくしているうちに皮をむく。ジャガイモ同様、ゆでる、焼く、揚げる、ローストするなど、いろいろな調理法がある。

グルメ野菜のサツマイモは、もっとも入手しやすく用途の広い野菜のひとつだ。質素なジャガイモに甘みを足したイモといっていい。さまざまなメニューに利用可能で、炒める、ゆでる、ローストする、ゆでてつぶすなどして使うほか、最高のチップスも作れる。コテージパイ［煮こんだ牛挽肉の上にマッシュポテ

サツマイモの仲間

調理法はジャガイモと似ているが、サツマイモ（学名*Ipomoea batatas*）はジャガイモとは関係がない。ヒルガオ科セイヨウヒルガオ属（*Convolvulus*）の植物で、美しい鑑賞用つる性植物アサガオの仲間だ。ありがたいことに、サツマイモは他のヒルガオ類と比較すると生長力に勢いがないため、蔓性はあるがとても扱いやすい。

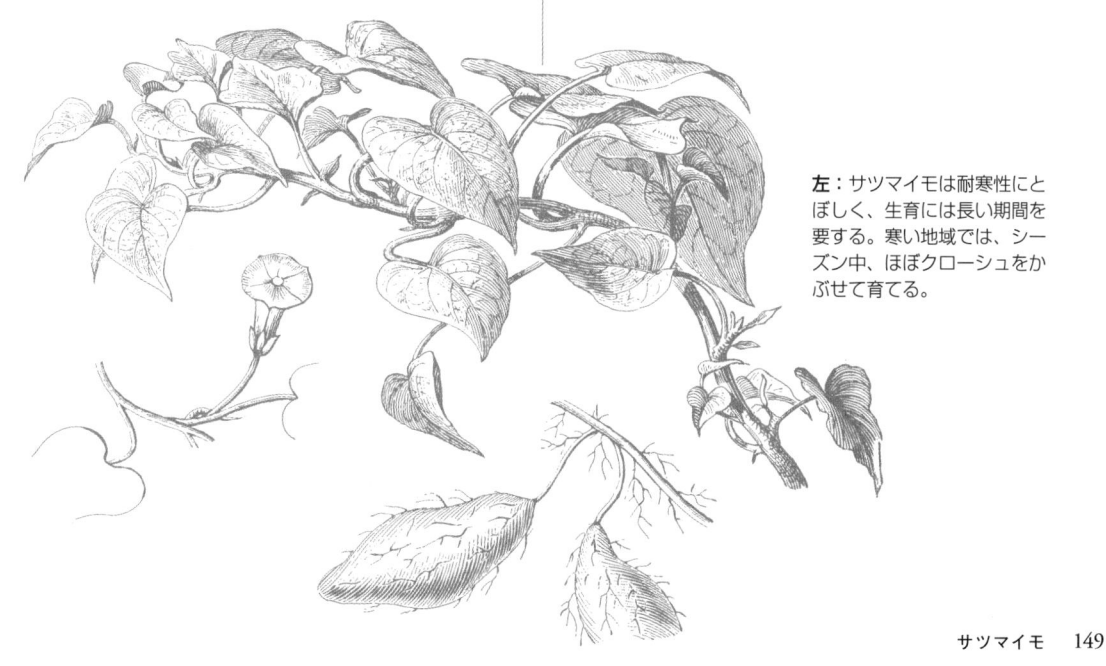

左：サツマイモは耐寒性にとぼしく、生育には長い期間を要する。寒い地域では、シーズン中、ほぼクローシュをかぶせて育てる。

料理ノート
サツマイモとビーツ

　深紅のビーツとオレンジ色に熟したサツマイモ。これらの色と味のコンビネーションは、とくにアヒルやシカなど、ぜいたくな肉料理のおいしいつけあわせになる。

調理：10分
調理：2時間
できあがり：10人分（サイドメニュー）

- ビーツ　4個
- サツマイモ　6本
- オリーブオイル　大さじ3
- 塩、コショウ　適宜

　あらかじめオーブンを190℃に温めておく。

　ビーツをアルミホイルで包み、軟らかくなるまで1時間～1時間半ほど焼く。

　取り出して冷めたら、皮をむき、四角くカットする。

　サツマイモを同じ大きさにカットする。

　両者を混ぜあわせ、オリーブオイルをかけ、塩、コショウで和える。

　オーブン皿にのせ、サツマイモが軟らかくなるまで約40～60分焼く。

トをのせて焼くイギリスの伝統的家庭料理］を作るときは、定番のマッシュポテトのかわりに、サツマイモで作ったマッシュスウィートポテトをそえることをおすすめする。やみつきまちがいなしだ。

　掘りたてのサツマイモはきざんで生で食べることもできる。また、葉や茎はルッコラやホウレンソウと同じく炒めものに適する。おまけにサツマイモは、パイやケーキなどのデザートにもなる。甘みのわりに脂肪が少なく、100グラムあたり90キロカロリーしかない。それでもカロテノイドやビタミン類が多くふくまれ、栄養は豊富だ。

　通常、サツマイモは挿し芽（根のない葉のついた茎）から育てる。種子販売店に注文し、宅配便で受けとることも可能だ。到着時には少し萎えているため、すぐに茎もとを水を入れた容器に挿し、24時間置いて再生させる。その後、堆肥を入れたポットに移し、数週間、窓台に置いておく。霜が降りなくなったら屋外に移植する。

　サツマイモの一種「ボーレガードインプルーブド」は美しい鮮やかなオレンジ色の果肉をもち、甘みも最高レベルだ。また、「ジョージアジェット」や「オーヘンリー」も育ててみてほしい。

　収穫後、すべて調理に使用しなかった場合は、残った塊根を湿気の多い堆肥入りポットに埋めて倉庫で保存し、翌年のストックとする。春がきたら、温室や日あたりのよい窓台に移す。葉が出てきたら茎をカットして、新シーズンの挿し芽として植えよう。

左：サツマイモの塊根は、健康によい栄養の宝庫だ。料理の用途は広く、ゆでたり、つぶしたり、焼いたりするほか、チップスも作れる。

レタス
Lactuca sativa

一般名：レタス

種類：一年生

生育環境：非耐寒性、霜の降りない冬

草丈：25センチ

原産地：ヨーロッパ、地中海沿岸地方

歴史：レタスの起源は、エジプトの墓に絵が描かれた紀元前2700年にさかのぼる。古代ギリシア人が食し、ローマ人がコスやバターヘッドなど数種のレタスを育てていたことが知られている。イギリスにはじめてレタスがもちこまれたのは16世紀だった。

栽培：初春から浅い溝に種まきする。根が短いので、コンテナ、ハンギングバスケット、プランターでも育てられる。ある程度の日陰にも耐えるが、早く生長させるには水が不可欠なため、水やりは十分におこなう。品種によっては種まきから数週間で収穫できる。

保存：巻きのゆるいレタスは収穫したら1日しかもたない。すぐにしおれてしまうので使う日に収穫する。アイスバーグなどの結球レタスは、萎えた葉を生き返らせるため、湿ったポリ袋に入れて冷蔵庫で保存すれば数日もつ。冷凍もできず保存もきかないため、いちどに収穫どきを迎えないよう、こまめに種まきしよう。

調理：底の芯を落とし、傷んだ外葉をとりのぞく。残りの葉をはがし、冷水を入れたボールで洗う。しっかりと水気をきってちぎる。レタスは通常生でサラダに入れる。

下：レタスは栽培がとても簡単で、どんなタイプの料理にもつけあわせやサイドメニューとしてそえられるし、どんなサラダでもメインの具として使うことができる。

レタスは古くから夏野菜として親しまれてきた。ローマ時代にも広く栽培されていたが、起源はそれよりはるかにさかのぼる。原形となるレタスは、現在おなじみの軟らかく甘いレタスとは違って苦かったのだろう。以前は食べやすくするためブランチングしなければならなかったが、現在はどの品種も、ぱりっとしたみずみずしい葉をつけ、だれもが味わっている。レタスはもっとも広く普及している野菜のひとつだ。理由は、そのまま食べられる点にある。準備はいたって簡単。さらに、味がマイルドなため、ほかの食材とケンカすることもない。サンドイッチやハンバーガーの具としても理想的で、世界中のあらゆる料理のつけあわせになる。

食卓で料理のそえものにしてもきれいなうえ、菜園や花壇に植えても、レタスは美をそえてくれる。品種も、フリルのような葉を広げるタイプから、しっかりと巻きの硬いタイプまでさまざまだ。菜園を艶やかに飾りたいなら、ぜひ育ててほしい。色も豊富で、濃緑色から鮮やかな赤までと幅広い。花壇さながらに菜園の色あいを演出してくれる。結球タイプもあれば非結球タイプもある。いろいろなレタスを育ててみよう。

上：レタスは種を早くまきすぎたり、シーズン初期にストレスをあたえたりすると、とう立ちしやすい。とう立ちすると早く花が咲き、急いで種を作るため、葉が苦くなる。

レタスは菜園でも扱いやすい。土もさほど選ばないし、実際、日中の暑い時間帯はある程度の日陰を好む。みずみずしい葉をつけるよう、できるだけ湿気を保つこと。そのため、植えるまえに有機物を十分に混ぜておく。生長が早く、場所もあまりとらないため、生長の遅い野菜のあいだに植えて、その野菜が葉を広げるまえに収穫することも可能だ。

もっともシンプルな栽培法は、深さ1センチの溝に畝間30センチで植える。発芽したら品種によって15〜30センチに間引きする。レタスは長もちしないため、いちどに収穫どきを迎えないよう、夏のあいだこまめに種まきする。根を深く張らないので、プランターやコンテナでも同じように栽培できる。

栄養素

新鮮な葉はビタミンA、C、K、ベータカロテンの宝庫だ。これらが合わさると抗酸化作用を発揮する。ビタミンAは健康的な肌や視力、ビタミンKは丈夫な骨の維持に不可欠な栄養素だ。

早生種は屋内に種まきし、屋外に移したらクローシュをかぶせる。「アーティックキング」、「ルージュ・ディヴェール」、「デンシティ（別名ウィンターデンシティ）」など冬の品種にカバーをかけて育てれば、シーズンを秋まで延ばすことができる。

　結球レタスは丸味が出てきてから収穫するが、結球しない葉レタスは小さいうちにはさみで切りとることもできるし、完熟してからとることもできる。すぐに傷んでしおれ、ナメクジやカタツムリの栄養豊富なごちそうになるので、あまり長くおかずに収穫すること。

下：栽培できるレタスはたくさんある。色や質感はさまざまで、菜園では芸術的な模様を浮かびあがらせてくれる。

料理ノート
栽培におすすめのレタス

　育ててほしいレタスにはいろいろな種類がある。本来は夏野菜だが、早生種と晩生種をうまく選び、クローシュを利用すれば、ほぼ一年中収穫できる。

バターヘッド　生長の早い非結球タイプで、葉は軟らかく、芯がみずみずしい。品種には「アーティックキング」、「クラリオン」、「ダイアナ」、「ロキシー」、「サングリア」などがある。

コス　別名ロメインレタス。縦長の楕円形。小ぶりのセミコスタイプもある。おすすめは、「リトルジェム」、「コズミック」、「タンタン」、「コルセア」、「リトルレプラコーン」などだ。

クリスプヘッド　名前が示すとおり、シャキシャキしたみずみずしい玉をなし、きつく結球する。有名な品種は「アイスバーグ」で、とう立ちしにくい。そのほかには、「レイクランド」、「スー」、「ロビンソン」、「ミニグリーン」などがある。

ルーズリーフ　このタイプは結球しない。つまみ菜として育てられることが多く、若葉をはさみで切りとれば再生する。品種としては「レッドサラダボール」、「サラダボール」、「フリルアイス」、「ロロロッサ」、「ニカ」などがある。

レタス

輪作

菜園をうまく切り盛りするには、長期計画が重要だ。翌年のことだけ考えればいいわけではない。今後3～4年、どの区画でなにを育てるのか、じっくり考える必要がある。園芸家にとって輪作は基本的なシステムで、野菜をグループに分け、毎年、植える位置をずらして循環させる。

厳格なルールはないが、通例、グループは次のように分類する。

グループ1
根菜とジャガイモ
- 根菜（ニンジン、パースニップ、ビーツ、ラディッシュなど）
- ジャガイモ

グループ2
マメ類
- マンジュトゥやスナップエンドウなどのエンドウ
- インゲンマメ、ソラマメ、ベニバナインゲンなどのインゲン

グループ3
アブラナ科
- ケール
- 芽キャベツ
- キャベツ
- ブロッコリー
- カリフラワー
- コールラビ

レタス、トウモロコシ、スカッシュ、パンプキンなどの野菜は、通常、上記野菜のあいだに適宜植える。トマトはジャガイモと同じナス科なので、同じローテーションで栽培する。ルバーブ、アーティチョーク、キクイモ、アスパラガスのような多年生は、ずっと同じ場所で栽培するため、輪作には組み入れない。また、果樹や低木も除外するが、輪作を計画するさい、考慮に入れることが大切だ。

上：エンドウやインゲンマメは同じマメ科で、大気中の窒素ガスを窒素化合物に転換する窒素固定をおこなう。収穫後もこの窒素化合物が残るため、次に植えるアブラナ科の野菜に肥沃な土を提供できるのだ。

3年および4年の輪作

一般に輪作は3年で計画する。ときに4年で計画することもあり、この場合はジャガイモと根菜を別グループに分ける。

3年計画の輪作
1年目：ジャガイモ、トマト、根菜
2年目：マメ類
3年目：キャベツ類

4年計画の輪作
1年目：ジャガイモ
2年目：根菜
3年目：マメ類
4年目：キャベツ類

輪作をおこなう利点

毎年、区画を変えて栽培すると、土壌の害虫や病気を防ぐことができる。土の問題の多くは、アブラナ科の根こぶ病やタマネギ類の乾腐病など、ひとつのグループに特化している。そのため、毎年、同じ区画で異なる種を栽培すれば、問題が長引くのを避けることができる。3～4年して同じ種が同じ場所に戻ってくるころには、害虫や病気への対処法もグレードアップしているだろう。

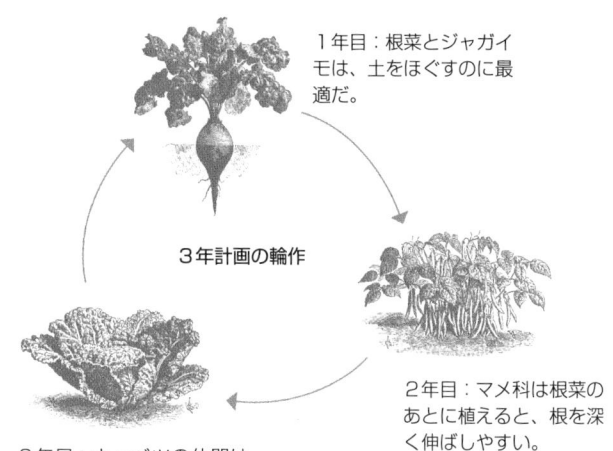

1年目：根菜とジャガイモは、土をほぐすのに最適だ。

3年計画の輪作

2年目：マメ科は根菜のあとに植えると、根を深く伸ばしやすい。

3年目：キャベツの仲間は、マメ科が残した肥沃な土を利用する。

上：通常、輪作は野菜の3グループを回転させる。

また、輪作は土を肥沃にしてくれる。作物を回転させれば、同じ栄養分を枯渇させずにすむからだ。グループによって特有の必要条件があるため、次の年に違う野菜を植えると栽培効率が上がる。たとえば、エンドウやインゲンマメは根を深く伸ばすので、ニンジンやジャガイモなど根菜のあとに植えると生長しやすい。同じように、アブラナ科は肥沃な土を必要とするので、エンドウやインゲンマメのあとに植えるといい。マメ科の根が残した窒素で土が肥えるからだ。

「実り多い美しき庭は、園芸家が土を扱うすぐれた腕と真摯な心がなければ目にすることができない」

トマス・ヒル『園芸家の迷宮（The Gardener's Labyrinth）』（1577年）

アスパラガスピー
Lotus tetragonolobus

一般名：アスパラガスピー、ウィングドロータス

種類：一年生

生育環境：非耐寒性、霜の降りない冬

草丈：40センチ

原産地：ヨーロッパ、地中海沿岸地方

歴史：アスパラガスピーの起源や利用にかんする考古学的証拠はほとんどないが、ルネサンス期の植物誌で多くふれられており、16世紀なかばのシチリアで栽培された記録がある。

栽培：春の霜が降りなくなってから、日あたりのよい肥沃な土に種を直まきするか、セル型トレイにまく。十分に水やりし、ていねいに草取りをして、莢が次々となるよう定期的に収穫する。

保存：冷蔵庫で数日もつが、夏の風味を保つには、スープにして冷凍しておくのが最適だ。また、インゲンマメのかわりに、ピクルスやピカリリーなど、つけあわせの酢漬けにして保存する。

調理：2センチに満たないできたての若い莢のみ、生で、あるいは火を通して食べる。かるく蒸してサラダに入れたり、溶かしたバターをそえたりする。また、スープやシチューに足してもいい。

莢にふくまれるアスパラガスのエッセンスを味わおう。この美しいアスパラガスピーは、菜園に目をみはるような景色をもたらしてくれる。見た目は小さな低木のようで、黒っぽい花芯に鮮やかな海老茶色の花びらをつける。どこかスイートピーに似ている。花をつけたあとは、羽が生えたような変わった形の莢がなり、この部分を食用とする。アジアでは人

気があるが高価で、実際、近くの店ですぐ買えるような野菜ではない。このめずらしくもおいしい莢を手に入れるには、自分で育てるしかないのだ。

　アスパラガスピーを育てる利点はそれだけにとどまらない。エンドウやインゲンマメなどマメ科の仲間なので、根が大気中の窒素を利用して窒素固定をおこなう。つまり、自然に土地を肥やしてくれるため、肥料をやる手間が減るうえ、キャベツなど栄養を多量にほしがる野菜を翌年に植えると効率がいい。栽培もアスパラガスよりかなり簡単だ。最初の収穫まで数年も待たなくてすむ。また、多年生なので場所を移す必要もない。したがって、もし料理にアスパラガスの風味をそえたくて、でも菜園に場所の余裕がなく、忍耐力もたりない場合は、とにかくアスパラガスピーをおすすめする。

　莢は生でも食べられるが、ごく簡単な調理法もある。蒸してバターと塩をそえるだけでいい。とはいえ、どんな料理にも使えるし、エンドウやアスパラガスの代用にもなる。スライスしてソテーしたり、焼いたり、炒めたりしてもいい。甘酸っぱいマンゴーチャツネなど、芳醇でスパイシーなソースにディップして前菜にしてもおいしい。シャキシャキした食感は、魚、エビ、鳥料理にもよく合う。ヤギのチーズ、赤タマネギ、ニンニク、ハーブといっしょに炒めても味わい深い。アスパラガスピーから作ったスープはぜいたくなごちそうだ。

左：菜園で育てるおもな野菜というより、ものめずらしさで目をひくアスパラガスピーだが、栽培はとても簡単で、かわいらしい花をつける。

上：食用になる部分は羽が生えたような莢で、アジア料理ではおなじみだ。莢は2センチになったら収穫する。それより大きくなると、味が落ちて食べられなくなる。

　春のなかばから終わりにかけて、屋内で、堆肥を入れた7.5センチポットかセル型トレイに種まきし、日あたりのよい窓台か温室で発芽させる。数週間後、冷床か玄関に移して10日間慣らし、春の霜が降りなくなったら屋外に移す。生垣や壁で寒さをしのげる日あたりのよい囲み菜園に株間30センチで植える。水はけのよい肥沃な軽い土を好むので、堆肥をくわえて生長をうながそう。

　また、春の霜が降りなくなってから屋外に直まきしてもいい。種まきしてから数週間はガラス製かプラスティック製のクローシュをかぶせておくと発芽をうながせる。株間30センチにして十分に水やりをする。茎の強度によっては細い支柱をそえるが、たいていは必要ない。草取りはこまめにおこなう。ただ、這性で葉が繁るため、雑草の蔓延をみずから防いでくれる。

　這性なのでハンギングバスケットやプランターで育てることもできるが、水やりを欠かさないこと。

　莢は2センチほどになったら収穫する。それ以上大きくなると食感が失われ、すじっぽくなって食べられなくなる。スイートピーやベニバナインゲンのように、定期的に収穫しよう。さもないと、莢をつけなくなってしまう。シーズンが終わったら地ぎわで刈りとり、窒素で肥えた根とともに土を耕す。

クレソン
Nasturtium officinale

一般名：クレソン、ウォータークレス

種類：多年生

生育環境：強い耐寒性、極寒の冬

草丈：20センチ

原産地：ヨーロッパ

歴史：クレソンには長い歴史があり、起源は古代ギリシア、ペルシア、ローマ時代にさかのぼる。知られている葉物野菜のなかでもっとも古い。イギリスでクレソンが大規模に栽培されるようになったのは、19世紀に入ってからだった。

栽培：湿気の多い肥沃な土壌か、洗い桶のようなコンテナで育てる。堆肥を入れたコンテナや、水を張った受け皿にのせた桶でも栽培が可能だ。春から夏のあいだにコンテナに種まきするか、冬、屋内のトレイにまく。

保存：葉は日もちしないので必要なときに摘む。または、スープにして冷凍する。

調理：使うまえによく洗って、硬い茎をとりのぞく。

右上：クレソンの栽培はとても易しい。味はぴりっとした辛みがあり、刺激的だ。すぐ繁茂するため、湿った土に直まきする場合はうまく管理しよう。

　クレソンのぴりっとした風味や健康によい成分を手に入れるために、広い川床など必要ない。必要なのは、庭の日陰になる区画と、水をためておけるコンテナだけだ。小さな庭があればだれでも、突然、家で育てたクレソンのスープを堪能できるようになる。この気ままに伸びる羽状複葉のハーブは、ぴりっと

した辛みをもち、イノシシやシカなど濃厚な料理と相性のいいつけあわせになるが、家禽料理にもよく合う。たいてい、生でそえものにするか、サンドイッチのヘルシーな具として使う。切ったオレンジやオリーブオイルと和えると、伝統的なサイドメニューやサラダになる。

クレソンを育てるにはつねに湿気を保っておかなければならないが、完全に浸水させる必要はない。庭の湿地に植えることもできる。ただ、最適な条件下だとあっというまに繁茂するので、あらかじめ慎重に計画すること。自家製クレソンを収穫するいちばん簡単な方法は、堆肥を入れたコンテナで育てることだ。洗い桶でも古い洗面台でも代用できる。もし

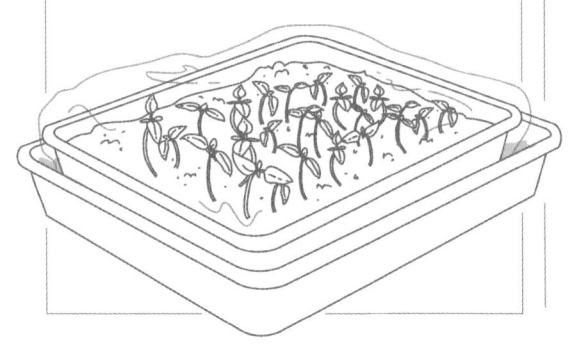

クレソンのルーツ

クレソンはヴィクトリア朝時代、ロンドンの川岸に自生していた頼れる野菜だった。一年中、とりわけ冬は、栄養ある野菜がかなり不足していたからだ。当時、壊血病が大流行しなかったのは、クレソンがとれたおかげだといわれている。

これまで、クレソンはその薬効が高く評価されてきた。事実、ペルシアの著名な年代記編纂者が国民に対し、子どもの成長をうながすためにクレソンを食べさせるよう助言した。また、丈夫で強くなるからという理由でローマの兵士たちにもあたえられた。紀元前400年ごろ、ヒッポクラテスがコス島にはじめて病院を設立したときも、天然の泉で野生のクレソンを育て、血液疾患の治療に利用している。

ヒッポクラテス
(紀元前460-370ごろ)

庭がない場合の栽培法

もし庭がなくて、それでもこうしたぴりっとする野菜を育てたい人に朗報だ。あきらめる必要はない。クレソンは窓台でも育てられるし、一年中、ベビーリーフが収穫できる。堆肥を入れたトレイに種をばらまきし、透明のビニール袋をかぶせて発芽させる。トレイはつねに十分な湿気をあたえ、定期的に水分を補給する。ある程度芽が伸びたら摘んで、サラダやサンドイッチにくわえよう。

容器に排水穴があいていたら、水を入れた受け皿の上に置けばいい。春夏、コンテナに湿気を多くふくむ堆肥を入れ、表面に種まきする。コンテナあるいは受け皿はつねに水で浸しておく。水はときどきそっくり入れ替えよう。受け皿の水も濁らないように取り換えること。クレソンは強健なので一年中ずっと葉を出し、マイナス2～3℃まで青々としている。

クレソン 159

パースニップ
Pastinaca sativa

一般名：パースニップ

種類：一年生

生育環境：耐寒性、厳しい冬

草丈：25センチ

原産地：東地中海沿岸地方

歴史：考古学的証拠からすると、パースニップは先史時代から存在する。ヨーロッパで野生種が自生し、古代ローマでは貴族のぜいたく品だと考えられていた。皇帝ティベリウスはドイツからローマへ送る貢物の一部を、パースニップで納めることを認めていたらしい。

栽培：パースニップは生長期間が長いため、初春から春のなかばに屋外に直まきする。水はけのよい肥沃な土に畝間30センチで種まきし、発芽したら株間15センチに間引きする。乾期のあと大雨が降ると根割れするので、定期的に水やりをすること。秋から収穫できる。

保存：冬のあいだ土中に植えておけるが、極寒の地域では土が凍ると掘り起こしにくくなるため、秋に収穫し、砂か堆肥を入れたトレイに埋め、ガレージなど涼しく乾燥した場所で保存する。

調理：よくこすり、両先端を落として、薄く皮をむく。若いパースニップはそのまま、大きなパースニップは4つに切って芯をとる。塩水でゆでるか、15〜20分蒸すか、ゆでてから切り口をローストする。

　菜園を美しく飾ってはくれないが、この冬の根菜は地下が勝負だ。香りがよく甘みのあるパースニップの直根は、シェフや園芸家を惹きつける。パースニップは歴史ある野菜のひとつで、はちみつで照りをつけて焼けば伝統的なロースト料理とよく合う。さらに、この昔ながらの野菜の利点はその程度にとどまらない。極上のチップスも作れるし、薄くスライスしてラー油を塗り、オーブンで焼けばまたちがったチップスができる。つぶしてメープルシロップと混ぜてもいいし、千切りにして焼けばロスティのできあがりだ。カレー、ホットポット、キャセロール、スープ、冬のシチューにも使えるし、リーキ、カブ、ルタバガなどほかの冬野菜とも相性がいい。

　いろいろな品種があるが、癌腫病に耐性のあるものを選ぼう。さもないと、秋に掘り起こしたらすべて根割れして腐っていた、などという悲惨な被害にあいかねない。耐性種には、「グラディエーター」、「アルビオン」、「パレス」、「アーチャー」などがある。もっとも好まれているのは「ザ・スチューデント」だ。1800年代からある伝統種で、癌腫病の耐性もある。ごちそうを楽しみたければ「アロー」がおすすめだ。細長いので狭い株間で栽培できる。甘い「ベビー」パースニップは高級レストランで人気が高い。

右：エルンスト・ベナリー『ベナリーのアルバム』より。多色石版刷り。1876年。パースニップやほかの根菜を多種描いている。

パースニップ 161

パースニップは生長に時間がかかるため、種まきは早めの2月におこなってもいい。しかし、春が例外的に温暖で、かつ、土が温かく軽くないかぎり、種は元気がなくなり、土中で腐る可能性もある。できれば3月下旬から4月上旬まで待とう。種まきは、浅い溝に畝間30センチ、株間15〜20センチで3つずつ入れる。優しく土をかぶせたら水やりをする。苗が5センチほどになったら、1株残して間引きする。発芽に時間がかかるため、同じ畝にラディッシュを植えてもいい。目印ができるし、ラディッシュはすぐに収穫できるのでパースニップの発芽には支障がない。

ニンジンの種同様、古い種はすぐ枯れてしまうので使わないこと。毎年、新しい種を購入し、元気に発芽させ、たくさん収穫しよう。肥料を混ぜたばかりの土は、根割れが生じるので避ける。可能なら、前年に肥料をあたえた水はけのよい肥沃な土で育てよう。石の混ざった土も根がまっすぐ生長しないので避ける。石に邪魔されず根を深く育てるコツは、バールなどを土中深くまで刺して種穴をあけ、堆肥で埋めてから種をまくこと。夏のあいだはこまめに水やりし、草取りをする。極寒の地域では、わらをかけて保護する手もあるが、一般にパースニップはかなりの耐寒性がある。

パースニップは秋から収穫できるが、小さな根を早めにとることもできる。美食家いわく、収穫は初霜が降りるまで待ったほうがいい。寒さで甘みを増すからだ。フォークで土をほぐしてから、傷つけないように手で引き抜こう。

左：パースニップの種はシーズンの早いうちに直まきする。発芽するまで時間がかかるが、晩夏から冬の終わりまで収穫できる。

「パースニップは冬の食材として、非常に栄養価の高い貴重な野菜だ。甘くて優しい風味を好む人から絶賛されている」
T・W・サンダーズ『家庭菜園と市民農園（Kitchen Garden and Allotment）』（1920年ごろ）

ベニバナインゲン
Phaseolus coccineus

一般名：ベニバナインゲン、ランナービーン、スカーレットランナー、ストリングビーン、スティックビーン

種類：一年生

生育環境：非耐寒性、霜の降りない冬

草丈：2メートル

原産地：中央アメリカ

歴史：ベニバナインゲンは17世紀なかば、メキシコからヨーロッパにもちこまれた。しかし、2000年以上まえから食料として知られている。17世紀、植物収集家でチャールズ1世に仕えた庭師ジョン・トラデスカントによってイギリスにもちこまれ、まず観賞用植物として栽培され、やがて食用となった。現在では世界五大陸で利用されている。

栽培：春のなかばから終わりに、日あたりのよい肥沃な土に種まきする。育苗ケースで発芽させ、霜が降りなくなったら定植床に移す。水やりを十分におこなうこと。品種にもよるが、莢のなかのマメがふくらみはじめ、莢が15センチくらいになったら収穫する。

保存：収穫後は長もちしないが、冷凍保存が可能でピクルスもできる。

調理：両端を落とし、包丁を使って両側のすじをとる。2.5センチほどの長さで斜めに切るか、細長くスライスする。蒸すか、塩水で10分ほどゆでる。

下：ベニバナインゲンは一年生の観賞用植物として育てることもできる。魅力的な花をつけるうえ生長が早いため、観賞用としても食材としても活躍する野菜だ。

ベニバナインゲン（紫花豆）の色鮮やかな花とつるが繁る田舎のウィグワム（ピラミッド型支柱）は、家庭菜園の真髄だ。16世紀、最初は観賞用としてイギリスにもちこまれたのもうなずける。莢が美味だと気づいたのは、のちのことだった。ベニバナインゲンは平坦になりがちな家庭菜園に、高さ、色、立体感をもたらしてくれるだけではない。その莢は店で買うよりはるかにおいしく、レシピもかなり幅広い。通常は蒸したりゆでたりして火を通し、味を最大限に引き出すために薄くスライスする。花も食用になり、マメのサラダやつけあわせにする。

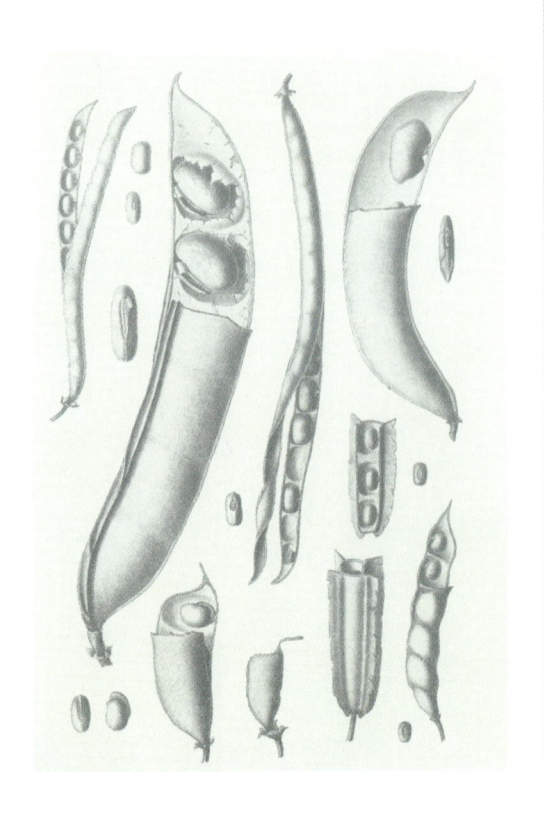

左：ベニバナインゲンはつる性で、巻きひげを使って上に伸びていく。ハシバミの枝などで支柱を立てよう。

　ベニバナインゲンが家庭菜園で人気が高い理由のひとつは、ひと夏でかなり大量に収穫できる点だ。定期的に収穫すれば次々と莢をつけるうえ、余分にとれたら冷凍もできる。つまり、まったくむだがなく、堆肥場にすてる必要もない。背が高いが、小さなバルコニーや中庭でも、50センチ以上の幅があり、排水穴のたくさんあるコンテナなら育てられる。コンテナには良質の堆肥を入れよう。毎日、水やりをおこない、花をつけはじめたら週1回肥料をあたえる。

　ベニバナインゲンは日あたりと水はけのよい土を好む。土には有機物をたっぷり混ぜて保湿性を高め、栄養をあたえる。植えつけるまえ、前年の秋に、深さ30センチの溝を掘っておくといい。冬のあいだキッチンのごみや有機物を入れてじょじょに腐らせれば、ベニバナインゲンを植えるころ、生長をうながす肥沃な土ができあがっている。背高く伸びるが、生垣や壁のある囲み菜園で育てれば、支柱が風で倒されることもない。

左：成熟するまで待って種を乾燥させ、翌年の種まきまで保存しておく。

支柱を作る

　ベニバナインゲンはつる性なので、巻きひげを支柱にからませて上に伸びていく。楽に収穫するため、通常、竹の棒やハシバミの枝で作ったウィグワム（ピラミッド型支柱）で誘引する。一般的に高さ2メートルになるが、ほとんどのベニバナインゲンはそのままにしておけばさらに伸びる。ただし、摘みにくくなってしまうので摘心しよう。

　ピラミッド型支柱を作るには、2.4メートルの棒を25センチ間隔で円状に土に刺しこみ、円錐形になるよう、てっぺんを園芸用のひもでしっかりしばる。あるいは、合掌型の支柱でもいい。棒2本をクロスさせて上部でしばり、縦長の三角状に刺す。間隔を20センチとって何組か刺したら、上部に1本、畝と平行に棒を渡す。合掌型の場合は畝間60センチにする。

右：ベニバナインゲンは放っておくとどんどん伸びて支柱を超える。てっぺんまで伸びたら、摘心しよう。

　春のなかば、屋内で種まきするか、霜が降りなくなってから屋外にまく。屋内で育てれば、収穫に向けて有利なスタートがきれる。種は堆肥を入れた7.5センチポットにひとつずつ、深さ3センチで植える。水やりをしたら、日あたりのよい窓台か温室で発芽させる。いきなり屋外に移植せず、数日間冷床で慣らし、屋外の環境に順応させよう。支柱の根もとに植え、たっぷり水やりをする。花がつきはじめたら、水やりにはとくに注意すること。

　また、初夏に穴掘り具を使って、支柱の根もとに深さ3センチで種をふたつずつまいてもいい。発芽したら、育ちの悪い苗を抜きとる。旺盛なつる性の生長力を維持するため、定期的に水やりをする。土が乾く場合は、堆肥で根覆い（マルチング）をして湿気を保つ。莢はこまめに収穫する。放っておくと育ちすぎて、硬く、すじっぽくなるので気をつけよう。

上：1列にならべた合掌型の支柱は空間を広々と使えるが、片側に陰を落とし、風にさらされるので倒れやすい。

左：ウィグワム（ピラミッド型支柱）は頑丈な支柱だが、ベニバナインゲンのつるがつたう表面積が少なく、十分な空間はとれない。

ベニバナインゲン　165

園芸用具

人は数千年もまえから土を耕してきたが、多くの道具は昔もいまも変わっていない。作業に適した道具を使うことはとても重要だ。効率が上がり、骨の折れる仕事を軽減できる。道具を購入するさいは、使用する本人の身長や力に合っているものを選ぶこと。さもないと、むりをしてけがをしかねない。良質の道具をそろえてきちんと手入れすれば、一生使えるはずだ。

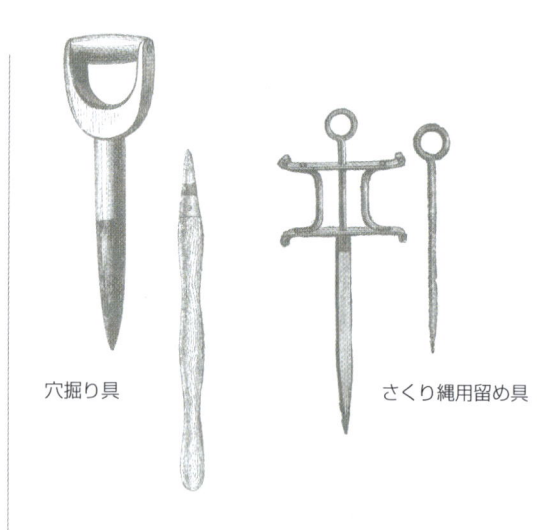

穴掘り具　　　　さくり縄用留め具

家庭菜園を築き、維持するために必要となるおもな道具の一部を以下に紹介しよう。

穴掘り具
細長い手工具で、種まきのとき土に刺して穴をあける。購入してもいいが、竹や枝などで簡単に作れる。

さくり縄
園芸家はきれいな直線を好む。溝を掘ったり、種まき用の溝をつけたり、穴掘り具で穴をあけたりするとき、まっすぐになるようひもをわたして目安とする。また、小道やレイズドベッドを作るときにも使われる。

小屋と道具の管理

園芸用の道具は、使わないときはカバーをかけてしまっておく。できれば空間に余裕のある小屋で保管しよう。小屋はポット栽培の場所にもなるし、たんに雨をしのいだりお茶を飲んだりする場にもなる。棚やラックをたくさん設ければ、道具、ポット、堆肥袋など、備品を安全に保管できる。

道具をかたづけるまえに、土や汚れを落とそう。金属製の道具はオイルを染みこませた布で拭く。木製の把手は、ときどき亜麻仁油をすりこんでおくといい。剪定ばさみ、剪定のこぎり、鍬など刃のある道具は定期的に研ぐこと。

鋤

菜園にはもっとも重要な道具だろう。土を掘り起こすときに使うが、さらには、悩みの種である多年生雑草の根を切るときにも便利だ。

シャベル

菜園で使う堆肥、肥料、ウッドチップなどの類を運ぶときに欠かせない道具だ。購入するさいは、腰を痛めないよう、重さとバランスを確認すること。

フォーク

とくに土が重い場合に、土を掘ったり、掘り返したり、ほぐしたりするときに使用する。背の部分を利用して土塊をくずす。

整地用レーキ

整地用レーキは、土を掘り起こしたあと地面を平らにしたり、堆肥や肥料を広げたりする。一般のレーキ（熊手）より幅が広く、地ならしが楽にできる。

手押し一輪車

野菜、堆肥、ごみなどを菜園で運ぶ際、手押し車がなかったらどうするのだろう？ 菜園の小道は手押し車が通れる幅にしよう。

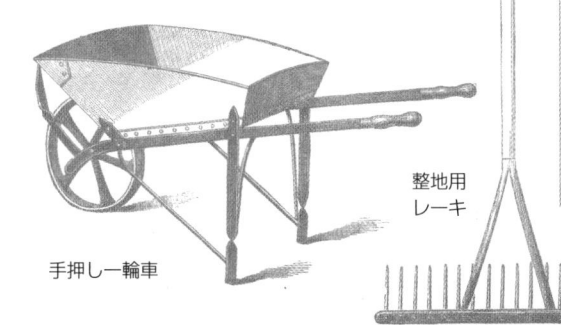

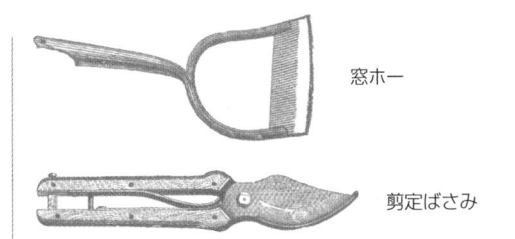

手押し一輪車

整地用レーキ

窓ホー

剪定ばさみ

窓ホー（鍬）

菜園の畝周辺に生えた一年生の雑草を取るときに使う重要な道具だ。押しても引いてもいい。長い把手のおかげで、草取りによる腰の痛みが軽減される。

かぎ爪型フォーク

奇妙な形をしたかぎ爪型フォークは、土の表面をかき、土塊をくずして水が土中に染みていくのをうながす。

土ふるい

自家製堆肥を作るなら、熟していない大きな塊をとりのぞくのに便利だ。土中の石をとりのぞくときにも使える。

剪定ばさみ

葉を切ったり野菜を収穫したりするときに使う。バイパス型（両刃ではさみ切るタイプ）は高価だが、アンビル型（下刃が固定され上刃で押し切るタイプ）より切れ味がいい。折りたたみ式のポケットナイフも便利だ。

じょうろ

種も苗も、植えたあとは水やりが必要になる。筒部の先にハス口をつけると、まいたばかりの種や出てきた芽を流さずにすむ。

インゲンマメ
Phaseolus vulgaris

一般名：インゲンマメ、フレンチビーン、コモンビーン、スナップビーン、グリーンビーン、ハリコットビーン（乾燥マメ）

種類：一年生

生育環境：非耐寒性、霜の降りない冬

草丈：2メートル

原産地：南アメリカ

歴史：インゲンマメは、南アメリカで数千年にわたって食用として栽培されてきた。ペルーで研究している考古学者は、発見したインゲンマメの化石を紀元前5000年のものだと推定した。ヨーロッパには、16世紀、スペインとポルトガルの探検家がはじめてもちこんでいる。

栽培：インゲンマメは霜に弱いため、夏にしか栽培できない。つる性のマメなので、ピラミッド型支柱などに誘引する。元気に育てるには、十分な水分、日光、有機物が必要だ。

保存：できれば新鮮なうちに食べたほうがいいが、冷蔵庫で数日もつ。冷凍もできるが、そのさいはあらかじめブランチング（加熱処理をして冷凍耐性を作る）をする。植えたままにしてマメを熟させ、乾燥させれば、殺菌した密閉容器で数カ月もつ。

栄養素

インゲンマメはタンパク質、チアミン、リボフラビン、ナイアシン、ビタミンB_6、カルシウム、鉄、食物繊維が豊富だ。また、ビタミンA、C、Kも多くふくんでいる。

料理ノート
おすすめの魅力的な品種

インゲンマメは味に大差ないが、色が豊富なのでさまざまな料理を鮮やかに飾ってくれる。

「ボルロット・リングア・ディ・フオッコ」
　小型種。莢は平らで赤い斑点模様になっている。

「パープルティーピー」
　小型種。莢は紫で、火を通すと濃緑色に変わる。

「コブラ」
　つる性で、莢は明るい緑色。きれいな紫色の花を咲かせる。

「セルマゼブラ」
　つる性の伝統種。莢は緑色で独特なまだら模様。

「ゴールデンゲイト」
　つる性で、鮮やかな黄色い莢が印象的だ。

上：インゲンマメは食用の莢をつけながら伸びていき、その姿は菜園を引き立てる。小さな菜園に適した小型種もある。

インゲンマメ 169

調理：細くてポキポキした感触の莢を選ぼう。若い莢を収穫し、両端を落とす。硬い場合は側面のすじもとりのぞく。蒸すか、塩水で10分ほどゆでる。

インゲンマメは7000年以上栽培されてきたが、現在、かつてないほど人気が高まっている。栽培は非常に簡単だが、夏は近い親戚のベニバナインゲンのおかげで影が薄い。しかし、ベニバナインゲンをすじっぽいと感じるなら、すじの少ないインゲンマメがおすすめだ。通常、莢を食用にする。ベニバナインゲンと違って色が豊富でどれも鮮やかなのに、残念ながら別名は「グリーンビーン（緑豆）」だ。黄、紫、クリーム色、斑点模様などの品種もあるのでチェックしてほしい。色鮮やかな莢は観賞用の花にもひけをとらない。観賞用としてのみ育てる園芸家もいるほどだ。ベニバナインゲンにまさるインゲンマメの利点はほかにもある。生長が早く、品種によっては種まきから7～8週間で収穫できる。ソラマメの収穫が終わり、夏のマメがとれなくなる時期を埋めてくれる有用な野菜だ。ドワーフタイプやブッシュタイプといった小型種もあり、これらは50センチほどにしかならない。高く伸びないので、日あたりのよい中庭やバルコニーでも簡単に育てることができる。背が低い品種は周囲に陰を落とさないため、小さな菜園には最適だ。

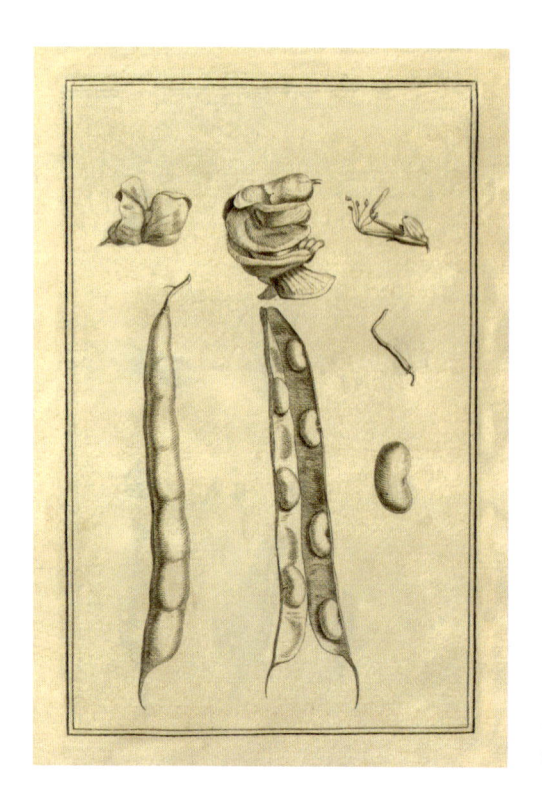

インゲンマメはキッチンでも手ばやく利用できる。新鮮な莢を庭からとってきたら、両端を切り落とし、塩水で3～4分ゆでる。冷水にさらし、火が通りすぎて軟らかくなってしまうのを防ごう。適当に切ってサラダにくわえ、ドレッシングをかける。用途は広く、レモンベースのビネグレットソースや味の濃い醤油系のドレッシングなど、なんにでも合う。炒めたトウガラシ、ニンニク、コショウと和え、アーモンドフレークをちらせば、手軽に作れて、かつ、おいしくてヘルシーな軽食になる。

ときにシロインゲンとよばれる乾燥マメ、ハリコットビーンを作るには、シーズン末まで待ち、刈りとって、ガレージのような霜の降りない場所で乾燥させる。いったん「カチカチに乾燥」させたら、殻をはぎ、密閉容器に入れて保存する。味は穏やかで、濃厚な料

左：インゲンマメは通常、かなり若いうちに収穫するが、莢のなかのマメをふくらむまで育ててから収穫し、乾燥して保存することもできる。

理を引き立てるつけあわせとして最高だ。たいていはカスレーなどじっくり煮こむ料理にくわえられるが、マメサラダ、スープ、さらにはピューレにも使われる。

インゲンマメはベニバナインゲン同様、日あたりがよく、肥沃で栄養分をたっぷりふくんだ土を好む。植えるまえ、秋にベニバナインゲンの栽培と同じように、溝を掘り（164ページ参照）、土を肥やしておこう。あるいは、春、土に堆肥をたっぷり混ぜる。春のなかばになったら、屋内のポットに種まきし、日あたりのよい窓台や温室に置いて発芽させる。春の霜が降りなくなるまで屋外には植えないこと。数日間、玄関や冷床に置いて、屋外の環境に適応させる。つる性の品種は巻きひげを誘引する支柱を立てよう（165ページ参照）。一般のインゲンマメは株間20センチ、畝間90センチ、小さめのドワーフビーンは株間8センチ、畝間45センチで定植する。

また、直まきもできる。上記の間隔をとり、穴掘り具を使って深さ4センチの穴をあけ、種をふたつ入れる。発芽したら育ちの悪いほうを抜き、丈夫なほうを残す。巻きひげはみずから支柱を見つけ、上へ上へとからみついていくが、生長初期には手をかしてやらなければならない場合もある。ひとたび巻きついたら、勢いよく上に伸びていく。支柱のてっぺんまで伸びたら先端を摘心し、エネルギーをマメ作りに集中させよう。

インゲンマメは定期的に収穫する。種まき後、7～8週間たったら摘みはじめる。乾燥マメを作りたい場合は、成熟してふくらむまで待ち、シーズン末に収穫する。

料理ノート
サヤインゲンのニンニク炒め

サヤインゲンは、収穫後すぐに調理すると最高の味を堪能できる。とれたての味は冷蔵庫に入れたら失われてしまう。薄味にしたければ、ニンニクのかわりにジャンボニンニクや炒めたタマネギを使おう。シンプルな料理だが、サヤインゲンの自然な味を引き出してくれるうえ、調理も数分しかかからない一品だ。

下ごしらえ：5分
調理：5分
できあがり：4人分（サイドメニュー）

- サヤインゲン（両端を切りとる）　700グラム
- 無塩バター　30グラム
- オリーブオイル　大さじ1
- ニンニク（みじん切り）　2片
- 塩、コショウ　適宜

鍋で塩水を沸騰させ、サヤインゲンを1分半だけゆでる。

湯ぎりして、火が通りすぎないよう冷水を入れた大きなボールにつける。熱がとれたら水気をきる。

大きな鍋にバターとオリーブオイルを入れて中火で温め、ニンニクを1～2分炒めて軽く焼き色をつける。

サヤインゲンをくわえ、塩、コショウをふり、温まるまでからめる。

エンドウ
Pisum sativum

一般名：エンドウ、ピー、マンジュトゥ、シュガースナップピー

種類：一年生

生育環境：非耐寒性、霜の降りない冬

草丈：1.2メートル

原産地：中央アジア

歴史：エンドウは栽培史上もっとも古い野菜のひとつで、紀元前7800年にはすでに育てられていたようだ。スイスにある青銅器時代の遺物には、紀元前3000年のエンドウがふくまれていた。また、ギリシア人とローマ人は、紀元前400～500年にエンドウを栽培していた。

栽培：早生種は晩秋に種まきし、そのほかは春にまく。日あたりと水はけのよい肥沃な土に、平らな溝をつけて種まきし、ハシバミやカバノキの小枝で支柱を立てる。

保存：エンドウはもっとも保存のきく野菜のひとつだ。とりたてが最高なのは否めないが、冷凍しても甘みが残る。最近ではあまりやらないが、乾燥させることもできる。

調理：つまっている莢のマメはしっかりしている。莢からマメを取り出し、傷がついているものや変色しているものをとりのぞく。冷たい流水で洗い、薄めの塩水で10～15分ゆでる。好みでミントを入れてもいい。よく

上：エンドウは料理界でもっとも人気のある野菜のひとつだ。じつは、若い巻きひげや芽もごちそうで、草の香りを堪能できる。

栄養素

エンドウは食物繊維が非常に豊富で、コレステロール値を減少させる。鉄をはじめ、各種栄養素の含有量が高い。また、免疫力を高めるビタミンCも多くふくんでいる。

水気をきり、バターをくわえる。蒸す場合は3〜5分にする。

エンドウは現存する最古の栽培野菜のひとつで、いまも同様に愛されている。庭からとってきた新鮮なエンドウは、店で買う商品にはない風味にあふれている。それだけでも、菜園に一区画設ける価値があるだろう。家庭菜園家はみな、すぐ近くの庭から急いでエンドウを摘んできて、キッチンで莢からマメを取り出し、このうえない新鮮な味を堪能する。じつは、店で買ってくるマメの味がどうしても落ちるのには理由がある。エンドウは摘みとると、すぐに糖がでんぷんに変化してしまうのだ。よって、とれたての新鮮なマメを愛する人は家で育てるしかない。

とれたてもおいしいが、エンドウは世界中で幅広い料理に使われている。スープから、伝統的なフィッシュアンドチップスのつけあわせとしてミントをそえたマッシュピーまで、さまざまだ。ヨーロッパや南北アメリカでも普及しており、とくにアジアでは、マタルパニールやアルマタル（マタルはグリーンピースの意）など、インドの伝統料理でよく使われる。

樋を利用したエンドウの種まき

種が腐るため、冷たく湿った土にはまかないこと。土の状態が悪ければ、プラスティック製の短い樋に種まきし、温室で育てる。樋の底に排水穴をあけて堆肥を入れ、株間8センチ、深さ3センチで植える。発芽するまでこまめに水やりすること。発芽したら、菜園に浅い溝を掘り、堆肥ごとスライドさせて移植し、水やりをする。

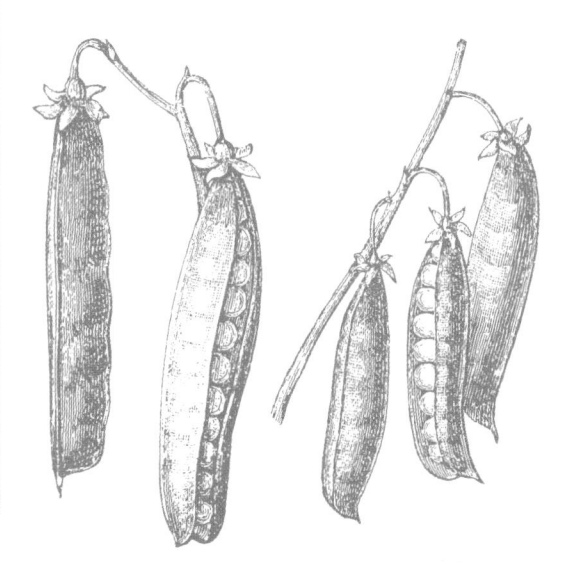

上：ほとんどのエンドウは食べるまえに莢からマメを取り出すが、マンジュトゥやスナップエンドウのように、莢ごと食べられる品種もある。

「エンドウは世界に名だたる野菜の王様だ。ヨーロッパ大陸でもイギリスでも先史時代から栽培されており、もっとも美味、かつ、栄養価の高い野菜のひとつとみなされている」

T・W・サンダーズ『家庭菜園と市民農園』（1920年ごろ）

真のごちそうが食べたいなら、シーズン初期の芽や巻きひげも味わおう。風味はホウレンソウに似ている。アジアの市場ではよく見かけるが、農園から遠い場所では手に入らない。最高の味を堪能するには、芽が開く直前に摘む。エンドウにはいろいろな品種があるが、最近の菜園からは伝統種が姿を消し、スウィートマンジュトゥやスナップエンドウなどの新種にスペースをゆずっているようだ。これらは究極のヘルシーかつ手軽な野菜で、摘みとってすぐ、シャキシャキした食感と甘みを満喫できる。フランス語のマンジュトゥ（mange tout = 全部食べられる）が示すとおり、どちらも莢ごと食べられる。

エンドウは日あたりのよい広々とした土地を好む。生垣や壁で寒さをしのげる囲み菜園で育てよう。土は種まきのまえにしっかりと掘り起こし、堆肥を十分に混ぜておく。早生種は秋に種まきする。冬越しできるが、寒い地域ではクローシュをかぶせよう。また、晩冬か初春に種まきをはじめ、初夏まで続ければ、収穫時期も延ばせる。

もっとも楽に種まきするには、鍬を使って平らな底の溝を掘る。溝は幅15センチ、深さ5センチにして、種をジグザグに千鳥まきする。土をやさしく種の上にかけ戻し、水やりをする。苗が約8センチになったら、小枝やマメ用ネットで苗を傷つけないように支柱をそえる。

早生種は生長が早く、種まきから11週間で収穫できる。晩生種は成熟するまでにもう少し時間が必要だ。硬莢種はマメがふくらんだら収穫どき。シーズン中、下から上へ順に摘みとっていこう。

マンジュトゥはマメがふくらまないうちに、莢が約7センチになったら収穫する。スナッ

料理ノート
おすすめの品種

エンドウにはいくつかのタイプがある。ときにスムースシードタイプとよばれる丸型は耐寒性にすぐれ、早まきに適している。しかし、あまり耐寒性のないしわ型より甘みが少ない。小さくて甘みのあるエンドウは、スーパーマーケットの冷凍コーナーで人気だ。プチポワとして知られ、菜園でも育てることができる。

丸型　　　「バウンティフル」、「フェルサムファースト」、「メテオ」、「パイロット」

しわ型　　「アーリーオンワード」、「リトルマーヴェル」、「ハーストグリーンシャフト」、「オンワード」

プチポワ　「ピーウィ」、「ウェイバーレックス」

マンジュトゥ　「デリカータ」、「オレゴンジャイアント」、「スノーウィンド」

スナップエンドウ　「シュガーアン」、「シュガーボン」

真のグルメはマンジュトゥの「シラーズ」が気に入るだろう。このいっぷう変わった莢は紫色で、花は2色からなる。菜園や皿の上で豪華に見えるだけでなく、色素アントシアニン（抗酸化物質）をふくみ、栄養価も高い。サラダに入れるなどして生で食べるのがベストだが、蒸しても独特な色あいはいくぶん残る。ゆでると色は落ちるが、それでも味はばつぐんだ。

プエンドウも7センチほどで収穫するが、マメが生長し、莢がふくらんでから摘みとる。

シーズン末には地ぎわで刈りとり、堆肥場にくわえる。根は窒素の宝庫なので、鍬で切りくずしながら土を耕す。

料理ノート
タリアッテレ——ミントとエンドウのペストソース

フレッシュなミントとエンドウの風味が、タリアッテレ（平打ちパスタ）の心なごむ味とあいまった完璧なコンビネーション。軽いランチや夜食にもってこいだ。

下ごしらえ：5分
調理：20分
できあがり：4人分

- 卵入りタリアッテレ　400グラム
- ニンニク（みじん切り）　2片
- 松の実　75グラム
- エンドウ（生または冷凍）　175グラム
- 新鮮なミントの葉　数枚
- パルメザンチーズ（おろす）　50グラム
- オリーブオイル　大さじ4
- 塩、コショウ　適宜

水を沸騰させて塩を入れ、パスタをアルデンテにゆで、湯をきる。

ニンニク、松の実（1/3）、エンドウ、ミント、パルメザンチーズをフードプロセッサに入れ、オリーブオイルを足しながらペストソースを作る。

パスタとペストを混ぜ、塩、コショウをふる。

パルメザンチーズをかけ、残りの松の実を飾る。

左：つつましやかなエンドウを観察してみると、じつに興味深い。花はそっくり返り、巻きひげは細くもしっかりしていて、葉は羽のようだ。どれも食べられる。

ラディッシュ
Raphanus sativus

一般名：ラディッシュ、コモンラディッシュ、ワイルドラディッシュ、ガーデンラディッシュ

種類：一年生

生育環境：非耐寒性、霜の降りない冬

草丈：15センチ

原産地：地中海沿岸地方

歴史：ラディッシュは古代中国で栽培されていた記録がある。のちに古代エジプトで広まり、ピラミッドを作る労働者たちのおもな食料となった。ヨーロッパではローマ時代以前に栽培化された。ギリシア語の属名「*Raphanus*」（ダイコン属）は「突然の出現」という意味で、発芽が早いことを示している。ラディッシュという一般名は、ラテン語で「根」を意味する。

栽培：できれば3月から4月なかばに、深さ1センチの溝に植えるが、早まきしてクローシュをかぶせてもいい。畝間は15センチにする。ウィンターラディッシュは晩夏に株間25センチで種まきする。

保存：ラディッシュは数日しかもたないので、食べごろになったら収穫してすぐ使う。ウィンターラディッシュは使うときまで植えておけるが、収穫して砂を入れた箱に埋め、涼しい場所で保存することもできる。

調理：上下の端を落として洗い、スライスするかきざんでサラダに入れる。また、飾り切りして料理にそえてもいい。

> 「ああ！ なんという驚き！ まさにごちそうだ。かわいらしいピンクのラディッシュよ。極上の味！ 3月にラディッシュを味わえるとは。なんてぜいたくなんだ！」
> エミール・ゾラ、パリ（1898年）

左：ラディッシュにはさまざまな色や形がある。昔からある鮮やかな赤もあれば、白、黄、ピンクもある。

家庭菜園初心者で、応用より基礎からはじめたい場合は、ラディッシュを育ててみよう。栽培はきわめて簡単で、生長も早く、わずか数週間で自分の栽培や料理の腕を試せる。

　マスタードのぴりっとした辛みをもち、歯ごたえのあるラディッシュは、通常、生で食べる。物足りない軟弱なサラダに、スパイシーで刺激的なアクセントを足してくれる最高の食材だ。味の強い食材とはぶつかってしまうので、マイルドなものと合わせよう。サラダでは、セロリ、インゲンマメ、シャキシャキしたレタス、リンゴ、レーズンと合う。チ

ラディッシュを「間作物」として栽培する

　ラディッシュの生長が早い点を利用して、生長に時間がかかるタマネギ、ジャガイモ、エンドウなどのすきまに種まきしよう。菜園の貴重なスペースをむだにせず有効利用できる。また、パースニップと同じ畝に植えれば目印になる。発芽の遅い冬野菜の種を植えた場所を忘れずにすむし、誤って鍬で耕したり草取りしたりすることもなくなる。

料理ノート
おすすめの品種

　色鮮やかなラディッシュはサラダを飾ってくれる。

「スパークラー」
　ピンク色で下部が白い。

「フレンチブレックファスト３」
　赤く、先端が白い。

「ピンポン」
　真っ白な根が印象的だ。

　シーズン中、定期的に種まきしよう。まいてからわずか25日で収穫できる。1週間に1度程度、こまめに種まきすれば、つねに味わえる。いちどにまくと、一気に収穫どきを迎え、とれすぎに対処しなければならない。また、植えたままにしておくと、硬くなって食べられなくなる。

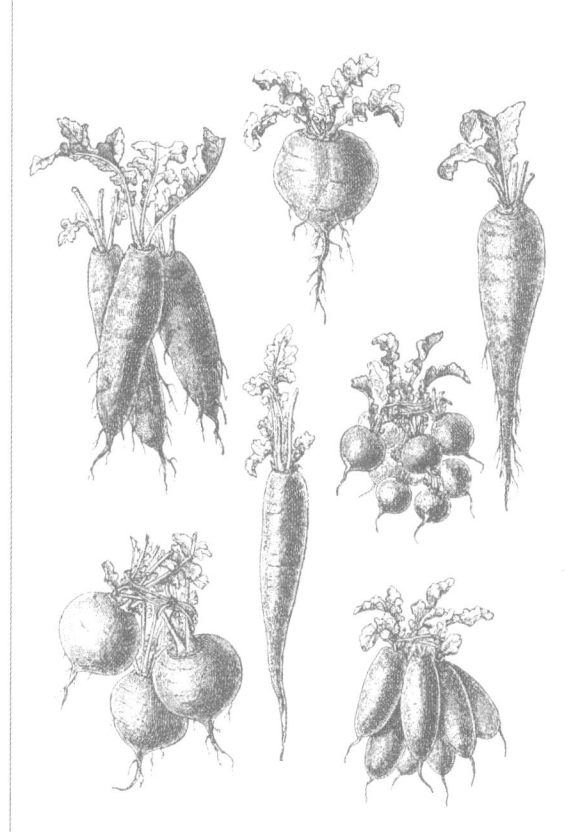

上：ラディッシュは菜園でもっとも早く生長する野菜のひとつだ。栽培もきわめて簡単で、春夏、数週間おきに浅い溝に種まきすればいい。

ラディッシュ　177

上：ラディッシュは体重管理をしている人にとって完璧な野菜だ。1食あたり5キロカロリー未満。つまり、食べるだけで、それ以上のカロリーを消費することになる。

料理ノート
ラディッシュのシンプルサラダ

辛みのあるスパイシーなサイドメニューを好む人に向くサラダだ。刺激を抑えたければ、キュウリ、トマトなどマイルドな味の野菜を収穫してきてくわえよう。アボカドでもよい。

下ごしらえ：20分
できあがり：2人分（サイドメニュー）

- ラディッシュ（薄くスライスする）　10～12個
- 塩　大さじ1
- ブラックペッパー（粗挽き）　小さじ1/4
- ライム（しぼる）　大さじ2
- オレンジ（しぼる）　大さじ1

ボールにラディッシュと塩を入れ、和えてから水をそそいで15分おく。

ブラックペッパー、ライム、オレンジの汁を混ぜる。

ラディッシュの水気をきり、果汁ドレッシングと和える。

好みで、塩、ブラックペッパー、果汁を足して味を整える。

キンや七面鳥など家禽類の料理も引き立ててくれる。エンドウのワカモレ（ディップソース）、七面鳥、スライスしたラディッシュを巻いたトルティーヤは軽いランチになる。スパイシーなラディッシュの風味が存分に味わえるはずだ。おもしろいことに、ラディッシュの辛さは気候に左右される。暑い夏には辛みが増し、天気が穏やかな場合はそれほど辛くならない。ごちそうには目がないのに体重を気にしている人にとって、ラディッシュは神からの贈りものだ。1食あたり5キロカロリーしかない。ラディッシュよりカロリーが低いのは水だけだが、このスパイシーな食材はかむことでカロリーを消費するのみならず、代謝もうながしてくれるのだ。

根菜ラディッシュはマスタードの仲間だ。小さな野菜ながら、刺激的な辛みがつまっているのがよくわかる。

皮が赤いタイプは菜園でよく栽培される品種だが、ほかの色もある。ウィンターラディッシュは耐寒性にすぐれ、秋冬も必要なときまで土中に植えておける。

ラディッシュは日あたりのよい場所で育てる。それほど肥沃でなくても浅い土壌さえあれば栽培できる。土は水はけがよく、かつ、湿度を保たなければならない。そうしないとすぐにとう立ちし、硬くなってしまう。

大根
Raphanus sativus var. *longipinnatus*

一般名：大根、ムーリ

種類：一年生

生育環境：耐寒性、平均的な冬〜厳しい冬

草丈：15センチ

原産地：アジア

歴史：大根は広く知られるサマーラディッシュに近い。ラディッシュ類は、紀元前800年に古代中国で食べられていた記録がある。のちに日本では、白くて長い大根が主要な食材となった。

栽培：日あたりのよいやせた土地で育てる。晩夏に種まきし、秋冬に収穫する。

保存：大根はサマーラディッシュよりかなり日もちする。耐寒性にすぐれているため、キッチンで必要になるまで植えたままにしておける（たいていは初冬まで）。もし土が凍りそうなら、引き抜いて砂や堆肥を入れた箱で保存する。

調理：日本では歯ごたえのある漬物にして、ライスにそえる。細く切ってサラダにしたり、生野菜のオードブルとしてディップしてもいい。蒸したり、おろしたり、炒めものにくわえたりすることもある。

左：大根はウィンターラディッシュと同様に育てる。コンテナ栽培には向かない。

　待てば海路の日和あり。大根は待つ価値のある野菜だ。栽培して味わい深い料理を作ってみたいのなら、大きなアジアの大根を育ててみよう。

　この歯ごたえのある大きくて白いラディッシュの別名「ムーリ（Mooli）」はヒンディー語だ。大根は南アジアと東アジアの各地で使われ、日本名は大根だが、中国ではさまざまな名前がついている。小さなラディッシュほど辛みはなく、とてもみずみずしい。大根の種子莢はモングレイ（mongray）とよばれ、こちらも野菜として食べられている。大根は中国では「白い朝鮮ニンジン」として知られ、その名からわかるとおり、活力源となる野菜だ。血液を浄化し、各器官を解毒し、二日酔

大根　179

いにも効く。パキスタンのいくつかの田舎町では、食材としてだけでなく、アロエベラ、アジョワン、オクラ、フェンネル、イヌホオズキ（耳の感染症治療）とともに薬として栽培される。

大根は赤いラディッシュにとても近い。赤いラディッシュは大根と比較するとかなり小さく、夏、サラダで食

左：ヘレン・ハイドの「大根と幼子（The Daikon and the Baby)」（1903年）。紀元前800年、古代中国で食べられていた大根を描いている。古代中国では、白く長い大根が主要な食料だった。

べることが多い。しかし、大根は収穫時期が異なり、菜園に初霜が降りるころからとれはじめる。グルメ園芸家にとっては、リーキ、ケール、パースニップのような強健な冬野菜とはまたちがった大根が収穫できれば、刺激的な食材として利用できるだろう。大根は従来のラディッシュよりかなり大きく、幅広い料理に使える。生でも食べられるが、調理すれば秋の煮物に風味をくわえてくれる。生のままスライスして一般のラディッシュのかわりにサラダに入れてもいい。千切りにすればレシュティ［ジャガイモなどで作るスイス料理］の具にもなる。韓国の発酵漬物キムチの重要な具でもある。インドのカレーや中華料理にもよく使われ、点心の大切な食材だ。いちばん多く栽培されている大根は白だが、ほかの色もあるので育ててみよう。

一般のサマーラディッシュ同様、大根も肥沃な土を嫌う。肥料をあたえすぎた土や堆肥を混ぜたばかりの土で育てると、葉が繁りすぎて根がゆがみ、根割れを起こす。しかし、大きい根菜なので、数センチあれば元気に育つ一般のラディッシュとはちがって、深く耕した土壌が必要だ。植えるまえに土をしっかりと掘り起こし、表面下の土塊をくずす。根がまっすぐ伸びるよう、砂を少し混ぜる。土を平らにならし、株間20センチ、畝間20センチで種まきする。種は晩夏にまく。早すぎるととう立ちして種を作ってしまう。種まきしたら、草取りを欠かさず、十分な水やりをする。

料理ノート
中華風大根のピクルス

大根は一般のラディッシュほど辛みがないが、本来もっているシャキシャキ感がピクルスに最適で、つけあわせとして出される。

下ごしらえ：5分＋浸し時間30分＋漬け時間8時間
できあがり：2人分

- 大根（ひと口大に切る）　175グラム
- 塩　小さじ3/4
- 米酢　大さじ1
- ブラックペッパー（挽く）　小さじ1/4

ボールに大根と塩を入れて混ぜ、ラップして冷蔵庫で30分ねかせる。

水気をきって洗い、塩を落とす。

キッチンペーパーでたたいて水気をとり、ボールに戻す。

米酢とブラックペッパーで和える。ラップして冷蔵庫で8時間以上ねかせる。

ルバーブ
Rheum × hybridum

一般名：ルバーブ

種類：多年生

生育環境：耐寒性、平均的な冬

草丈：1メートル

原産地：中国

歴史：ルバーブは紀元前2700年ごろ、シベリアではじめて栽培された。中国産ルバーブの乾燥させた根は、薬効が高く評価された。マルコ・ポーロがルバーブの根をヨーロッパにもちこんだのは13世紀になってからだが、イギリスでは14世紀までほとんど知られていなかった。当時、ルバーブの根はアヘンよりはるかに高価だったようだ。

栽培：ルバーブは種からも育てられるが、株分けや、ガーデンセンターで購入した苗から栽培したほうが簡単だ。栄養ある肥沃な土が欠かせない。植えた年は収穫しないこと。十分に水やりをし、毎年、根覆い（マルチング）をする。腐るので、先端が土中に埋まらないよう注意しよう。

保存：冷蔵庫で数日もつが、シーズン中、必要なときに収穫したほうがいい。火を通してから冷凍保存することもできる。

調理：通常、ルバーブは火を通し、パイ、クランブル、フール、プディング、ジャムに使われる。葉には毒性があるので食べないこと。葉を切り落とし、冷水で洗ったら、茎をさいころ状に切る。食用にするのは茎の白と赤の部分だ。緑色の部分はかなり酸っぱい。

下：促成栽培によって出てきた芽は、初春のごちそうだ。株は冬のあいだカバーで覆い、早い生長をうながす。

栄養素

ルバーブの茎はビタミン類とミネラル類が豊富で、乳成分をふくまないカルシウムを摂取できる。カルシウムは丈夫な骨や歯を作るのに重要な栄養素だ。ビタミンA、C、E、Kの含有量が高く、体の回復を助け、免疫システムを守り、組織の修復をうながしてくれる。

ルバーブの強い酸味はクランブルやカスタードの甘みと絶妙に合う。豊かな風味が春のごちそうになる。装飾的な大きな葉はどんどん広がる習性があるため、菜園では大物のひとつだ。グルメ園芸家には美しいピンク色のみずみずしい茎が人気で、冬に促成栽培される。ただ、促成栽培しなくても美味で、その酸味が、ヨーグルト、アイスクリーム、クレームフレーシュなどを使った甘くクリーミーなデザートとよく合う。茎は食べるまえにかならず火を通し、葉は毒性があるので食べないこと。

肥沃な土で育てる。大きく立派な葉をつけ、勢いよく生長するので、有機物を十分混ぜて栄養分をとどけよう。多量の水分が必要だが、株が腐りやすいため、浸水させないこと。植える位置にも気をつける。少々の日陰には耐えるので、陰になる場所を利用するといい。

多年生で数年は同じ場所に植えておくため、輪作を考慮し、翌年以降にも支障がないようにする。ルバーブは休眠中の株を秋から春のあいだに植えるのがベストだ。株間は75〜90センチにする。菜園や中庭が狭い場合は大きなコンテナでも育てられるが、最低でも幅と深さが50センチは必要だ。

収穫は、茎の根もとをつかみ、ひねって引き上げる。促成栽培していないルバーブの収穫はたいてい春からで、終わりは7月なかばごろだ。それ以降にとると、翌年に向けての回復力を多く消耗するため株が傷む。

数年たったら根分けしよう。中心が硬く密集してくるからだ。秋に土中から根を掘り出し、鋭い鋤でいくつかに切り分ける。中心は処分し、芽のついた残りをふたたび植えつける。根分けするとルバーブは元気をとりもどし、その後も元手をかけずに収穫できる。再生には１年みよう。

ルバーブの促成栽培

ごちそうになる茎は、冬のあいだ、専用のクレーポットかごみ箱を逆さにしてかぶせておく。ルバーブは遮光されると軟らかい芽を伸ばす。この方法を園芸用語では「促成栽培」という。ふつうに育てるよりも、茎の赤みと甘みが増し、味わい深くなる。伝えられるところによると、ルバーブの促成栽培法は、1817年、チェルシー薬草園で偶然発見されたらしい。たまたま、休眠中の株を土で埋めてしまい、数週間後、土をどけたら、ブランチング（軟白化）された茎が生えていて、通常栽培と比べ、より甘く、より赤く、よりおいしくなっていたという。そんなわけでルバーブの促成栽培が誕生した。しかし、暗く温かい促成栽培用の小屋でルバーブを商業生産

料理ノート
ルバーブベスト３

ルバーブの繊細な味を堪能したければ、昔からある品種がおすすめだ。

「ティンパーリーアーリー」
　促成栽培でもっとも人気のある品種。

「シャンパーニュ」
　古くからあるおなじみの品種で、促成栽培すると、長い茎がほんのりピンクに染まる。

「ヴィクトリア」
　伝統種。茎は真っ赤で太く、味は極上だ。

するようになったのは、1870年代に入ってからだ。促成栽培の技術が広まったのは、イギリスのリーズ、ウェイクフィールド、ブラッドフォードの3地区で、ヨークシャー・ルバーブ・トライアングルとして知られている。

春だけのごちそうにあらず

　最近までルバーブは春から真夏のあいだだけ楽しめるごちそうだった。しかし、「リビングストン」のような新種のおかげで、現在は秋まで収穫できる。従来の品種は、夏に休眠させ、真夏は茎の成長を抑制していたが、この新種では抑制をおこなわない。そのため、ルバーブをリンゴやブラックベリーなど秋の果物と合わせて、これまでの季節の枠を超えたぜいたくなデザートが作れるようになっている。

　いまは冬をとおして促成栽培した茎がとれるし、秋には「リビングストン」が収穫できる。もはやルバーブは春だけのごちそうではない。四季をとおして味わえる食材だ。

料理ノート
ルバーブクランブル

　ルバーブクランブルは、初春から真夏にかけての豪華なごちそうだ。ソフトフルーツ（硬い皮や大きな種のない果物）が収穫できるまえに実るルバーブは、1年の最初にとれる「デザートの具」として知られている。

下ごしらえ：20分
調理：40分
できあがり：6人分

- 小麦粉　300グラム
- 無塩バター　150グラム
- デメララシュガー（赤ざらめ糖）　150グラム
- オレンジ果汁　250ミリリットル
- グラニュー糖　60グラム
- ルバーブ（きざむ）　500グラム

　あらかじめオーブンを180℃に温めておく。

　小麦粉、無塩バター、デメララシュガーを、パンくずのようになるまでこすりあわせてクランブルを作る。

　鍋にオレンジ果汁とグラニュー糖を入れて沸騰させる。ルバーブをくわえ、火を弱めて軟らかくなるまで煮る。

　ルバーブをスプーンですくって焼き皿に敷き、残りの果汁ソース（大さじ6）をかける。

　クランブルをのせ、30〜40分焼く。

左：ルバーブは大きな葉を特徴とする生育旺盛な多年生植物で、菜園でも広い空間を必要とする。毎年、根覆い（マルチング）をして、根周辺の湿度を保つ。

シーズンの延長

　念入りに計画すれば、シーズンを長くし、ほぼ一年中、キッチンに新鮮な野菜を届けられる。定期的あるいは継続的な種まきをするほか、クローシュや温室を利用して寒い時期にも生長をうながすなど、方法はさまざまだ。

継続的な種まき

　レタス、ラディッシュ、ニンジンなどは、ほぼ一年中、定期的に種まきすればつねに収穫できる。いっぽう、キャベツのような野菜は春、夏、秋、冬にとれる品種があるため、種まきの時期によって収穫の時期も変わる。

〈例〉
ソラマメ——秋に種まきし、初春に収穫する。晩春に収穫する場合は初春にまく。

ニンジン——3月〜9月に種まきする。期間中、定期的に収穫できる。

ベニバナインゲン——長く収穫するため、5月なかばから2週間おきに3回種まきをする。

　ニンニクとタマネギは初夏の収穫に向けて秋に種まきをはじめ、以降数カ月間、初春まで種まきを続けて、長く収穫する。

上：キャベツには、春、夏、秋、冬タイプなど多くの品種がある。適切な品種を選べば、一年中、収穫できる。

上：ニンジンは初春から時期をずらして種まきすれば、収穫時期を延長することができる。

クローシュ

　クローシュとはフランス語で鐘を意味する。実際に鐘の形をしていて、個々の株をすっぽり覆い、春の霜やシーズン末の秋の寒さから保護する。現在も鐘型のクローシュは使われていて、ガラス製やプラスティック製がある。プラスティック製を使う場合は、風で飛ばされないようとめておこう。

　菜園の長い畝には、通常、トンネルクローシュを使用する。半筒形の骨組みにビニールを貼りつけ、野菜にかぶせる。いわば、小型ポリトンネルだ。波型のプラスティック段ボールでできているトンネルもある。これは強度が高く、風によるダメージも少ない。

　暑い時期には、クローシュ内の通気も重要だ。通気が悪いと植物が乾き、日光で葉が焼けてしまう。ただし、両端を解放したトンネルクローシュなら問題はない。クローシュを利用した栽培は、屋外に直まきした場合に比べて多くの水分が必要になる。プラスティックやガラスのカバーの下で生長する植物の水やりは、すべて園芸家にかかっている。また、種まきのまえにクローシュを土にかぶせておくのも役に立つ。土を温め、早い発芽をうながしてくれるからだ。

まにあわせクローシュ

　ペットボトルを半分に切ったリサイクルのお手製ミニクローシュは、市民農園で人気だ。ズッキーニやカボチャなどが発芽したあと、傷つきやすい苗を保護してくれる。

冷床

　おもに木製かレンガ製の箱が使われ、斜めのガラス屋根がついている。たいてい、屋根は蝶番でとりつけられており、苗を出し入れするさい開閉できる。水やりも暑い日の換気も簡単だ。一般に、冷床は屋内で育てた苗を強くするために使用する。屋外にいきなり植え替えず、数日間、寒さに慣らすのだ。冷床の屋根を少しずつあけ、2週間かけておこなう場合もある。また、冷床は栽培シーズンを延長するため、クローシュがわりに使うこともできる。

上：木製の箱に、斜めのガラス製屋根をつけた冷床。屋内で発芽させた野菜を屋外の環境に慣らすのに最適だ。

温室

　早く種まきができる温室は、どんな菜園でも役立つ。屋外に直まきできる暖かい時期まで待つ必要がなく、いいスタートがきれる。さらに、ナス、トウガラシ、温室トマトなど、非耐寒性の野菜も栽培できる。温室は晴れた日にいきなり温度が上がる場合もあるため、多くの換気口を設けること。夏の熱射をさえぎるため、日よけネットを利用するのもいい。

スコルツォネラ
Scorzonera hispanica

一般名：スコルツォネラ、ブラックサルシファイ、スパニッシュサルシファイ、ヴァイパーズグラス

種類：二年生

生育環境：耐寒性、極寒の冬

草丈：35センチ

原産地：地中海沿岸地方

歴史：スコルツォネラは16世紀にはじめてイタリアとフランスで栽培された。スコルツォネラという名前は、イタリア語で「皮」を意味する「scorza」と、「黒」を意味する「nera」に由来する。また、イタリア語の「scorzone」は毒ヘビをさす。スコルツォネラの根は、長年、毒ヘビにかまれたときの解毒剤として利用されている。1660年にはイタリアとフランスで野菜として育てられるようになっていた。

栽培：地中海沿岸原産のこの植物は非常に耐寒性があるが、栽培には日あたりと水はけのよい土が必要となる。種まきは春におこない、秋冬に収穫する。また、晩夏にまけば、年を越して収穫することもできる。浅い溝に種まきし、畝間は30センチとする。発芽したら株間15センチになるよう間引きする。

保存：使うまで根を地中に埋めたままにしておく。いったん掘り起こしたら、冷蔵庫に入れておけば数週間もつ。

調理：スコルツォネラはたいてい焼くかゆで

下：現在、この古代からある根菜スコルツォネラは、家庭菜園ではめったに見かけない。しかし、栽培は簡単で、花も目をひき、さまざまなメニューに応用できる。

て、グラタンやスープに用いる。皮をむかず、ざっくりと大きめにカットして調理してもいい。火を通せば、表面の黒い皮はするりと簡単にむける。触ると色がつくため、手袋をはめよう。

スコルツォネラとサルシファイは、どちらもキク科（Asteraceae）の根菜で栽培条件が非常に似ているため、いっしょに育てられることが多い。現在、スーパーマーケットやレストランで見かけることはごくまれだが、いま、調理や園芸を楽しむグルメファンのあいだでちょっとしたルネサンスが起こっており、注目されている。スコルツォネラは根の表面が黒いので、「ブラックサルシファイ」とよばれることもある。黒い表皮をむくと、なかは真っ白い。二年生なので、翌年のシーズンまで植えたままにしておけば、花が咲き、次の年に使う種がとれる。とくに注意する害虫や病気もなく、とても育てやすい。ただし、乾燥する時期は水やりに注意し、水分を奪われないよう定期的に草

左：スコルツォネラの束はなかなかお目にかかれない。根はとてももろいので、まとめて束ねておけばダメージが防げる。

取りをすること。秋に収穫するが、耐寒性が強いため、冬のあいだ植えたままにしておいて翌シーズンに引き抜くこともできる。1株につきひとつ、30センチほどの細長い根が育つ。パースニップ同様、初霜が降りたあとでうまみと甘みが増すといわれている。この根はもろいため、フォークで掘り起こすときは折らないよう気をつけよう。根のほか、肉厚の蕾も蒸して食べられる。花弁はサラダにそえる。

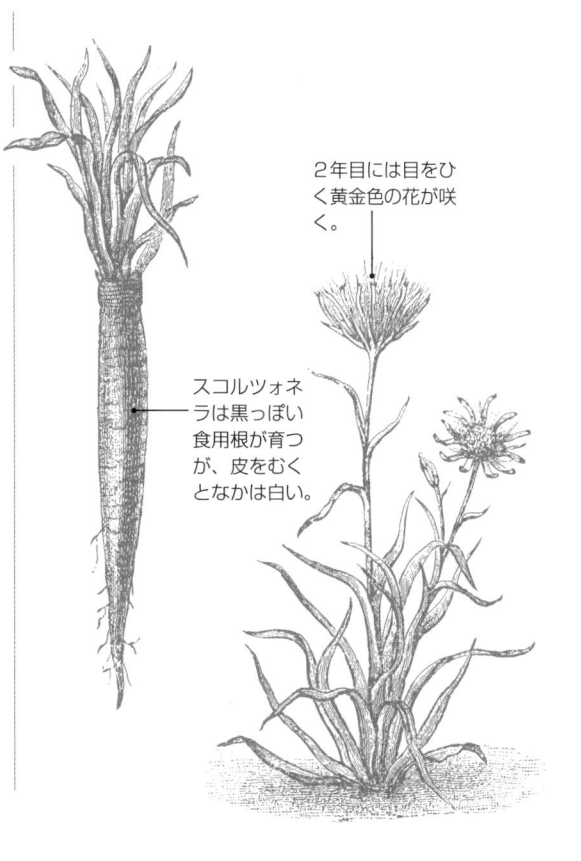

2年目には目をひく黄金色の花が咲く。

スコルツォネラは黒っぽい食用根が育つが、皮をむくとなかは白い。

栄養素

スコルツォネラはカロリーが非常に低く、鉄、カリウム、チアミン（ビタミンB_1）、リンを豊富にふくむ。また、ビタミンC、葉酸、銅、マグネシウムも摂取できる。

トマト
Solanum lycopersicum

一般名：トマト、ラブアップル、ポムダムール

種類：一年生

生育環境：非耐寒性、温度高めの温室

草丈：1.8メートル

原産地：ペルー、エクアドル

歴史：トマトをはじめて栽培して食べたのは、インカ族とアステカ族だ。当時のトマトは、ペルーのアンデス山脈高原地帯に生えていた初期の野生種だった。16世紀、スペインの探検家たちがトマトをヨーロッパにもちこんだが、イギリスで栽培されるようになったのは1590年代になってからだ。1597年に出版されたジョン・ジェラードの著書『本草書（Herbal）』には、トマトには毒性があると書かれている。この誤解のせいで、イギリスではトマトの栽培が長いあいだ避けられていたが、18世紀なかばには全土に広まっていた。

栽培：トマトは温室でも屋外でも栽培できる。種まきは初春におこなう。霜が降りなくなる晩春か初夏までは、屋外に植えないこと。栽培用バッグに植えることもできる。夏は毎日水やりし、実がなりはじめたらトマト用液体肥料を週1回あたえる。

下：トマトはサイズも色もさまざまだ。まるごと食べられる小さなチェリートマトから、スライスして生でも調理しても食べられる大きなビフテキトマトまでと、幅広い。

保存：トマトは冷蔵庫で1週間ほどもつが、果物と同じで室温で保存するか、とりたてで食べたほうが本来の味を堪能できる。冷凍すると水っぽくなってしまう。オーブンで乾燥させて、オリーブオイルを入れた瓶に漬け、食器棚などの冷暗所に保存すれば数カ月もつ。もちろん、トマトソースやチャツネにしてもいいし、スープを作って冷凍してもいい。

調理：生で食べるときは、スライスするか縦に4つ切りする。火を通す場合は、皮をむいたほうがいい。皮は沸騰した湯に30秒間つけてから冷水に入れると簡単にむける。

陽を浴びて熟れた新鮮で温かいトマトを、つるからもぎとってかぶりつく。これこそ、地中海沿岸地方の暮らしとアウトドアの食事を象徴した縮図だろう。トマトにはおすすめの品種がたくさんある。とても大きくてずんぐりしたビフテキトマト「フレーム」や、夏の甘みが口のなかではじける小さくて黄色い「サンゴールド」など、幅広い。もし、店で買う野菜と自分の庭でとって食べる野菜に味の違いがあることを実証するとしたら、最適なのはまちがいなくトマトだ（正確にいうとトマトは果物だが）。トマトは多くの料理に用いられている。生のままサラダに入れたり、煮つめたり、ピューレにしたり、ソースにしたり等々、調理法は数知れない。ラザニア、ボロネーゼ、ピザのトッピングなど人気のイタリア料理から、フィッシュアンドチップスの店でくれる付属のトマトケチャップまで、あらゆるところで見かける。インド、タイ、メキシコをはじめ、世界中の料理に味をつけているのだ。トマトの缶詰がほしければ、トマトスープや、マメをトマトで煮こんだベークドビーンズなら世界中どこでも手に入る。このふたつは、もっとも多く生産されている野菜の保存食だろう。

　トマトはキッチンだけでなく菜園でも人気があり、ほんの小さな空間があれば栽培できる。栽培用バッグやコンテナで育てることも可能だ。「タンブリングトムレッド」などの

愛のトマト

　もしディナーに招いたお客さまとロマンスを奏でたいなら、メニューはトマトを主役にしよう。フランス語でトマトは「ポムダムール（愛のリンゴ）」という。媚薬の効果があると信じられていたからだ。トマトのほか、胸騒ぎ以上の効果が得られそうな具材は、アーティチョーク、レタス、ジャガイモ、カブだ。どうやら、これらの野菜は「男性の種を増やして性欲を刺激する」（トマス・エリオット卿、1539年）らしい

栄養素

　トマトはナトリウムが少なく、飽和脂肪とコレステロールも非常に少ない。また、ビタミンA、C、E、食物繊維が豊富だ。抗酸化物質リコピンが多量にふくまれ、心血管系疾患にかかるリスクを減少させるというデータもある。

　中サイズのトマト1個で、ビタミンCは1日あたりの推奨摂取量1/3以上、ビタミンAはほぼ1/3をとることができる。

下：園芸家はトマトを野菜だというが、植物学者は果物だという。なぜなら、トマトは種がみずみずしい果肉のなかに入っているからだ。

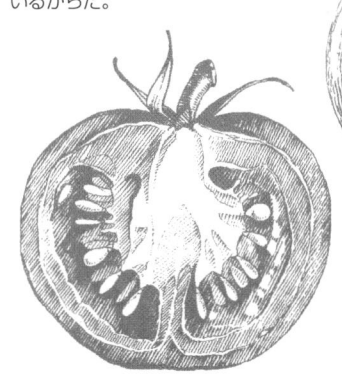

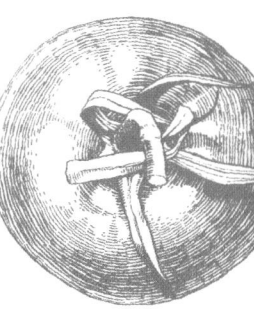

トマト　189

這性タイプは、ハンギングバスケットでの栽培に適している。菜園では鮮やかな赤、黄、緑の実をつけ、その華麗さは花にひけをとらない。運よく温室がある場合は、いろいろな品種を栽培できるだけでなく、収穫時期も夏の前後数週間は延長できる。

水と肥料を欠かさず、寒さをやわらげれば、屋外でも栽培できる。生

上：トマトは花をつけたら、定期的に、すくなくとも月1回、肥料をあたえよう。エネルギーを実に集めるため、腋芽は摘みとること。

垣や壁のある、日あたりのよい囲み菜園で育てよう。直まきするなら、土に十分な堆肥を混ぜておく。栽培用バッグで育てるなら、ひとつのバッグにつき2株までにする。

トマトは通常、主幹を支柱で支え、単茎で栽培する。ただし、背の低いブッシュタイプには支柱が必要ない。屋外で育てる場合は、3月か4月上旬から種まきをはじめる。温室の場合は4月にまく。屋内で小さなポットに種まきし、日あたりのよい窓台か発芽育苗器で育てる。20センチになったら温室に移す。屋外に植えるときは春の霜が降りなくなるまで待つ。生長期は主幹をワイヤーや支柱にしっかり結びつけておく。支柱のてっぺんまで伸びたら、その先は摘心しよう。

定期的に水やりをする。不定期だと実割れしてしまう。トマト用の肥料を週1回あたえよう。育てればすぐ気づくが、トマトは各節

料理ノート
トマトソース

このトマトソースは数週間から数カ月もち、肉料理やパスタによく合う。

下ごしらえ：5分
調理：20分
できあがり：4人分（パスタ用）

- トマト（皮をむいて細かく切る）　400グラム
- ミックスハーブ（きざむ）　大さじ1
- トマトピューレ　大さじ1
- 砂糖　小さじ1/2
- 辛口の白ワインまたは野菜スープ　150ミリリットル
- 塩、コショウ　適宜
- ニンニク（きざむ）　大きめ1片

鍋にすべての材料を入れる。

いったん沸騰させてから、ふたをしないで弱火で15〜20分煮つめ、味を整える。

から腋芽をたくさん出す。単茎にするため、出てきたらすぐ摘みとること。ただし、ブッシュタイプはその必要がない。水やりは夕方か朝おこなう。そうしないと水がすぐ蒸発するため、水のかかった葉が枯れてしまうからだ。

　実が熟したら、すぐ収穫する。通常は赤くなるが、ほかの色の品種もある。ふれて軟らかみがあり、熟れたと感じたら、かるくひねってつるから摘みとる。シーズン末には緑色のトマトを収穫して室内に置き、日のあたる場所で完熟させる。バナナの皮のそばに置いておくと早く熟す。もし赤くならなかったら、グリーントマトのチャツネを作ろう。

　トマトのおそろしい疫病に注意すること。感染すると葉や茎が黄色や茶色になり、株全体が急速に枯れていく。防ぐ方法はほとんどないが、耐性のある新種を選べば感染の可能性は低くなる。症状に気づいたらすぐに引き抜くこと。そうすれば、周囲の植物に影響をおよぼさずにすむ。

「トマトのない世界なんて、ヴァイオリンのない四重奏のようなものよ」
　　　　　ローリー・コルウィン『ホームクッキング
　　　　　（Home Cooking）』（1988年）

「トムテト」（ジャガトマ）

　もし菜園が狭く、トマトとジャガイモのどちらを植えようか悩んでいるなら、トムテトを試してみよう。

　「トムテト」とよばれる野菜は、地上ではトマト、地下ではジャガイモができる。トマトとジャガイモが同じ株からとれるのだ！

　トムテトは遺伝子組み換えではなく、たんにトマトとジャガイモを接ぎ木しただけだ。もともと、どちらもナス科（*Solanaceae*）に属する近い品種だったため実現した。シーズンは1回りで、夏の終わり、トマトの時期が終わるころ、土中からジャガイモが収穫できる。

右：トマトには試せる品種がたくさんあるので、どれにしようか迷うはずだ。専門の種子カタログで調べたり、夏の試食会に参加したりして、最適な品種を探そう。

スキレット
Sium sisarum

一般名：スキレット、ソイケルワルテル（オランダ）、クラムモック（スコットランド）、ツッカーヴルツェル（ドイツ）

種類：多年生

生育環境：耐寒性、極寒の冬

草丈：1メートル

原産地：アジア

歴史：スキレット（skirret）という名前は、中期英語の「skirwhite（純白）」に由来する。おそらく大もとはスコットランド語で「明るい」、「澄んだ」、「白」を意味する「skire」だと思われる。スキレットは中世に食されており、ワインやハチミツで味つけしていたが、やがてジャガイモが広く普及するようになると姿を消し、18世紀末にはスキレットで料理することはほとんどなくなった。

　大プリニウスによれば、スキレットはローマ皇帝ティベリウスの好物だったようだ。ティベリウスは毎年、ドイツに相当量のスキレットを要求していた。寒いドイツでも、スキレットは豊富に収穫できたのだ。

栽培：スキレットは多年草だ。秋から冬、肥沃な土に株間40センチで植える。植えた年は根を収穫しないこと。もともと小川や岸辺で育つ植物で、夏はかなりの水やりが必要になる。葉が枯れる秋冬に収穫する。

保存：ニンジンと同様に扱う。しばらくは冷蔵庫で保存できるが、屋外に穴を掘り（「ニンジン室(むろ)」という）、そのなかに入れて砂かわらをかけておいてもいい。また、箱やトレイに入れて、わずかに湿気のある砂をかぶせ、ガレージ、倉庫、地下貯蔵庫で保存することもできる。

左：スキレットは育てやすい多年生の根菜で、ニンジンやパセリと同じセリ科に属する。ニンジンの代用として幅広い料理に使える。

調理：ごしごしこすり、適当に切って使う。

左：スキレットはニンジンに近い多年生植物で、地下に食用となる根をたくさんつける。育てて料理してみよう。

　根菜スキレットはいっとき流行したが下火となり、この200年は園芸家や調理人の食卓からも姿を消している。しかし、栽培はしごく簡単で、さらに、羽飾りのような美しい白い花をつけて菜園を飾ってくれる。ニンジンやパースニップなどの根菜類のさえない葉とは比べものにならないくらいきれいだ。また、受粉に大切なミツバチ、チョウ、クサカゲロウなど有益な昆虫もよびよせてくれる。根はパースニップとジャガイモを合わせたような味だが、とにかく甘い。事実、「スキレット」という名はオランダ語で「甘い根」を意味する「Suikerwortel」にも由来する。

　スキレットは中型の多年草で、ニンジンやパセリと同じセリ科（*Apiaceae*）に属し、甘く香ばしい白く細い根を伸ばす。通常、ニンジンより細長く、生でかじる。実際、スキレットはどんなレシピでもニンジンのかわりになるので、皮をむいてスライスや千切りでサラダにくわえてもいい。ゆでる、ローストする、クリーム状にする、ゆでてつぶすなど、いろいろな調理法がある。スキレットで「キャロット」ケーキも作れるし、パースニップ、カボチャ、サツマイモ、ジャガイモといった秋の野菜のかわりにもなる。ほかの根菜同様、油で揚げればチップスもできる。サツマイモなどの硬い根菜で作った歯ごたえあるチップスよりかなり軽めになるが、こちらも美味だ。

　スキレットは日光を好むが、ときどき日が射せば育つ。かつて水辺に植える植物として人気のあったもので、湿気には強く、根が自由に伸びる軽い土を好む。生育をよくするため、植え穴に有機物をくわえよう。種からでも育てられるが、予測がつかないうえ時間もかかる。専門家や園芸店から苗を買えばすぐに植えられる。重たい土の場合は、植え穴に堆肥のほか砂をくわえるとしっかり根づく。

根分け

　この類の野菜を増やしたければ、根分けをおこなえば簡単に繁殖させることができる。晩秋から初春に根を切り分け、別の場所に植える。残りはもとの場所に植えもどせば、また生長する。

　植え替えた年は収穫しないこと。そうすれば、根はふくらみ、しっかりとその場に根づく。翌年の秋冬に葉が枯れたら、掘り起こして根の一部をナイフで切りとり、生で食べたり調理したりする。すべて使わず、翌春用にとっておこう。残した根をもとの場所に植えもどし、土と堆肥で覆えば再生する。

ナス
Solanum melongena

一般名：ナス、オバジーン、エッグプラント、ブリンジャル、メロンジーン

種類：一年生

生育環境：非耐寒性、温度高めの温室

草丈：75センチ

原産地：ナスの正確な原産地についてはいまだ討論されている。インドだとする歴史家もいれば、5世紀に中国で栽培されていたとする説もある。

歴史：ナスがはじめて栽培されたのは、2000年以上まえの東南アジアだ。中国では、紀元前500年には王たちが好んで食すようになっていた。ムーア人がナス（Aubergine）をスペインにもちこみ、スペイン東部のカタルーニャ語で「アルベルジニア（Alberginia）」と名づけた。ナスはたちまちヨーロッパ中に広まり、16世紀のスペイン人は、ナスが強力な催淫剤「愛のリンゴ」であると信じていた。

栽培：ナスが生長するには暖かな環境が欠かせない。できれば、温室か冷床で育てよう。ただし、生垣や壁で寒さをしのげる日あたりのよい囲み菜園なら、屋外でも生長する。栽

下：ナスは巷でいわれるより簡単に栽培できる。温暖な囲み菜園がなければ、温室か冷床で育てよう。

培用バッグの場合は、種をふたつずつまき、夏は十分に水やりをする。春に種まきするなら品種もいろいろと選べるが、ガーデンセンターで苗が手に入る。

保存：ナスは長もちしないため、収穫から数日以内に食べる。水分がかなり多いため、冷凍には向かない。

調理：調理のまえに茎と端を落として、半分に切るかスライスする。ざるに入れて塩をふり、30〜45分おく。

上：魅力的な葉と花は、同じナス科の野菜のものととてもよく似ている。とくに、ジャガイモや毒性の強いベラドンナとそっくりだ。

ナスは奇妙な形をした白や紫の果物のようだ。ぱっと見は、食欲をそそり味覚に訴えかける食材とは思えないかもしれない。はじめてイギリスにもちこまれたときは、懐疑の目で見られていた。当時は、毒性のあるナス科（ジャガイモやトマトもそうだ）の仲間だというだけでなく、痔や癩病(らい)を誘発するとして恐れられていたらしい。ナスは現在も軽視され敬遠されているが、理由が違う。菜園で育てにくく、調理も手間がかかると思われているからだ。しかし、実際のところ、トマトと同じように育てやすい。キッチンではちょっとした想像力があれば、定番のおいしいムサカほか、ぜいたくな料理やシンプルな料理に広く応用できる。ラタトゥーユの具にもなるし、ナスだけでも立派なサイドメニューになる。食感がとても豊かで、ローストしたりピューレにしたりする。ニンニクやタマネギとよく合う。薄くスライスして揚げれば、ナスチップスの完成だ。チーズやタマネギを入れたつめものも作ってみよう。半分に切ってトマトのボロネーゼソース、ヤギのチーズかモ

料理ノート
おすすめの品種

栽培できるナスの品種は多岐にわたる。ここでは、グルメ園芸家にとって最高、かつ興味深い品種を紹介しよう。色と味を堪能してほしい。

「ピンタンロング」
ラベンダー色の長い実で、味は濃厚。

「ロッサビアンコ」
白とバラ色が混じった実で、クリーミーな味と食感が見事だ。

「ボニカ」
外皮はつややかな紫色で、風味豊か。

「ガリン」
観賞用にもなる品種で、実は小さめだが、とにかく美味。

ナス 195

ツァレラチーズをかけ、ハーブをふってオーブンで焼いてもいい。

ナスはアジア、おそらくインドが原産で、菜園では温暖な環境と高い湿度が必要になる。紫色の茎と軟らかいベルベットのような葉が、菜園に魅惑的な美をそえてくれる。また、ジャガイモの花に似た青味がかった花をつけるが、惹きつけられるのはその実だ。一般的な品種は濃い紫か白だが、ピンク、縞模様、黄、オレンジ、緑もある。形は従来の「卵形」のほか、30センチにもおよぶ細長い実や丸い実もある。狭い中庭やバルコニーなら、コンテナで小型のナスを育ててみよう。「ミニバンビーノ」はめずらしい品種で、高さは30センチ、実はわずか2.5センチしかない。

ナスは生垣や壁で寒さをしのげる暖かな囲み菜園で育てる。温室栽培が理想だが、温暖な地域なら、屋外の日あたりのよい場所でも栽培できる。春に屋内でポットかセル型トレイに種まきする。まくまえに、一晩、種を水に浸すと早い発芽をうながせる。暖かい窓台に置くか、加温した発芽育苗器に入れる。発芽には21〜25℃の暖かい環境が適している。発芽したら、良質の堆肥を入れた栽培用バッ

左：ナスはよく「エッグプラント（卵形の野菜）」ともよばれる。品種によって卵形の実をつけるからだ。一般に外皮は濃い紫か白だが、縞模様、黄のほか、ピンクまである。

グかコンテナに植え替える。屋外に移す場合は、そのまえに冷床や玄関に２週間ほどおいて慣らすこと。

苗が約40センチになったら、その先は摘心して枝や葉を繁らせると多くの実をつける。実も５〜６個ついたら、それ以上は摘みとる。夏は毎日水やりし、実をつけはじめたら10日おきにトマト用液体肥料をあたえる。とくに大きな実がふくれはじめたら、枝やひもで支柱をそえよう。

ナスは温室や冷床で栽培すれば、真夏から収穫できる。屋外の場合は、おそらく晩夏か初秋まで熟さない。実は皮の光沢がなくなるまえに収穫する。剪定ばさみを使い、茎を少しつけて切りとる。

「イタリアなどの暑い国では、果実が完熟し、本来の風味をそなえる。彼らはわれわれイギリス人より期待に胸ふくらませ、その味を堪能する。イギリスのキュウリとは違うのだ」

ジョン・パーキンソン、17世紀イギリスの造園家

ジャガイモ
Solanum tuberosum

一般名：ジャガイモ、ポテト、スパッド、テイター、タティ

種類：一年生

生育環境：非耐寒性、霜の降りない冬

草丈：75センチ

下：ジャガイモは土中でとれる食用の塊茎だ。収量を上げ、かつ緑色に変色させないためには、茎もとに土寄せをして育てる。

原産地：中央アメリカ

歴史：ジャガイモは紀元前5000年ごろにはアンデスで栽培されていたと考えられている。16世紀、スペイン人探検家が栽培化されたジャガイモをヨーロッパにもち帰ったが、広く普及したのは18世紀後半になってからだった。

栽培：春、塊茎を土表面下に植える。芽が出たら、周囲に「土寄せ」をする。土寄せをすると、塊茎を霜から守り、土表面付近で塊茎が緑色に変色するのを防ぎ、収穫量も増える。生垣や壁で寒さをしのげる日あたりのよい囲み菜園で、肥沃な土に植えよう。

保存：新ジャガイモはその独特な風味をのがさないよう、収穫したらすぐ食べるが、紙袋に入れて階下の食器棚など暗い場所に置けば保存もきく。冷蔵庫や日のあたる場所には置かないこと。緑色に変色し、毒性が出てしまう。晩生種のジャガイモも暗い場所で適切に保存すれば何カ月ももつ。

調理：ブラシで洗って泥を落とす。新ジャガや、大きなジャガイモでも焼いて食べる場合は、たいてい皮つきのまま料理する。晩生種のジャガイモをゆでたり、マッシュポテトにしたり、揚げたりする場合は、通常、皮をむく。ローストポテトは皮をむくことが多いが、皮つきのままローストしたほうがパリパリ感や風味が増すという人もいる。

フライドポテトやポテトチップスから、クリーミーなマッシュポテトやポテトグラタンまで、この用途の広い地下の塊茎は、だれにでもなにかしら好みの料理があるだろう。多くの人にとって昔からの主食であり、栽培法もさまざまだ。イギリスの伝統料理サンデーローストにカリカリのローストポテトがそえられていないなど想像できないし、ファストフード店にサイドメニューの定番、フライドポテトがないなんてこともありえない。チップス、ワッフル、アイリッシュポテトブレッドなど、だれにでも好きなジャガイモ料理があるはずだ。品種によって味わいこそ違うが、風味豊かでとてもマイルドなので、味の濃い食材ととても相性がいい。だからこそ、多くの料理のつけあわせとしてナンバー1に選ばれるのだ。また、好みの具をそえた皮つきベイクドポテトが大人気なのもうなずける。アイルランドではそんなジャガイモに頼りきった結果、18世紀に壊滅的ダメージをこうむり、多くの人が飢えに苦しんだ。ジャガイモが収穫できなくなったのが一因だった。1841〜1845年、ジャガイモ疫病が大流行したのだ。

食用の根菜として人気があるが、ベラドンナと同じナス科で、地下になる塊茎以外は実際に毒性がある。しかし、塊茎自体はとてもヘルシーでビタミンCやB群をふくみ、鉄、カルシウム、カリウムも豊富だ。皮には食物繊維が多いため、栄養価は皮つきで調理したほうが高い。

ジャガイモは植えつけと収穫の時期で3グループに分かれる。早生種、中生種、晩生種だ。早生種は晩冬、中生種は初春、晩生種は春のなかごろに植える。菜園のスペースが狭ければ、早生種の栽培にしぼろう。早生種は3種のなかでいちばん味がよく、栽培に使う

発芽させるべきか、やめるべきか

従来、園芸家たちはジャガイモを早く生長させるため、「発芽」を促進してきた。植えつけの4〜5週間まえに種イモを明るく霜の降りない場所に置いて、2センチほど「新芽」を出させる。しかし、ごく最近になって、この方法では発芽のスピードアップはできず、土を保温して日光を多くあてることこそ収穫を早める鍵だとする説も出てきた。

栄養素

ジャガイモ自体は脂肪をふくまない。食物繊維や、ビタミンC、B_6などのビタミンとミネラルが摂取できる。ビタミンB_6は健康な赤血球を産生し、神経系を正常に機能させ、倦怠感や疲労を軽減してくれる。調理法にかかわらず、ジャガイモからはビタミンB_6がとれる。

土地も少なくてすみ、店で買うと高い。塊茎を植えるときは、深さ15センチの溝を掘り、底に完熟の有機物を十分に入れ、新芽を上に向ける（芽については198ページの囲みを参照のこと）。早生種のジャガイモは株間30センチ、畝間50センチで植える。中生種と晩生種は株間40センチ、畝間75センチにする。土と堆肥を混ぜ、芽を傷つけないよう、やさしく塊茎にかぶせる。土表面から芽が出てきたら、鍬やレーキを使って畝高15〜20センチに土寄せする。

気候や品種にもよるが、通常、早生種は植えつけから約12週間で最初のジャガイモが

下：ジャガイモのほとんどが美しい花序をつける。早生種は、開花期が終わったらすぐ収穫できる。

料理ノート
最高のローストポテト

最高のローストポテトは、黄金色の皮がパリパリでなかはほくほく。「デザレー」など皮が赤いジャガイモはローストポテトにもってこいだが、「シャルロット」などのような粉吹きタイプもおいしい。

下ごしらえ：20分
調理：50分〜1時間
できあがり：6人分（サイドメニュー）

- ジャガイモ　1キロ
- グースファット（ガチョウ油）かラード（またはヒマワリ油、ピーナツオイル）　300グラム
- 塩、コショウ　適宜

あらかじめオーブンを240℃に温めておく。

ジャガイモの皮をむき、卵くらいの大きさに切る。

大きな鍋に入れてひたひたになるくらいの水を足し、塩をくわえる。

沸騰させてから5〜8分ほど火にかけて固ゆでし、湯をきる。

焼いたときにぱりっとするよう、角がとれるまでころがし、冷ます。

ロースト用のトレイにグースファットを引いてオーブンに入れ、数分かけて十分に熱する。

やけどに気をつけながら、ジャガイモをトレイにのせる。塩、コショウをふったら、ひっくり返してオイルをまんべんなくいきわたらせる。

ときどき返しながら、皮がパリパリ、なかがほくほくになるまで、45〜60分ほど焼く。

ジャガイモ　199

パルマンティエポテト

フランスでは、かつて、ジャガイモはあらゆる病気を誘発するものとして嫌われていた。そのため、1748年、フランス政府が栽培を禁じたほどだ。食材に適していると認められたのは、1772年だった。薬剤師アントワーヌ・パルマンティエ（1713-1813）は、栽培が簡単なこの塊茎は国民に役立つ食料になると確信し、王家から栽培許可を得るため、マリー・アントワネットにジャガイモの花で作ったブーケを贈った。現在、彼に敬意を表した「アッシェ・パルマンティエ」というジャガイモ料理がある。

「ジャガイモのない世界なんて考えられるだろうか？ まさに、住人のいない世の中みたいなものだ」

サミュエル・コール『イギリスの新しき農夫 (The New England Farmer)』(1852年)

収穫できる。掘り出すタイミングは花が咲きおわったときだが、少し土を掘って大きさをチェックしてもいい。さらに長く土中に残すことも可能だ。晩生種のジャガイモは、開花期がすぎたらいつでも収穫できる。通常、収穫までは最低でも20週間かかる。冬のあいだ保存するつもりなら、葉が枯れるまで土中に残しておく。もしジャガイモ疫病にかかり、茎が黒ずんできたら、葉を刈ってすべて掘り出す。疫病は湿気の多い夏に多い。もし毎年悩むようなら、中生種に変えよう。中生種なら感染するまえに収穫できる。

品種選び

文字どおり、ジャガイモには数百の品種がある。ゆでるのに適した品種もあれば、焼いたりローストしたりしたほうがおいしい品種もある。作りたい料理に合う品種を育てよう。「キングエドワード」、「マリスパイパー」は、昔からベイクドポテトやローストポテトに最適な品種とされている。「レッドデュークオブヨーク」は用途の広い品種で、早く収穫して新ジャガの味も堪能できるし、成熟させて赤い皮となめらかな白い果肉の皮つきベイクドポテ

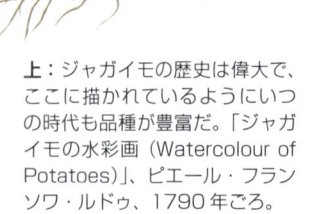

上：ジャガイモの歴史は偉大で、ここに描かれているようにいつの時代も品種が豊富だ。「ジャガイモの水彩画 (Watercolour of Potatoes)」、ピエール・フランソワ・ルドゥ、1790年ごろ。

上：収穫どきには種イモがしぼみ、多くの新しいジャガイモをつけていることがわかる。フォークで掘り起こすときは、傷つけやすいので注意しよう。

トを楽しむこともできる。当然ながら、「ゴールデンワンダー」はチップスを作るのに最高だ［「ゴールデンワンダー」はイギリスの有名なポテトチップスの商品名と製造会社名。ジャガイモの品種名からとった］。水気が少なく、粉っぽいが、ゆでるとほくほくになる。「サラダ」向きのジャガイモも多い。皮に光沢があり、ポテトサラダにするとばつぐんだ。もし疫病に悩まされているなら、「サポミラ」のような耐性種を試してみよう。

料理ノート
おすすめのジャガイモ

もし従来の薄黄色の丸いジャガイモにあきていたら、別の色や形の品種もたくさんある。これらを使った料理は、食卓を鮮やかに飾ってくれるだろう。

「サラダブルー」
　試してほしい青いジャガイモはいくつもある。なかでもサラダブルーがとくにすぐれているのは、ローストしたりゆでたりしてもその青さが失われず、見事な青紫色のマッシュポテトができるからだ。

「ピンクファーアップル」
　一見、変わったジャガイモで、でこぼこしていてピンクがかっている。晩生種でちょうどクリスマスに食べごろとなるので、ローストした七面鳥のつけあわせにできる。ナッツのような香りがして美味だ。極上のチップスもできる。

「ハイランドバーガンディレッド」
　赤いジャガイモで、蒸してもローストしても赤い色が残る。甘みがあっておいしい。真っ赤なマッシュポテトが出てきたら、あまりのめずらしさに食卓の会話が盛りあがることまちがいなしだ。

ホウレンソウ
Spinacia oleracea

一般名：ホウレンソウ、スピナッチ、コモンスピナッチ

種類：一年生

生育環境：非耐寒性、霜の降りない冬

草丈：25センチ

原産地：古代ペルシア

歴史：英名「spinach」がついたのは、14世紀後半だ。フランス語で「原産地不明」を意味する「espinache」に由来する。ホウレンソウの原産地は古代ペルシアだと考えられており、イギリスとフランスにはじめて登場したのは14世紀だ。スペイン経由で人気の野菜となった。第1次世界大戦中、出血して衰弱していたフランス兵に、ホウレンソウのしぼり汁で栄養を強化したワインがあたえられた。

栽培：春、日あたりのよい肥沃な土に浅い溝をつけて種まきする。とう立ちしないよう、土の湿気を保つ。秋冬に収穫するには、晩夏にも種まきする。冬越しさせるホウレンソウは、葉の軟らかさを失わないよう、シートやプラスティック製クローシュで保護する。

右：ホウレンソウは初春に種まきするが、生長初期、土に十分な湿度がないととう立ちしやすく、すぐ種を作ってしまう。

保存：ホウレンソウは日もちしないので食べる日に収穫しよう。ただし、冷凍保存もできる。

調理：汚れや害虫をよく洗い落とす。5〜10分蒸すのがいちばんおいしい。

上：ホウレンソウは広く栽培されている葉物野菜だ。若い葉は、生のままサラダにして食べることも多い。熟した葉は、ゆでるか、蒸すか、炒めものにくわえる。

　子どもたちに恐れられ、されどポパイに愛されているホウレンソウは、芽キャベツ同様、よく嫌われている。食卓で目のまえに出されたら、泣けてくるかもしれない。しかし、ホウレンソウは栽培が簡単で、ビタミンや抗酸化物質が豊富にとれるヘルシーな野菜であるだけでなく、上手に育てて上手に調理すれば、見事なごちそうになる。ホウレンソウを使った料理は数知れない。クリームチーズとシャキシャキのピーマンやぴりっとしたトウガラシをホウレンソウで巻くルーラード［巻いたもの、ロールケーキ類］もおいしいし、ホウレンソウとヤギのチーズを使ったマフィンは香ばしい極上の一品だ。

　ほっぺが落ちそうなインドのダール（マメ）スープにも、ホウレンソウはヨーグルトとともにくわえられる。ナンにつけて味わう。また、ホウレンソウはポーチドエッグを使ったフィレンツェ風朝食にも登場する。ホウレンソウとリコッタチーズのカネロニは、ホウレンソウの真の味を知りたい人にぜひ試してもらいたい。ホウレンソウの葉は若ければ生

栄養素

　ホウレンソウはオメガ3脂肪酸を多く摂取できるだけでなく、カリウム、マンガン、マグネシウム、銅、亜鉛などのミネラルを豊富にふくんでいる。カリウムは心拍数や血圧の調整を助ける。また、ホウレンソウはビタミンA、C、Kも多くふくんでいる。

　とれたてのホウレンソウ100グラムで、1日あたりのビタミンC推奨摂取量の47パーセントが摂取できる。ビタミンCには強い抗酸化作用があり、病原菌に対する抵抗力を高めてくれる。

「I'm Popeye the sailor man, I'm Popeye the sailor man. I'm strong to the finish because I eats me spinach. I'm Popeye the sailor man!」

（ポパイ・ザ・セイラーマン、ポパイ・ザ・セイラーマン、おいらはとことん戦える。だってホウレンソウを食べてるからね。ポパイ・ザ・セイラーマン！）

サミー・ラーナー（作詞作曲）「ポパイ・ザ・セイラーマン」（1933年）

のまま切ってサラダに入れる。だが、火を通すと本領を発揮する。スプレッドにしたり、焼いたり、ほかの具材といっしょに炒めたりすると、食感がさまざまに変化する。

ホウレンソウは生垣や壁で寒さをしのげる日あたりのよい囲み菜園で、水はけのよい土に植える。湿度を保つため、十分な有機物が必要だ。乾燥してもとう立ちしにくくなる。種は浅い溝に畝間30センチでばらまきする。数週間ごと、短い畝にこまめに種まきすれば、シーズンをとおして収穫できる。発芽したら株間15センチに間引きするが、間引き菜は堆肥場にくわえず、サラダ、サンドイッチ、トルティーヤなどの具にしよう。

種まきは初春から初夏までできるが、真夏はとう立ちするので避けること。晩夏にふたたび種まきすれば、冬のあいだずっと収穫できる。秋の霜が降りはじめたらクローシュを

料理ノート
ホウレンソウとベーコンのサラダ

ホウレンソウのヘルシーで新鮮な軟らかい若葉と、カリカリベーコンを混ぜたシンプルなサラダだ。

下ごしらえ：5分
調理：5分
できあがり：2人分（サイドメニュー）

- ホウレンソウ（洗う）　110グラム
- ベーコン（きざむ）　170グラム
- クルトン　50グラム
- リンゴ酢　大さじ1

ボールにホウレンソウを入れる。

フライパンでベーコンをカリカリになるまで炒め、ホウレンソウと和える。

フライパンにリンゴ酢を入れ、ベーコンの油とよく混ぜてからホウレンソウにかける。

さっと混ぜあわせ、クルトンをのせてすぐに食べる。

右：ホウレンソウは育てやすいが、日あたりのよい肥沃な土が必要だ。定期的に種まきすれば、続けて収穫できる。ただし、とう立ちするので夏の種まきはひかえること。

かぶせる。クローシュを使えば、ホウレンソウを守るだけでなく、寒い冬でもうまみの増した軟らかい葉が収穫できる。

サラダにするなら、若く軟らかい葉を摘もう。生長が早いので、種まきから8週間後には収穫できる。いちどに全部とらず、定期的に収穫する。完熟させると、花を咲かせ、種をつける。

べと病に気をつけよう。べと病は暖かく湿気が多い環境で発症し、葉にカビが生える。葉の周囲に空気が循環するよう、株間を十分にとればたいていは避けられる。最近は耐性種も出ている。

鳥にも注意すること。鳥はホウレンソウの苗をあっというまにダメにする。苗はケージで育てるか、目の細かいネットやべたがけを利用し、根づいてからはずそう。

多くの品種があるが、「アトランタ」は非常に耐寒性が強く、冬の栽培に理想的だ。「モノパ」も秋夏に適しており、とう立ちしにくいので育てやすい。味は濃厚で、香りが強い。「パルコ」はべと病に強く、とう立ちもしにくい。「フィオラノ」はコンテナ栽培向きで、魅力的な濃緑色の丸い葉をつける。べと病には非常に強く、とう立ちに耐性があるため、夏の種まきも可能だ。「ブルームスデールロングスタンディング」は伝統種で、濃緑色のちぢれた軟らかな葉を繁らせる。

ホウレンソウの代用

ホウレンソウは厳しい暑さに弱いため、ストレスを感じるととう立ちしやすく、すぐ花を咲かせて種をつける。とう立ちを避けるには水やりを怠らないこと。もしなかなか解決しない場合は、かわりになる葉物野菜もある。スイスチャード（48ページ参照）は味が似

上：耐寒性のある一年生のヤマホウレンソウ（*Atriplex hortensis*）は、サラダにくわえるとおいしい。赤や緑の葉と紫色の穂状花序をつけ、観賞用の花壇でもきわだつ。

ている。また、乾燥に強いツルナ（*Tetragonia tetragonoides*）やヤマホウレンソウ（*Atriplex hortensis*）も試してみよう。栽培は簡単だ。ヤマホウレンソウの鮮やかな赤い葉は料理の皿を美しく飾ってくれる。

野菜の保存

とれすぎや不作。園芸家に共通の悩みだが、注意深く計画すれば、収穫のとぼしい時期を、シーズンのピークにとれた野菜で補うことができる。

収穫期、野菜が過剰にとれるのは嬉しい悲鳴だが、すべてを堆肥場にくわえてしまう必要はない。ひとつ、明らかな解決法としては、友人や家族が栽培していて、かつ、自分では育てていない野菜と交換すればいい。また、あとで料理に使えるよう保存しておく方法もたくさんある。

冷凍

冷凍できる野菜は多いため、こんにち、大型冷凍庫は園芸家の必需品となっている。ほとんどの野菜は新鮮なうちに食べたほうがおいしいが、なかにはエンドウのように、冷凍すると実際に甘くなるものもある。冷凍の過程で細胞が破壊され、風味が増すからだ。また、野菜をそのまま冷凍するほか、調理して冷凍しておけばおいしいインスタント食品になる。プラスチック製の箱やビニール袋などの容器に入れて冷凍し、中身がすぐわかるようにラベルを貼っておこう。

瓶づめ

ほとんどの野菜は、チャツネやピクルスなどの瓶づめにして保存することができる（囲み記事参照）。菜園で収穫した多くの野菜を活用できるピカリリーなど、簡単かつぜいたくなレシピもたくさんある。タマネギやビーツは、良質の酢を入れた瓶で漬ければおいしいし、何年も保存がきく。

左：トウモロコシをはじめ、ほとんどの野菜は新鮮なうちに食べるのが最高だが、トウモロコシの場合、軸からはずした実は手軽に冷凍できる。

「玉ねぎは、梱包用のひもで束ねて、涼しくて風通しのよい場所に吊るして保存する。農家では昔から玉ねぎを軒下に吊るして保存してきた」

ジョン・シーモア『完全版 自給自足の本』（1975年）［宇土巻子・藤門弘訳、文化出版局］

乾燥

　乾燥は伝統的な方法で、トウガラシやハーブに最適だ。室内の風通しがよい場所につるしておくだけでいい。完全に乾燥させ、料理で必要になったら使おう。

　タマネギやニンニクもまずは乾燥させる。ひとつずつ結んで、ネズミなどの被害にあわない場所で数カ月干してから使う。また、ストッキングに入れてガレージや倉庫につるしておいてもいい。

冷暗所または土中での保存

　ほとんどの野菜は、地下貯蔵室などの冷暗所に置いておいたほうが長もちする。ジャガイモは、紙袋に入れて日のあたらない食器棚に置いておけば比較的日もちする。

　野菜によっては、冬のあいだ、使うまで土中に埋めておくものある。ニンジンをこの方法で保存するため、この保存場所は「ニンジン室(むろ)」とよばれる。土に穴を掘り、中央にニンジンを入れ、土をかぶせる。必要になったら掘り出せばいい。パースニップやサルシファイなどほかの根菜も、この方法で保存できる。

下：ウィンタースカッシュ、バターナッツ、パンプキンは、果皮を数日間日光にあてて乾燥させれば数カ月もつ。

瓶の殺菌

- まず瓶とふたを洗剤で洗い、温水でしっかりすすぐ。

- オーブンを140℃に温め、ラックを入れ、その上に瓶を逆さまに置いて30分乾かす。

- オーブン用ミトンをつけて瓶を取り出す。

- 熱いうちに中身を入れ、ふたをする。

チョロギ
Stachys affinis

一般名：チョロギ、チャイニーズアーティーチョーク、クローヌ、ジャパニーズアーティーチョーク

種類：多年生

生育環境：耐寒性、平均的な冬

草丈：40センチ

原産地：中国

歴史：チョロギ（英名チャイニーズアーティーチョーク）は中国と日本に自生し、栽培されている。ジャパニーズアーティーチョークという別名もある。ヨーロッパではクローヌとよばれるが、言い伝えによると、クローヌとは1822年にチョロギがもちこまれたフランスの町の名前らしい。

栽培：初春、日あたりと水はけのよい肥沃な土に、株間25センチで塊茎を植える。乾期には水やりを欠かさず、10月に収穫する。塊茎を一部土中に残し、翌年に再生させる。

保存：土中に植えておき、必要なときに収穫する。

調理：チョロギの塊茎は皮をむく必要がない。こすって汚れを落としてから、生で食べるか調理する。

　チョロギの塊茎はスーパーマーケットや園芸店などではまず手に入らない。栽培が簡単で、かつ、美食家の最高のごちそうになることを考えると残念だ。生でサラダに入れればカリカリ感を楽しめる。アジアの料理には炒めものに入っているが、ゆでたり蒸したりしてもいい。また、ナッツのような歯ごたえは、

右：アジアで普及し、栽培が簡単なチョロギだが、近所の店で入手することはかなりむずかしい。生でサラダに入れることもできるし、炒めものに入れたり、ゆでたり、蒸したりして食べてもいい。

きざんでガーリックバターで炒めると堪能できる。高級レストランや東洋風レストランでときどき見かけるが、おいしいチョロギを手に入れたいなら、自分で育てるのがいちばんだ。見た目で敬遠してはいけないが、その外見をたとえるなら、アボリジニが食べているオーストラリアンウィチェッティグラブといったところだろうか。白くてしわしわ、体長8センチもある蛾の幼虫だ！

料理ノート
味がどこか洋ナシに似ているヤーコンの根
(*Smallanthus sonchifolius*)

ほかの根菜、ヤーコンも試してみよう。ヤーコンは南アメリカ原産の大きな多年生植物で、ヒマワリと同じキク科で小さな黄色い花をつける。栽培は簡単で、ほとんど手間がかからない。秋、掘り起こして塊根を収穫する。発芽した塊根の一部を切りとって植えもどせば、翌年も収穫できる。

ヤーコンはカリカリした食感があり、生のまま皮をむいてサラダにするか炒めものにくわえると、本来の甘みを堪能できる。シログワイ（マータイ）の代用としても重宝する。こぶ状になった塊根の先端を切りとって植えもどすことができるので、追加で購入する必要もない。

ヤーコンはとてもみずみずしい。実際、ヤーコンとは古代インカ語で「水の根」を意味する。圧搾すれば甘いジュースがしぼれる。煮つめればメープルシロップに似た甘いシロップができる。ナッツをかけてすぐ食べよう。

秋冬に、深さ8センチ、株間25センチで植える。塊茎は垂直に埋め、畝間45センチにする。葉が黒ずんで枯れはじめる10月から収穫できる。キクイモ同様、冬をとおして収穫できる。いったん根づいたら自力で再生するので、毎年、収穫後に塊茎の一部を土中に残す。毎春、完熟堆肥で土を覆い、湿気を保つ。乾期には水やりをすること。

オカ（*Oxalis tuberosa*）

ボリビアやペルーでは、根菜オカ（アンデスカタバミ）は主食のひとつだ。色は豊富で、赤や黄色など、とにかく鮮やかだ。レモン汁に漬けたジャガイモのような味がする。

栽培に時間をかけられるなら、育てるのは簡単だ。調理はジャガイモ同様、ゆでたり、焼いたり、揚げたりする。秋に塊茎がなりはじめ、初冬に収穫する。葉も食用となり、おいしい。

サルシファイ
Tragopogon porrifolius

一般名：サルシファイ、ゴーツビアード、ベジタブルオイスター

種類：二年生

生育環境：耐寒性、厳しい冬

草丈：35センチ

原産地：南ヨーロッパ、地中海沿岸地方

歴史：サルシファイがはじめて栽培されたのは、おそらく16世紀のイタリアだが、家庭菜園での歴史は明らかになっていない。ヨーロッパでは16世紀後半から17世紀に広く普及し、スコルツォネラ（ブラックサルシファイ）（186ページ参照）とともに菜園で栽培されるようになった。

右：サルシファイは16世紀後半にはヨーロッパで人気の根菜だったが、いまはあまり知られていない。独特な風味があり、ときに牡蠣にたとえられる。

栽培：春、浅い溝に畝間30センチで植える。発芽したら株間15センチになるよう間引きする。サルシファイは日あたりと水はけのよい土を好む。

保存：サルシファイは非常に耐寒性が強く、使うときまで冬のあいだも植えたままにしておける。冷蔵庫に入れれば2週間もつが、皮をむかないこと。

調理：ブラシで皮をこすり、ひげ根や黒ずんだ部分を落とす。上下を切り落とし、ニンジンと同じように切るか、そのまま使う。すぐ軟らかくなってしまうので、火を通しすぎないこと。蒸してスライスし、スープやシチューに入れる。また、つぶしてマッシュポテトのようにしてもいい。サルシファイはローストビーフにとてもよく合う。

栄養素

サルシファイはカロリーが非常に低く、鉄、カリウム、チアミン（ビタミンB_1）、リンなどの栄養素を豊富に摂取できる。ビタミンC、葉酸、銅、マグネシウムも多くふくんでいるため、とりわけヘルシーな野菜だ。

サルシファイはスコルツォネラと同じキク科で、キッチンだけでなく菜園でも人気が復活している。これまで長いこと、調理人や園芸家がニンジンやパースニップを好んで使ってきたため、サルシファイは見すごされていた。しかし、このちょっと変わった野菜は、再起するにふさわしい風味をもち、育てる価値は十分にある。

味は牡蠣に似ている。そのため、別名のひとつに「ベジタブルオイスター（野菜牡蠣）」がある。つまり、いろいろな肉料理やシーフード料理に合うのだ。ハーブやスパイスをくわえてピューレにすればおいしいスープができるし、全粒粉のロールパンにそえれば、満足できるヘルシーなランチになる。

サルシファイは二年生なので、植えた翌年に花をつける。しかし、たいていは一年生として育て、初年のシーズン末に根を収穫する。種まきは晩冬から春のなかばにおこない、秋に根を引き抜く。冬のあいだ土中に残すこともでき、もし根が十分大きくなっていなければ、そのまま植えておいて翌年まで生長させてもよい。生長期は乾期に根の周囲に水やりをし、草取りをする。必要になったら収穫する。土から引き抜くときは、折らないよう気をつけよう。

その他の根菜

ハンブルクパセリも、普及してはいないが、菜園で育てる価値のある野菜だ。耐寒性があり、パースニップに似た味の根をつける。一方、葉は形も味もパセリに似ている。一石二鳥の野菜だ。

菜園では装飾効果もある。マイナス10℃でも青々している美しい葉は、小道の縁どりやほかの野菜のあいだに植えるのに便利だ。初春に浅い溝に種まきし、晩夏に収穫する。

グルメの菜園や農園の売り場で、束ねたサルシファイを見かける。

サルシファイは2年目に魅力的な花をつける。

サルシファイは直根を食用とする。

上：こんにち知る人の少ないサルシファイは、もともとは二年生だが、通常、一年生として栽培される。初年のシーズン末においしい根を収穫するからだ。

「サルシファイは質が高い根菜だ。一般に、サルシファイの育てかたで園芸家の腕が試される」
サットンアンドサンズ『野菜と花の栽培 (The culture of Vegetables and Flowers)』(1913年)

ソラマメ
Vicia faba

一般名：ソラマメ、ブロードビーン、ファバビーン、ファヴァビーン、ホースビーン、ウィンザービーン

種類：一年生

生育環境：半耐寒性〜耐寒性、穏やかな冬〜厳しい冬

草丈：45センチ

原産地：中東

歴史：ソラマメはもっとも古くから栽培されていたマメのひとつで、その歴史は青銅器時代にさかのぼる。鉄器時代にはヨーロッパに広まっていた。

栽培：耐寒性のある秋の品種は、翌年早めに収穫できるよう11月に種まきする。または、晩冬か初春にまく。背が高くなる品種は倒れないよう支柱で支えよう。乾期には欠かさず水やりし、莢がふくらんだら収穫する。

保存：ソラマメは莢をはずして新鮮なうちに食べるのがいちばんだが、冷凍もできる。また、乾燥させてから、殺菌した密閉容器で保存することもできる。

調理：若くて軟らかいうちはそのまま料理に使えるが、通常は皮をむく。完熟すると外皮が灰色になり、硬くなる。湯通しすると外皮がむきやすい。火を通せば、マメはつまむだ

栄養素

ソラマメはイソフラボンや植物ステロールなどの植物性栄養素が豊富だ。ほかのインゲンマメやレンズマメ同様、タンパク質と炭水化物を主成分とする。また、健康によい抗酸化物質、ビタミン類、ミネラル類の含有量も多い。さらに、鉄、銅、マンガン、カルシウム、マグネシウムなどのミネラルも摂取できる。カリウムも多く、心臓の働きを助け、血圧を下げてくれる。

左：ソラマメは莢のなかでふくらみ、かなり若いうちはマンジュトゥ（エンドウの一種）のように莢も食べられるが、通常は莢をむいて、ゆでるか蒸す。

けでつるんと出てくる。塩水で15〜20分ゆでる。

　最古のマメでありマメの原形だといわれるソラマメは、旬の時期だけ感謝して堪能する伝統ある野菜のひとつだろう。「アクアドルチェ」、「アクアドルチェクラウディア」など、耐寒性のある品種を選ぼう。ソラマメは、野菜の自給をめざす場合、晩冬から新しいシーズンがはじまるまでのすきまを埋めてくれる貴重な野菜だ。通常、莢をはずして蒸したりゆでたりして食べる。シンプルに、フライドオニオン、ニンニク、摘みたてのミントをそえると最高だ。また、スープ、炒めもの、キャセロール、シチューにくわえてもいい。若くて軟らかいうちに収穫した莢は、両端を落としていくつかに切り、蒸して食べる。これこそごちそうだ。また、薄緑色のピューレにしてディジョンマスタードと和えれば、ハム、豚肉、ベーコンと相性がいいつけあわせにな

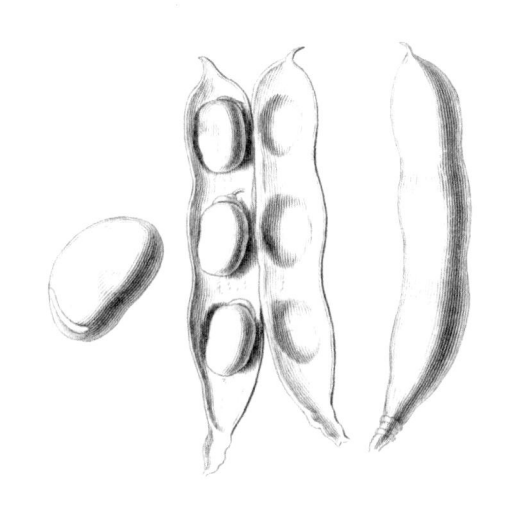

料理ノート
おすすめのソラマメ

　おすすめの品種はたくさんあるが、味もよく栽培がとりわけ簡単なものを紹介する。

「アクアドルチェクラウディア」
　家庭菜園で昔から好まれている品種。秋の種まきが向いていて、白いマメの入った大きな莢が早めに収穫できる。

「メデス」
　背が高く場所をとらない品種で、莢のなかに5〜6個の白いマメができる。味は申し分ない。

「ザ・サットン」
　人気のある小型種で、白く軟らかいマメが5個入った莢をたくさんつける。冷凍にも適している。

「クリムゾンフラワード」
　好奇心があるなら、このソラマメを試してみよう。深紅の花を咲かせたあと、風味豊かな小さいマメがたっぷりつまった小ぶりの莢をつける。

る。また、フライドガーリック、オリーブ、トウガラシと和え、ちぎったフェタチーズをちらし、クロスティーニ（小さなトースト）にのせて味わってみよう。

左：ソラマメは、栽培種としては最古となるマメのひとつだ。秋に種まきすれば、シーズン初期に収穫できる。

春、早めに収穫したければ、秋に直まきすればすぐ発芽する。寒い地域では冬のあいだクローシュが必要だ。また、晩冬か初春に種まきすれば、シーズン後期に収穫できる。春から初夏にかけて定期的に収穫したい場合は、月に1回、種まきをする。有機物をたっぷりあたえた、水はけのよい肥沃な土で育てる。

種まきは、深さ5センチ、株間30センチ、畝間45センチにする。2条まきにするなら、条間25センチ、畝間60センチとする。定期的に草取りをおこない、苗にいく栄養を奪われないようにする。2条で植えれば、たがいに支えあうため支柱は必要ないが、1条で植える背の高い品種はひもや棒で支柱をそえる。花が咲きはじめたら、定期的に水やりをする。

最初の莢が顔をのぞかせたら、その先の芽は摘心しよう。生長よりもマメの形成にエネルギーをそそがせるためだ。また、摘心すれば、弱点のひとつをカバーできる。ソラマメ

上：ソラマメの栽培はとても簡単だが、日あたりのよい肥沃な土が必要だ。毎年、春につける花は、胸おどる景色を提供してくれる。シーズン最初の収穫物が順調に育っている証だからだ。

の天敵マメアブラムシは先端のもっとも軟らかい芽を狙うからだ。グルメ園芸家は、ソラマメの若芽も収穫して炒めものにくわえる。アブラムシにやられたまま放っておくと、数年のうちに問題が生じかねない。

莢はふくらみはじめたら収穫する。下のほうから順に摘んでいこう。小さなマメのほうがはるかに軟らかく甘いので、長いあいだ放っておかないこと。また、莢を若いうちに摘んで、そのまま蒸して食べることも忘れずに。

料理ノート
皿にそえる色

一般にソラマメは緑か白（実際にはかすかに緑がかった白）で、冷凍保存用には緑のマメが向いている。ちょっと工夫をこらした食卓にしたければ、赤褐色の品種を試してみよう。「レッドエピキュア」はゆでるより蒸したほうが赤い色が残る。

トウモロコシ
Zea mays

一般名：トウモロコシ、スウィートコーン、コーンオンザコブ

種類：一年生

生育環境：非耐寒性、霜の降りない冬

草丈：1.5メートル以上

原産地：南北アメリカ

歴史：トウモロコシには長い歴史があり、8000年以上まえに栽培化されたと考えられている。紀元前2000〜1500年ごろ、マヤ部族の主食だったことが記録に残っている。ヨーロッパには、16世紀、スペイン人によってもたらされた。

栽培：5月中旬から下旬、屋内で種まきし、霜が降りなくなったら屋外に移植する。風媒受粉するため、1列に長く植えるのは避け、碁盤目状に植える。生垣や壁で寒さをしのげる日あたりのよい囲み菜園と、肥沃な土が必要だ。

保存：とりたてが最高で、冷蔵庫でも数日しかもたない。鋭いナイフで穂軸から実をそいで袋に入れれば、冷凍保存できる。

調理：外皮と光沢のあるひげ、および茎をとる。実を穂軸からそぐ場合は、穂軸を立て、上から下にナイフを入れる。または、沸騰させた真水にそのまま入れて5〜10分ゆでる

栄養素

トウモロコシはグルテンをふくまない。飽和脂肪も少なめで、コレステロールはかなり少ない。とくに栄養価が高いわけではないが、葉酸（ビタミンBの一種）をふくむ。タンパク質は意外にも豊富で、腸の健康に欠かせない食物繊維も摂取できる。

と、穂軸から実をはずしやすくなる。

　もぎたてのトウモロコシは店では入手しにくいうえ、シーズンもあっというまにすぎてしまう。買うとたいていは高価で、おまけに味も香りもそこなわれている。店で買うトウモロコシの味が落ちているのには理由がある。収穫すると実にふくまれている糖がでんぷんに変わり、すぐ甘みが失われてしまうからだ。自分の手で育てれば、たっぷり収穫できるうえ、新鮮なトウモロコシならではの風味や甘みも堪能できる。もっともシンプルな調理法は、軽く蒸してバターをのせ、ブラックペッパーをふるだけだ。もちろん、サラダや炒めものにも使える。黄色いトウモロコシが一般的だが、風変わりな色も栽培できる。なかには色とりどりのトウモロコシもある。どれも、スープ、フリッター、チャウダー、また、ポレンタとして知られる濃厚な粥に使う。このポレンタはニョッキにすることもできる。

　菜園でトウモロコシを栽培するには広い土地が必要だが、あの甘い粒は努力して育てる価値がある。トウモロコシは背の高い花序と光沢のある細長い葉をつけ、美しい風景にもなる。甘みを増すには、日光をたっぷり浴び

料理ノート
いろいろな色のトウモロコシを育ててみよう

　試してほしい変わった色のトウモロコシはたくさんある。菜園や食卓で話の種になるはずだ。

「ホピブルー」
　アリゾナ州に住むネイティブアメリカンのホピ族が栽培化したトウモロコシ。甘く、独特な味がする。似た品種には「ブルージェイド」、「レッドストロベリー」がある。

「ブラッディブッチャー」
　外皮はワインレッドで、血のように赤い実がなる。若いうちはトウモロコシと同じように食べられる。熟してから挽くと、赤いコーンフラワーができる。

左：スーパーマーケットでよく見るのは黄色いトウモロコシだが、食用や装飾用など品種は数多く、赤、青、色とりどりのものもある。

させること。水はけのよい肥沃な土を好むので、植えつけのまえに堆肥を十分に混ぜておこう。

トウモロコシはインゲンマメやベニバナインゲン同様、春のなかばから終わりに種まきする。屋内で、堆肥を入れた9センチポットに種を入れ、日あたりのよい窓台や温室で発芽させる。霜が降りなくなったら、まず冷床か玄関に置いて寒さに慣らし、その後、屋外に移植する。風媒受粉をするため、碁盤目状に植える。そうすれば、高い位置にある雄しべの花粉が風で飛ばされ、低い位置にある雌しべが受粉する。したがって、1列に植えないこと。受粉しづらく、実ができなくなる。高さが1メートルを超えたら根もとに土寄せしよう。乾期には水やりを忘れず、土表面下の根を傷つけないよう、こまめに草取りする。

ひげの先が茶色くなる夏の終わりまで収穫できる。このころには粒に爪を立てると、ミルキーな汁がしたたる。収穫するときは、ひねって引こう。

三姉妹農法

スカッシュ、インゲンマメ、トウモロコシを同じ区画に植えて育てる、伝統的な空間節約術がある。この方法は北アメリカのイロコイ族がはじめたもので、彼らはこの3種を離れられない姉妹だと考えていた。

三姉妹農法では、この3種をいっしょに植えて土地を有効利用する。スカッシュが地を這い、その大きな葉が雑草を防ぐ。インゲンマメはつるをトウモロコシの茎に巻きつけて上へ上へと生長し、トウモロコシが倒れないよう補強する。さらに、インゲンマメの根は大気から窒素をとりいれ、トウモロコシの生長を支えるのだ。

左：収穫していいかどうか確認するには、外皮をむいてみよう。親指の爪を粒に立てて、ミルク状の汁が垂れれば収穫どきだ。

背の高いトウモロコシの茎は、インゲンマメの支柱になる。根もとに植えたインゲンマメがつるを巻きつけ、上へ上へと伸びていく。

インゲンマメはトウモロコシの茎に支えられ、生長する。

スカッシュは地面に葉を広げ、雑草を抑制する。

トウモロコシ　217

害虫と病気

　丹精こめて築いた菜園が害虫や病気にやられているのを見たら、胸がしめつけられることだろう。菜園から完全に問題をなくすことはできないが、減らすための予防策はいくつもある。

栽培の秘訣

　健康な植物は生長力に勢いがあるため、不健康な植物よりも害虫や病気に屈しにくい。

- 病気をもつ植物を菜園にもちこまないこと。ガーデンセンターで購入するにせよ、友人から分けてもらうにせよ、慎重にチェックしよう。害虫や病気は、いちど入りこんだら根絶するのは至難の業だ。
- 病気にかかった植物は、見つけたらすぐに処分すること。放っておけばおくほど蔓延する。

耐性種を選ぶ

　特定の害虫や病気への耐性をそなえている品種もある。たとえば、ジャガイモの「サポミラ」は疫病に強く、ニンジンの「フライアウェイ」はニンジンハネオレバエの被害にあいにくい。パースニップの「アルビオン」や「パレス」は癌腫病に強い。慎重に品種を選べば、多くの問題を解決することができる。

- 雑草をはびこらせないこと。水分や栄養素を横取りして、野菜を弱らせる。その結果、ますます野菜は害虫や病気にやられやすくなる。
- 通気性を保つこと。換気しないと菌類は一気に蔓延する。野菜を窒息させる雑草をとりのぞこう。
- 十分に水やりし、肥料をあたえること。ただし、水のやりすぎには気をつける。葉をぬれたまま放置すると、べと病などの菌に感染してしまう。
- 輪作（154ページ参照）をおこない、土壌の問題を減らすこと。

左：ジャガイモの疫病は、菜園家にとって大きな悩みの種だ。疫病はたちまちのうちに野菜を壊滅させる。蔓延を防ぐには、感染した葉を見つけたらすぐに切りとり、処分すること。

ウサギ対策

残念ながら、ウサギは人間同様、野菜のごちそうが大好きだ。よって、ウサギから作物を保護しなければならない。金網を最低でも深さ15センチまで刺しこみ、菜園の周囲にめぐらせておこう。そうすればウサギが穴を掘って入ってくるのを防げる。

ナメクジとカタツムリ対策

ナメクジとカタツムリは園芸家にとって最大の敵だ。さまざまな対策があるが、とくに若くもろい苗やみずみずしい新芽が出る時期に効果のある方法を紹介しよう。ナメクジ駆除剤をひかえめに使用すれば最大の効果が得られるが、以下の方法も試してみてほしい。

- わなをしかける。

中身をくりぬいて果汁を残したオレンジやグレープフルーツの皮、または、ビールを半分ほど入れたボールを、縁が地面と同じ高さになるように埋めておく。ナメクジやカタツムリがよってきて、溺死する。

- バリアを張る。

ナメクジやカタツムリは砂や石のようなざらざらした場所を這うのが嫌いだ。砂や石を野菜の周囲にまいておけば被害を防げる。

- 線虫を利用する。

線虫を水といっしょにじょうろに入れ、侵された区画にまく。線虫がナメクジやカタツムリを攻撃し、数を減らしてくれる。

- 手で駆除する。

懐中電灯を持って、夜、菜園に行くと、ナメクジ、カタツムリ、イモムシが葉や苗をむしゃむしゃ食べている。捕まえて塩水につけよう。

- ハリネズミを放す。

ハリネズミの大好物は園芸家にとっての害虫だ。秋、冬眠場所を探しているハリネズミのために簡単な巣を作っておこう。菜園を永遠の棲家にしてくれるかもしれない。

「害虫や病気の問題に目をつぶり、なんとか回避できるだろうと高をくくっていたら、あっというまに壊滅的ダメージを受ける」

チャールズ・ボフ『自給への道』(1946年)

参考文献

Akeroyd, Simon. *A Little Course in Growing Veg and Fruit*, DK, 2013.

Akeroyd, Simon. *The Allotment Handbook*, DK, 2013.

Akeroyd, Simon, Hodge, Geoff, Draycott, Sara, Barter, Guy. *Allotment Handbook*, Mitchell Beazley, Royal Horticultural Society, 2010.

Boff, Charles. *How to Grow and Produce Your Own Food*, Odhams Press Ltd, 1946.

Clevely, Andi. *The Allotment Seasonal Planner*, Collins, 2008.

Davies, Jennifer. *The Victorian Kitchen*, BBC Books, 1989.（ジェニファー・デイヴィーズ『英国ヴィクトリア朝のキッチン』、白井義昭訳、1998年、彩流社）

Davies, Jennifer. *The Victorian Kitchen Garden*, BBC Books, 1987.

Furner, Brian. *The Kitchen Garden*, Arthur Baker Limited, 1966.

Gammack, Helene. *Kitchen Garden Estate*, National Trust Books, 2012.

Halsall, Lucy. *RHS Step by Step Veg Patch*, DK, 2012.

Harrison, Lorraine. *A Potted History of Vegetables*, Lyons Press, 2011.

Hessayon, Dr. D. G. *The Vegetable and Herb Expert*, Expert Books, 2001.

Klein, Carol. *RHS Grow Your Own Vegetables*, Mitchell Beazley, 2007.

Larkcom, Joy. *Creative Vegetable Gardening*, Mitchell Beazley, 1997.

Laws, Bill. *Spade, Skirret and Parsnip: The Curious History of Vegetables*, Sutton Publishing, 2004.

Pavord, Anna. *Growing Food*, Francis Lincoln Limited, 2011.

Pavord, Anna. *The New Kitchen Garden*, DK, 1996.

Pollock, Michael. *Fruit and Vegetable Garden*, DK, The Royal Horticultural Society, 2002.

Raven, Sarah. *The Great Vegetable Plot*, BBC Books, 2005.

Shepherd, Allan. *The Organic Garden*, Collins, 2007.

Smit, Tim, Mcmillan-Browse, Philip. *The Heligan Vegetable Bible*, Victor Gollanez, 2000.

Stickland, Sue. *Heritage Vegetables*, Gaia Books Limited, 1998.

Whittingham, Jo. *Grow Something to Eat Every Day*, DK, 2011.

Whittingham, Jo. *Vegetables in a Small Garden*, DK, 2007.

索引

ア
アカザ　132
赤ワインとエシャロットのソース　26
アスパラガス　43-5
アスパラガスのスープ　45
アスパラガスピー　156-7
アマランサス　36-7
アマランサスリーフのパスタ　37
一年生の雑草　132
イヌノフグリ（タチイヌノフグリ）　133
イラクサ　133
イワミツバ　133
インゲンマメ　46, 154, 168-71, 217
インゲンマメのニンニク炒め　171
ウィンタースカッシュ（冬カボチャ）　112-6
ウォーキングオニオン　28
ウサギ　219
エアルーム種　→伝統種
エジプシャンオニオン　28
エシャロット　25-6
園芸用具、道具　166-7, 185
エンダイブ　98-100
エンダイブとエビのオムレツ　99
エンドウ　46, 67, 154, 172-5
オカ　209
屋内での種まき　47

オクラ　12-4
オクラライタ　14
オスベック、ペール　72, 74
オニオン・バジ　21
オヒシバ　132
オムレツ　99
温室　185

カ
害虫　218-9
外壁　90
ガーキン　107-9
カタツムリ　219
家庭菜園、菜園　110-1
カブ　54-6, 90
カブのクリスピーベーコンぞえ　56
壁に囲まれた庭　110
カラブレーゼ　81-4
カリフラワー　68-71, 154
カリフラワーチーズ　69
カルドン　121-2
間作物　177
乾燥　207
カンナ　87-9
カンナチップス　88
管理　132-3, 166
キクイモ　140-2
ギシギシ　133
ギボウシ　146-7
キャベツ　63-5, 67, 154
キャロットヴィシー　130
キュウリ　107-9
巨大パンプキン　115-6

キンポウゲ（ハイキンポウゲ）　133
草取り　132-3, 218
クラウンプリンス（スカッシュ）　116
クリスプヘッド（レタス）　153
クリーミーコールスロー　64
クレソン　91, 158-9
クローシュ　24, 185
継続的な種まき　184
ケール　60-2, 90, 154
ケールのローストピーマンとオリーブぞえ　61
コショウソウ　136
コス（レタス）　153
コッカリーキ・スープ　18
ごみ（家庭菜園の）　30
コミュニティガーデン　111
小屋　166
コールラビ　78-80, 90, 154
コンテナ　66, 90-1
コンパニオンプランツ　131

サ
菜園　110-1
ザジキ　108
雑排水（家庭の）　67
サツマイモ　148-50
サツマイモとビーツ　150
サマースカッシュ（夏カボチャ）　117-20
寒さ対策　47
サラダのレシピ　178, 204
サルシファイ　187, 210-1

三姉妹農法　217
直まき　46
シーケール　105-6
シーズンの延張　184-5
支柱　165
市民農園　111
ジャガイモ　30, 67, 90, 191, 197-201
ジャム　94
シャンプラン、サミュエル・ド　140
ジャンボニンニク　15-6
ジャンボニンニクのオーブン焼き　16
淑女の指　14
春菊　96-7
シロガラシ　136
しわ型（エンドウマメ）　174
スイスチャード　48-50, 90
スカッシュ　47, 90-1, 217
スキレット　192-3
スコヴィル値　95
スコルツォネラ　186-7
スズメノカタビラ　132
ズッキーニ　47, 90, 117-20
ズッキーニマフィン　120
スナップエンドウ　154, 174
スパイシー・チーズディップ　24
スパイシー・ルタバガウェッジ　59
スープ　18, 45
狭い空間、区画　90-1, 159, 164
セロリ　38-9
セロリアック　40-2
セロリアックのレムラード　42
選択肢（野菜の）　10
線虫　219
そうめんカボチャ　116
促成栽培　103, 106, 182-3
ソース　190
ソフトネック（ニンニク）　34
ソラマメ　154, 184, 212-4

タ
大根　179-80
大根のピクルス　180
堆肥　30-1
タークスターバン（スカッシュ）　116
タチイヌノフグリ　133
種まきのコツ　46-7, 173, 177, 184
タネツケバナ（ミチタネツケバナ）　132
多年生の雑草　133
タマネギ　20-2, 67, 184, 206
ダリア塊根　126-7
タリアッテレ——ミントとエンドウマメのペストソース　175
タンポポ　133
チコリ　101-4
チコリのグリル——洋ナシとヘーゼルナッツぞえ　104
チーズ　24, 49, 69
チップス　88
チャイブ　91
チャツネ　206
チャードのチーズグラタン　49

チョロギ　208-9
チンゲンサイ　72-4
チンゲンサイの炒めもの　73
つまみ菜　90, 136
ディップ　24
デイリリー　143-5
伝統種　11, 22, 71
樋を利用した種まき　173
トウガラシ　47, 93-5
トウガラシのジャム　94
道具　133, 166-7, 185
とう立ち　86
トウモロコシ　215-7
トマト　47, 90-1, 188-91
トマトソース　190
トムテト（ジャガトマ）　191

ナ
長ネギ　27-9
ナス　90, 194-6
ナズナ　132
ナメクジ　219
苦みの軽減　100
日光の必要性　90
ニンジン　46, 67, 128-31, 184, 207
ニンニク　15-6, 32-5, 184
ニンニクの極上ピクルス　33
根覆い（マルチング）　67
根分け　193
ノヂシャ　136
ノボロギク　132

ハ
ハイキンポウゲ　133
パスタ　37
パースニップ　46, 154, 160-

2
パースレインウィンター　136
バターナッツ（スカッシュ）　116
バターヘッド（レタス）　153
葉タマネギ　23-4, 91
発芽　198
ハードネック（ニンニク）　34
パルマンティエ、アントワーヌ　200
ハンギングバスケット　66
パンチェッタと芽キャベツのハーブ焼き　77
パンプキン　47, 91, 112-6
パンプキンパイ　114
ハンブルクパセリ　211
日陰　66, 90
ピクルス　33, 180, 206
ビーツ　51-3, 90-1, 154, 206
ビーツブラウニー　53
ヒッポクラテス　159
ピーマン　93-5
病気　218
ヒルガオ　133
品種　10-1
瓶づめ　206
瓶の殺菌　207
プチポア（エンドウ）　174
ブラウニー　53
プランター　91
ブランチング　39, 100
ブロッコリー　81-4, 90, 154
フローレンスフェンネル　137-9

ベナリー、エルンスト　22, 63, 161
『ベナリーのアルバム』　22, 63, 161
ベニバナインゲン　154, 163-5, 184
ボアン、ギャスパール　57, 58
ホウレンソウ　90-91, 202-5
ホウレンソウとベーコンのサラダ　204
ポタジェ　110

マ
窓台　159
マフィン　120
丸型（エンドウマメ）　174
マロー　117-20
マンジュトゥ　154, 174
水菜　85-6, 91
水やり　66-7, 218
ミチタネツケバナ　132
壬生菜　86
芽キャベツ　75-7, 90, 154

ヤ
焼きアーティーチョーク　125
ヤーコン　209
野菜の保存　206-7
野生動物　219

ラ
ライタ　14
ラディッシュ　46, 91, 154, 176-8
ラディッシュのシンプルサラダ　178
ランドクレス　136
リーキ　17-9, 47
リサイクル　30-1, 67, 91, 185
立体菜園、支柱　90, 165
輪作　154-5, 218
リンネ、カール　58, 74, 96
ルーズリーフ（レタス）　153
ルタバガ　57-9
ルッコラ　91, 134-6
ルッコラとパルメザンのシンプルサラダ　135
ルバーブ　90, 181-3
ルバーブクランブル　183
冷床　185
レイズドベッド　43, 91, 138, 166
冷凍　206
レタス　46, 90-1, 151-3
ローストフェンネル　139
ローストポテト　199
ロマネスコ　84

図版出典

11, 18, bottom 21, right 24, 28, 30, 39, bottom 44, top 45, top 49, top 58, right 59, 72, 73, 78, 83, 85, bottom 90, left 107, 108, right 114, top 115, top 124, 125, top right 131, 138, bottom 139, 149, bottom 166, 170, 172, 177, 183, top and bottom 187, 189, 190, 198, 201, 203, 206, 208, left & middle & right 211, bottom left 217, top and bottom 219 © Shutterstock

12, 22, 54 63, 110, bottom 115, 161, bottom 200 © RHS, Lindley Library

23, 33, 46, bottom 49, 40, 51, 57, 60, 75, 79, 112, top 139, 141, 150, 151, 179, 204 © Getty Images

218 image used with permission of the Agricultural Scientific Collections Trust, NSW, Australia

アンコール・エディションズ、および、PlantIllustraions.orgに感謝の意を表する。

本書掲載の図版は明記のないかぎり、すべて著作権喪失状態(パブリックドメイン)にある。

本書で使用した図版の著作権保有者は明記するよう最善をつくした。不注意による欠落や誤りがあった場合は陳謝し、再版の際、当該団体および個人に対して適切な謝辞を掲載する。